IBRASA
LIVROS QUE CONSTROEM

CIP-Brasil. Catalogação-na-Fonte
Câmara Brasileira do Livro, SP

Schonfield, Hugh Joseph, 1901-
S339b A Bíblia estava certa : novas luzes sobre o Novo Testa-
2. ed. mento / Hugh J. Schonfield; tradução de Leonel Cândido Silva Phébo; revisão técnica de Jairo Nunes da Silva. — 2. ed. — São Paulo : IBRASA, 1980.

(Biblioteca história; 11)

1. Bíblia. N.T. — Antiguidades 2. Bíblia. N.T. — Autoridade, testemunhos etc. 3. Bíblia. N.T. — História de fatos bíblicos I. Título.

CDD-225.95
-225.1
80-0517 -225.93

Índices para catálogo sistemático:

1. Novo Testamento : Arqueologia 225.93
2. Novo Testamento : Autenticidade e origens 225.1
3. Novo Testamento : Autoridade 225.1
4. Novo Testamento : História de fatos bíblicos 225.95
5. Novo Testamento : História de passagens bíblicas 225.95

A BÍBLIA ESTAVA CERTA

Biblioteca "HISTÓRIA" - 11

Volumes publicados:

1.	*História dos Povos da Língua Inglesa* — 4 vols.	Winston Churchill
2.	*A Revolução Russa*	Alan Moorehead
3.	*Hist. e Mist. das Sociedades Secretas*	Herman e Georg Schreiber
4.	*Memórias de Montgomery*	Marechal Montgomery
5.	*O Jornal do Mundo*	Vários autores
6.	*História das Orgias*	Burgo Partridge
7.	*Os Sonâmbulos*	Arthur Koestler
8.	*A Revolução Francesa*	Georges Lefebvre
9.	*As Grandes Guerras da História*	B. H. Liddell Hart
10.	*Nova Mitologia Clássica*	Mário Meunier
11.	*A Bíblia Estava Certa*	H. J. Schonfield
12.	*História dos Gregos*	Indro Montanelli
13.	*História de Roma*	Indro Montanelli
14.	*Hernan Cortez*	Salvador de Madariaga
15.	*Pequena História da Ciência*	W. C. Dampier
16.	*Pequena História das Grandes Religiões*	Félicien Challaye
17.	*A Ciência Grega*	Benjamin Farrington
18.	*De Adão à ONU*	René Sédillot
19.	*Rendição Secreta*	Allen Dulles
20.	*A Angústia dos Judeus*	E. H. Flannery
21.	*Idade Média: Treva ou Luz?*	Indro Montanelli e Roberto Gervaso
22.	*Itália: Os Séculos Decisivos*	Indro Montanelli e Roberto Gervaso
23.	*Itália: Os Séculos de Ouro*	Indro Montanelli e Roberto Gervaso
24.	*Hitler e a Rússia*	Trunbull Higgins

A BÍBLIA ESTAVA CERTA

Novas Luzes Sobre o Novo Testamento

HUGH J. SCHONFIELD
D. S. Litt.

Tradução de

LEONEL CÂNDIDO SILVA PHÉBO

Revisão Técnica de

JAIRO NUNES DA SILVA
B. Teol.

I B R A S A
INSTITUIÇÃO BRASILEIRA DE DIFUSÃO CULTURAL S. A.
SÃO PAULO

Título do original norte-americano:

THE BIBLE WAS RIGHT

Capa de
J. CASTAÑER LOZOYA

Segunda edição

Código para obter um
livro igual : XI — 11

Direitos exclusivos para a língua portuguesa da

IBRASA
INSTITUIÇÃO BRASILEIRA DE DIFUSÃO CULTURAL S. A.
Rua 13 de Maio, 446 - Bela Vista - 01327-000

Publicado em 2010

IMPRESSO NO BRASIL

PRINTED IN BRAZIL

ÍNDICE DOS CAPÍTULOS

ÍNDICE DAS ILUSTRAÇÕES

Junto à página

PREFÁCIO

O progresso dos descobrimentos arqueológicos, especialmente nas terras do Oriente Próximo e do Médio, vai atualmente argüindo com severidade a exatidão de numerosos livros antigos, mais os respectivos autores d'antanho. De um modo particular, em virtude de razões de fé e por terem emanado os sacros registos de alegadas inspirações do Alto, tem sido trazida, a Bíblia, a renitente argüição, à luz projetada pelo novo conhecimento. Deve a Bíblia ser considerada merecedora de confiança como o fiel transmissor, que pretende ser, dos pensamentos, palavras e obras daqueles homens e daqueles tempos, dos quais nela se discorre? Formulo a pergunta assim, com isenção, e não em têrmos da absoluta infalibilidade da Escritura, porquanto a mim me parece que, nos assuntos seculares, — distintos dos espirituais, — a Bíblia não atribui saber mais vultoso aos diversos escritores, do que o quanto caberia no ordinário alcance da inteligência e experiência, humanas, dêles. Do que queremos estar seguros é de que aquêles homens eram sinceros, gente digna de crédito, cujo testemunho deve ser levado em conta.

No presente livro, vali-me dos resultados da moderna pesquisa e exploração, para com êles operar uma considerável inquirição quanto à exatidão do Novo Testamento; e suponho que se quererá concordar em que as evidências aqui patenteadas, quanto à fidedignidade, são notàvelmente convincentes. Ao mesmo tempo, empenhei-me em retratar um reconhecível panorama dos Começos do Cristianismo, no seu cenário de então; e, desta maneira, em ilustrar e clarificar a narração que nos oferece o Novo Testamento.

Nenhum livro, versando o Novo Testamento, pode compensar o desconhecimento de fatos nêle não contidos, ainda que dêle faça abundantes citações. A maioria das citações que nesta obra aparecem, extraio-a da minha própria tradução intitulada "The Authentic New Testament", obra de divulgação destinada ao público em geral. Declaro-me profundamente penhorado aos editôres, Srs. Dennis Dobson, pela permissão, que me concederam, de aproveitar as referidas passagens; e me aventuro a esperar que, — uma vez tendo saboreado uma amostra do que é, verdadeiramente, o Novo Testamento, no vigor de narração que o exorna, — aquêles que vierem a considerar úteis estas páginas e lhes vislumbrarem interêsse, hão-de achar que a minha tradução das Escrituras Cristãs lhes será uma companhia indispensável.

HUGH J. SCHONFIELD, Highgate, 1958.

CAPÍTULO PRIMEIRO

POR TRÁS DO NOVO TESTAMENTO

Entre as várias escrituras sagradas, da humanidade, o Novo Testamento é, talvez, aquela que tem um caráter dos mais inesperados. Diz-se, comumente, comportar vinte e sete livros; mas, efetivamente, quase três-quartas partes dêsses "livros" se compõem de epistolografia: cartas pessoais e cartas-circulares, as quais, tôdas, versam assuntos do interêsse e cuidado de grupos de pessoas, sitas em diversos países, crentes, tôdas elas, de que Jesus era o Salvador do Mundo.

Dos sete documentos restantes, quatro são esboços sôbre a vida e os ensinamentos de Jesus, adrede compostos para fins de propaganda, ao se tratar de disseminar entre os povos o Evangelho (isto é, a Boa Nova a Seu respeito); um outro, mais, diz de como foi a Mensagem proclamada entre as nações (Atos dos Apóstolos); ainda um outro encerra um estudo sob forma de ensaio (Hebreus); e, finalmente, o último dêles (Revelação), é uma obra que delineia, em caráter de profecia, o curso das lutas a serem feridas até chegados os tempos em que Deus será universalmente reconhecido mesmo como o Senhor do Universo. Mesmo assim, até êstes dois últimos citados contêm elementos epistolares.

Portanto, a impressão imediata que recebemos do Novo Testamento é a de que êle representa uma coleção de registos contemporâneos daqueles primórdios de um afanoso, ativo, diligente e difundido Movimento, sobrecarregado de messe riquíssima de empolgantes novas a exigirem imperativamente ampla e pronta publicidade, cuja efetivação acarretava muitas andanças e correios.

A própria natureza da obra, do Novo Testamento, é, pois, o primeiro sinal da sua autenticidade, porque não se trata, ali, de erudito *in-folio,* ou romance histórico, tecido sôbre fatos ocorridos em eras remotas.

Qualquer escritor que se dê ao trabalho de compulsar alfarrábios e consultar autoridades indicáveis, pode-se atirar à emprêsa de configurar, à sua moda, o ambiente de algum passado já mui distante, fazendo-o, mesmo, com alto teor de verossimilhança. Poderá prover-se dos dados referentes às características principais da paisagem natural e humana e, assim, criar uma atmosfera que se aceite como passàvelmente genuína. Mas, por muito que se precate, sempre lhe escaparão os pormenores triviais, porém cheios de significação, os quais são, precisamente, o fator que estabelece tôda a diferença existente entre realidade e ficção. E são coisas tais, de somenos importância para o contexto da narrativa, que contìnuamente estão a ressaltar, aqui e ali, nas páginas do Novo Testamento, mui naturalmente, de modo puramente incidental e que, por tudo isso mesmo, estão a comprovar-lhe a veracidade.

Tudo o que consta do Novo Testamento foi escrito no decurso dum período de cêrca de sessenta anos, tempo que o Cristianismo levou, efetivamente, a se constituir em movimento doutrinário, e isso, a partir duns vinte anos após a morte do próprio Mestre. O Evangelho de João (XXI 22-23) indica que êste, o Discípulo Amado, viveu até avançada idade; sendo que as tradições mais recuadas confirmam a sua sobrevivência até o extremo limite da época abrangida no Novo Testamento. De modo que, até o extremo fim, restou, pelo menos, uma pessoa viva, visível e tangível, que havia conhecido intimamente a Jesus.

Além disso, constam, encontrados em escavações no Egito e conservados agora na Biblioteca John Rylands, em Manchester, dois pequenos fragmentos duma cópia do Evangelho de João, traslado êsse que pode perfeitamente haver sido extraído quando não eram andados ainda quarenta anos depois que fôra traçado o original.

A época abrangida pelo Novo Testamento corresponde aproximadamente ao primeiro século da nossa éra. Foi o tempo do grande fastígio e exaltação do Império Romano sob os Césares, império que se estendia por tôda a volta do Mediterâneo, inclusive terras do Norte d'África, — a Mauritânia, — daí passando à Ibéria, donde subia, Europa acima, até às Gálias e, ainda, além do Canal, à Britânia. Tão vasta expansão territorial criava a necessidade de rápidos meios de comunicação. Eis porque foram construídas as prodigiosas vias principais, romanas, além de outras menores, ramais, daquelas, como a Rua Watling e a Avenida Icknield, na Grã-Bretanha.

Por êsses caminhos imperiais era possível fazerem-se a pé viagens de uns trinta quilômetros, em média, por dia. É por isso que a Mensagem Evangélica se difundiu tão ràpidamente por terra. As jornadas de São Paulo e de seus companheiros, conforme nô-las contam os Atos dos Apóstolos, seguem os meandros de algumas dessas vias imperiais, de cidade em cidade, comprovando a exatidão do que se diz no Texto.

Mas havia também o mar. O Mediterrâneo fervilhava de naves, sendo que o Novo Testamento nos transmite relatos precisos dos itinerários, dos tipos de embarcações (como aquêles famosos navios graneiros de Alexandria), dos portos de escala e das condições da navegação em certas estações do ano. Um dos companheiros de Paulo (terá sido Lucas, talvez) mantinha um caderno de anotações diárias, do qual vêm citados alguns extratos nos supra-referidos Atos. Eis aqui uma passagem, como a transcrevemos na tradução mais recente que é a obra já mencionada *The Authentic New Testament*. (*)

> Quando nos fizemos à vela... aproamos caminho direito a Cós, no dia seguinte, a Rodes e, depois, a Pátara. Encontrando aí um navio que ia seguir para a Fenícia, embarcamos nêle e saímos. Quando Chipre já estava à vista, deixando-a à esquerda, velejamos para a Síria e costeamos, então, até Tiro; pois ali deveria o navio deixar seu carregamento. (Atos, XXI, 1-3).

Já vimos como as escrituras do Novo Testamento consistem, em tão magna parte, de epístolas. A tal ponto, que bem nos cabe perguntar se realmente as pessoas se correspondiam tão ativamente, por escrito, naquele tempo! Ora, sôbre isso, nos há fornecido, a arqueologia, abundante informação.

Em 1877 andaram-se fazendo umas escavações no sítio onde fôra a antiga "Cidade dos Crocodilos", na região do Egito chamado Fayoum. Um dos túmulos, do qual se esperava colhêr farta messe de preciosos artigos, ao que se viu, depois, estava cheio, sim, mas de uma porção de crocodilos mumificados. Um dos trabalhadores, irritado com a decepção, esmagou com um golpe de pá as costas de um dos bichos, com isso vindo a revelar, sem o querer, que a múmia estava forrada por dentro com uma quantidade de velhos documentos

(*) Publicada por Dennis Dobson, editôres, preço 25 sh.

refugados, todos escritos em papiros, a matéria lenhosa que nos deu, um dia, a palavra papel. Em outras porfias semelhantes, empreendidas tempos depois pelos Drs. Grenfell e Hunt em montões de lixo de aldeias contemporâneas dos primeiros séculos da cristandade, voltaram à luz meridiana milhares e milhares de "papyri" a que se dá hoje em dia a designação de peças "não-literárias", — numerosas cartas, contas, recibos, têrmos de contratos, todo o refugo do que representava a comunicação escrita da vida cotidiana daqueles tempos.

Muitos de tais escritos não eram, então, lançados pròpriamente sôbre fôlhas de papiro, mas em uns chamados "ostraka", — cacos de cerâmica doméstica. Coisa semelhante ao que seria um merceeiro dos nossos dias apresentando as suas contas de despesas escritas sôbre um pedaço de jarro dágua ou de jarro de flôres. O papel custava caro, naquela época; e a gente parcimoniosa, assim, guardava os pedaços da sua louça quebrada, em lugar de os deitar fora por inúteis.

E cartas! Inúmeras cartas! Vejamos aqui um trecho duma delas, datada nalgum dia do terceiro século D.C., e da lavra dum pequeno escolar, — hajam vista os numerosos erros de gramática e de ortografia que continha.

> Téon a seu pai: Foi muita bondade tua, — não foi? — não me teres levado contigo à cidade, hein? Se não me levares a Alexandria, quando lá fores, eu *nunca mais* te escreverei uma carta, nem mais falarei contigo, nem farei votos por que estejas bem, *jamais!* E, se fores a Alexandria, não te apertarei a mão, nem te darei as boas-vindas, ao voltares à casa. E a mãe disse a Arquelaus "(Êste menino) me vira pelo avêsso, duma vez! Fora com êle!"

Mas a história não acaba aqui, no que tange à profusão de análogas demonstrações da epistolografia popular daquelas eras. Cinqüenta anos atrás, um jovem pastor evangélico, alemão, por nome Adolf Deissmann, estando a examinar êsses achados, fêz espantosa descoberta, qual a de que a língua em que estavam êles vazados outra não era senão o próprio grego do Novo Testamento, que anteriormente se acreditara ser um gênero especial de grego bíblico. Êsse fato viria ajudar os eruditos a traduzirem o Novo Testamento mais corretamente, visto como por aí se patenteava qual o sentido em que as palavras eram empregadas noutras composições.

A própria cartinha do pequeno Téon contém, de fato, duas expressões que se vão encontrar também no Novo Testamento. Lá onde se diz que os Apóstolos estavam "virando o mundo ao avêsso", está a mesma fórmula usada para dizer que o menino "virava ao avêsso" a aflita mãe. E a interjetiva "Fora com êle!" é idêntica à do clamor do populacho, "Para longe com êle!", berrado à face de Pilatos no julgamento de Jesus.

Os "papyri" e os "ostraka" exumados dos monturos aldeãos do antigo Egito nos ajudam, outrossim, a discernir o motivo de não existirem documentos bastante extensos no Novo Testamento. Os primeiros cristãos eram, em sua maioria, gente de minguados recursos, quase todos simples artesãos ou pequenos mercadores. E uma fôlha de bom papel para escrever, de não mais que dez polegadas por cinco, podia custar aí coisa de um "shilling", bom dinheiro, — e os salários eram parcos.

Ademais, a confecção material de um livro "longo", no sentido estrito do têrmo, saía muito dispendiosa, pela colagem das páginas, uma à outra, extremo com extremo d'alto a baixo, para a feitura do "rôlo"; e tanto pior se haviam de ser acrescidas as custas com os honorários devidos a um escriba competente.

Quando, mais tarde, vieram a ser reunidos num volume (o *codex*) todos os elementos contidos no Novo Testamento, sòmente algumas igrejas ricas é que se podiam permitir o luxo de possuir um exemplar como o suntuoso "Codex Sinaiticus" existente hoje no Museu Britânico. Um qualquer fiel, um "congregado" comum, já teria motivos para grande desvanecimento só com o ser proprietário de um papelucho onde fôra escrita uma limitada passagem dum Evangelho ou duma Epístola.

Mas, em suma, por que seria que se deu à sagrada coletânea a denominação de Novo Testamento? O vocábulo latino *testamentum* (equivalente ao grego *diatheke*) representa o mesmo que o têrmo hebraico, significando *pacto solene*. Na Última Ceia, ao acabar de proferir a Sua bênção sôbre a taça de vinho, acrescentou Êle: "Isto é o Meu sangue do Novo Pacto, o qual é vertido por amor de muitos, para remissão de pecados" (Mateus, XXVI, 28). O Velho Testamento, ou o Antigo Pacto, fôra outorgado no Monte Sinai e, séculos depois, o profeta Jeremias vinha a predizer que os dias seriam chegados em que o Senhor Deus estabeleceria um Novo Pacto com o Seu povo, escrevendo então a Lei, já não sôbre a laje, porém dentro dos seus corações. Jer. XXXI, 31-33).

Poder-se-ia entender a linguagem do profeta num sentido figurado; mas, em 1910, o Dr. Solomon Schechter publicou fragmentos de cópia duma obra hebraica que êle viera a encontrar no quarto de refugos de uma velha sinagoga, no Egito. E essa obra falava num certo Novo Pacto.

Agora sabemos que êsse tal documento zadoquita fazia parte duma biblioteca que existiu nos tempos imediatamente antecedentes ao advento do cristianismo, e se acumulava em cavernas situadas no litoral noroeste do Mar Morto, mais pròpriamente, em Khirbet Qumran. Os manuscritos que lá estavam enfurnados nas ditas cavernas começaram a ser trazidos à luz exterior em 1947, em virtude de uma descoberta feita, por acaso, por uns pastôres beduínos; e passaram a ser conhecidos, desde então, pela designação de Rolos do Mar Morto. Pertenciam êsses livros a uma comunidade judia, estreitamente ligada aos essênios de que nos falam Josefo e outros cronistas antigos. Por êsses veneráveis escritos judeus, velhos, já, de seus dois mil anos, mais ou menos, ficamos inteirados de que homens piedosos, entre os hebreus, criam na realidade de um Pacto Novo e haviam proclamado que, pela parte que lhes tocava pessoalmente, ao mesmo aderiam com firme convicção.

CAPÍTULO SEGUNDO

OS TEMPOS SÃO CHEGADOS

O nome próprio "Jesus" era muito comum, na velha Palestina; coisa assim como o é o de "Jorge", na Inglaterra de hoje. O Jesus do Novo Testamento é distinguido dos demais pela antonomásia de "**Cristo**". Êste têrmo faz, para nós, o efeito de um sobrenome de família; mas, na realidade, o nome "Jesus Cristo" significa Jesus, o Messias.

No tempo em que apareceu Jesus, andavam os judeus esperando um Messias; e, segundo se afirma em geral, tal expectativa girava em tôrno da figura de um rei judeu, por intermédio do qual iria ser restaurada a independência nacional e seria Israel levado a triunfar sôbre o gentio e a tornar-se a potência mundial dominante.

Com efeito, no primeiro século D.C., à medida que se estabelecia e agravava o conflito patriótico contra os romanos ocupantes da Palestina, a esperança num Messias foi assumindo tal caráter, para muitos milhares de judeus. O historiador Josefo relata que o que incitou os judeus à revolta "foi um oráculo de ambíguo sentido, encontrado nas sagradas escrituras, segundo o qual um dos seus compatriotas far-se-ia rei do mundo habitável". Esta crença, porém, assume a forma da sua época. Invocá-la, como generalização à base dum estranho e maravilhoso conceito, que teve gloriosas e, ao mesmo tempo, trágicas conseqüências, importaria quase em ridículo.

Ora, os judeus aguardavam um Messias. Está certo. Mas, — que era um Messias?

Mediante a palavra hebraica *mashiah* entramos em contato, primeiramente, não com um título honorífico ou cargo, mas, tão-sòmente, com uma venerável praxe nacional, a cerimônia da unção com óleos; porquanto Messias quer dizer — O Que Foi Ungido. E, fôsse o seu uso feito em caráter religioso, ou simplesmente secular, ungir era um ato de alegria, jubilosa elevação do espírito, da mesma forma como a ação contrária de esparzir cinzas, ou pó, sôbre a cabeça, era sinal de luto e mortificação. Ambas as inferências, — secular e religiosa, — da ação de ungir com óleos iam implícitas e conjuntas na cerimônia de se investirem os reis na sua dignidade real, e os sacerdotes, na sua autoridade espiritual.

Com o seu exílio em Babilônia, foram os judeus privados de ambos os esteios da sua nacionalidade, rei e grão-sacerdote, ou Sumo-Pontífice; mas continuaram a acariciar a esperança, com que lhes acenava a profecia de Jeremias (XXXIII, 17-18), — de que nem a Casa de Davi, nem o sacerdócio levítico ficariam para sempre extintos. Após o Grande Regresso, os representantes da grei real e sacerdotal são vistos pelo profeta Zacarias sob a figura de duas oliveiras eretas, lado a lado de um áureo candelabro de sete braços e a distilar-lhe para dentro das candeias o seu santo óleo. As ditas oliveiras significam os ungidos, "os resplandecentes", personificados, ao tempo, por Zorobabel, o novo rebento da dinastia de Davi, e Josué, o novo grão-sacerdote.

Era preciso terem muita fé e muita coragem, aquêles que afinal regressaram às terras de Judá, no sexto século A.C., para levarem a cabo a restauração da destroçada cidade de Jerusalém e do profanado Templo da Arca da Aliança. Hoje em dia, também nós mesmos sabemos já o gôsto daquela amargura e compunção que êles experimentaram então, amargura e compunção latentes nas palavras sinistras "Reconstrução" e "Reintegração"...

"Quem de vós sobrevive", exclama o profeta Ageu, "que contemplou outrora a sua casa em sua primitiva glória? E como a vê agora? Não se antolha à sua vista, comparativamente, como um nada? E, no entanto, sê forte, ó Zorobabel, disse o Senhor; e sê forte, ó Josué, filho de Josedeque, o grão-sacerdote, e trabalhai: porque eu estou convosco, diz o Senhor dos exércitos... A glória desta vossa última casa será maior do que a da anterior... e aqui neste lugar farei eu que haja paz".

Gerações passaram; e as promessas dos profetas ainda estavam por se cumprirem. A nação judia continuava em cativeiro; primeiro, às mãos dos persas; em seguida, às dos gregos. Mas a Esperança jamais se extinguira e uma doutrina nova, a dos Últimos Dias, ia-se formando e evoluindo, assistemàticamente, conquanto firme. Fôra predito por Malaquias que um sinal seria dado. "Atendei! Que eu vos mandarei Elias, o profeta, ainda antes da vinda do grande e temível Dia do Senhor!"

Êsse dia, de certo que bem parecia estar à beira, aí por volta do ano 170 A.C., quando o rei sírio Antíoco Epifânio, ou "Antíoco, deus manifestado", tentou forçar os judeus a abandonarem a Lei de Moisés.

Profanando o Templo, fêz êle erigir um pequeno altar a Júpiter Olímpico sôbre a própria ara onde eram queimadas em sacrifício a Jeová as oferendas. Os fiéis judeus descreveram isso como uma abominável *shikuta shomain*, "abominação da desolação", produzindo um acídulo trocadilho hebraico sôbre o título oriental de Zeus (ou Júpiter), que era *baal shamaim*, "Senhor dos Céus". Os mais ciosos do respeito à sua Lei mosaica se levantaram em insurreição armada. Sob a chefia de Judas Macabeu, expurgaram e purificaram o Templo e, numa campanha bem sucedida, bateram os sírios. Fundou-se, então, uma nova dinastia sacerdotal encabeçada pelos Macabeus e, em seguida à prolongada luta, foi alcançada pelos judeus uma temporária independência, nos dias de João Hircano (134-104 A.C.).

Com o advento dêsse líder, parecia haver começado nova e auspiciosa era, que bem poderia estar realizando, na verdade, as messiânicas esperanças da chegada de um profeta, ao mesmo tempo sacerdote e rei. Porque êsse Hircano parecia reunir em si tôdas essas entidades. "Êle era amado por Deus", escreve Josefo, "digno das três investiduras privilegiadas, — o govêrno desta nação, a dignidade do Sumo Pontífice e o dom da profecia". Em geral, e certamente que após o declínio e queda da dinastia hasmoniana, as três unções eram, comumente, tidas e havidas como distintas, — a sacerdotal, a Messiânica davídica e a profética "à maneira de Moisés". Assim é que, no Evangelho de João, os sacerdotes indagam de João Batista se porventura é êle o Messias, o Elias, ou o Profeta (I, 19-21).

Entre muitos, no entanto, as aguardadas três personagens messiânicas não tinham tanta importância, em si mesmas, a não ser como arautos anunciadores, mestres e condutores, a desempenharem essencial função. Aquilo que para êles representava fato da máxima conseqüência era a vinda do Reino de Deus à Terra e dos tempos de paz e bonança que tal evento acarretaria.

As figuras messiânicas se subordinavam a essa idéia primordial duma Idade Messiânica. Os Macabeus não haviam trazido consigo o Reino de Deus; muitos, em Israel, haviam perdido a fé; e danados podêres gentílicos mantinham sob jugo o mundo inteiro.

Os elementos mais imbuídos de piedade religiosa, entre os sacerdotes e o povo comum, foram, por conseguinte, tendendo gradualmente a se retraírem do interêsse pela vida nacional. Passaram a constituir agrupamentos e confrarias dos Santos, dos Eleitos do Senhor, os que permaneceram fiéis a *Elohim* e à Sua Lei nos dias turbulentos. Praticavam sua religião, sob rígida disciplina, em acampamentos e eremitérios no deserto e aí, em suas comunidades reclusas, estudavam, juntos, os Sinais dos Tempos. Conhecemos essa gente sob a designação genérica de Essênios; mas o fato é que essas austeras coletividades abrangiam bom número de variantes e de seitas. Escreveram muitos livros de advertência, exortação e profecia, freqüentemente em nome dos patriarcas do Velho Testamento; e, mais, uma considerável antologia das suas obras que sobreviveu até os nossos dias, em escritos tais como o Livro de Enoque, o Livro dos Jubileus e os Testamentos dos Doze Patriarcas (os filhos de Jacó). Os eruditos os classificam como literatura Apocalíptica, ou Pseudo-epigráfica. Eram tidos, êsses trabalhos, como produtos da inspiração do Alto; e sua influência pode-se vislumbrar claramente em muitas passagens do Novo Testamento.

Os manuscritos hebraicos recentemente descobertos e que ficaram sob a designação de "Rolos [de Papiro] do Mar Morto" restauraram, para nosso benefício, os dilapidados restos de uma vasta biblioteca, qual fôra aquela de uma dessas comunidades pré-cristãs do Novo Pacto. Tais extremados devotos estavam convencidos de que tudo o que já fôra escrito até os seus dias estava destinado a passar, a desvanecer-se no nada. Os profetas não podiam ter mentido. A questão candente era, pois, — "Quando?" Para responder a ela valeram-se do Livro de Daniel, especialmente na sua profecia acêrca das Setenta Semanas (Dan., IX, 24-27). –

Porque estava escrito: "Setenta semanas estão determinadas sôbre o teu povo, e sôbre a tua santa cidade para fazer cessar a transgressão, para dar fim aos pecados, para expiar a iniqüidade, e para tomar uma perpétua regra de direitura e para selar a visão e a profecia, e para ungir o Santo dos Santos".

As referidas Setenta Semanas deviam ter início ao terminar o Exílio em terras de Babilônia, "desde o momento em que será expedida a ordem para a restauração e reconstrução de Jerusalém".

Os Santos quiseram ver nesse período o sentido de sete vêzes setenta anos, ou seja 490. Não sabemos precisamente de que modo engedraram êles êsse calendário à sua feição. Tem-se admitido, em geral, que o Exílio principiou cêrca do ano 586 A.C. Ora, subtraindo-se 70 anos relativos ao conhecido período do Cativeiro, e depois, mais 490 anos, então o Tempo do Fim deveria coincidir, em seus começos, com o ano 26, antes da Era Cristã.

Há-de ter sido observada, provàvelmente, análoga aritmética, porquanto umas tantas escavações no centro comunal sito em Khirbet Qumran, onde foram encontrados os Rolos, revelam que, alguns anos passados dessa data supra, erigiram-se ali novos edifícios e, ademais, as moedas achadas ali confirmam ter sido o local sede duma buliçosa vitalidade que se prolongou daquela época até o ano de 70 D.C.

E há ainda outro fato: é que entre os livros recuperados há um que descreve o caráter e a vida da comunidade e é conhecido sob a denominação de *Manual de Disciplina*. Lê-se em uma de suas passagens:

> E quando estas coisas houverem passado à Comunidade de Israel, nestes determinados momentos [os israelitas] se apartarão do meio da con-

vivência com os homens pervertidos e se refugiarão na solidão do deserto para aí prepararem o caminho Àquele de Quem foi escrito, "Preparai, pois, vós outros, no deserto, os caminhos do Senhor; fazei linheira, na adusta landa, uma estrada real para o nosso Deus".

E leremos, também:

> Êstes são os tempos para a preparação dos caminhos do deserto e para a iniciação de todos aquêles que se depararão destinados a agir nesses tempos.

Êsses devotos judeus criam, por conseguinte, que os Tempos do Fim aí estavam, isso imediatamente antes do histórico advento de Jesus Cristo; e fizeram-se ao deserto da Judéia, para prepararem os caminhos do Senhor.

Os escritos dos Santos do Novo Pacto, desenterrados em Qumran, entrosam-se diretamente com o Novo Testamento, ali onde está dito de João Batista: "Êle comparecerá diante dêle no espírito e poder de Elias... para aprontar um povo preparado para o Senhor". (Lucas, I, 17).

A êle se aplicam, por igual, as palavras proféticas: "A voz de alguém que está clamando na solidão do deserto, 'Preparai, vós outros, os caminhos do Senhor', fazei retilínea a sua trilha".

Assim, ao pé da letra, se nos evidencia quão adequado foi a Jesus o haver proclamado, "O Tempo foi chegado, e o Reino dos Céus está próximo!"

CAPÍTULO TERCEIRO

NASCE UM REI

As narrativas, que nos dá o Evangelho, do nascimento de Jesus, encerram uma sedução, para jovens e velhos, que as faz transcenderem, de muito, essa coisa prosaica que é a importuna questão da rigorosa veracidade histórica. Na conta, que dão, do infante de humilde origem que nasceu para ser rei, elas tomam contato com os eternos anseios e insopitáveis aspirações da Humanidade, quais se refletem nas ingênuas lendas dos seus vários povos, perpetuadas através das idades do Mundo.

Pelos tempos dos tempos, aquelas narrativas permanecerão sempre únicas na sua singela grandeza. Eis que se nos antolha aí uma velha história, uma vibrante história de duas almas humanas, — um homem e sua companheira, — tão naturais em seus anseios e temores, sua ternura e seu ciúme, comportando-se à consuetudinária maneira como esperaríamos se comportassem sêres humanos viventes e sensíveis. Ei-la, a jovem, ingênua e simples, tôda afogueada nos seus formosos devaneios e sonhos de juventude. E aí o tendes, o homem já acomodado aos modos morigerados dos que são tementes a Deus. Êsse par, cujos componentes são ambos da Casa de Davi, andam à cata de um rei da sua linhagem, querem um filho do seu amor. E, vêde pois, os sonhos da môça e os desejos do seu cônjuge se enlaçaram numa realização única: o seu filho se fêz rei, — o Rei!

Reside, é claro, muito maior conteúdo nesses contos da Natividade, do que uma simples reedição de antigas lendas visando a glorificação do Messias nascido na mais extrema humildade. Mas não nos deixemos surpreender, se muitas delas aparecem nas narrações contemporâneas dos judeus, relativamente a outros heróis seus — Abraão, Moisés e Sansão.

Conta-se, por exemplo, de Abraão: "Agora contam os sábios que, quando nasceu o nosso antepassado Abraão, apareceu no firmamento uma estrêla que engoliu quatro outras, suas irmãs, postadas nos quatro cantos do céu. Quando tal viram, os astrólogos de Nemrod dirigiram-se imediatamente a êsse rei e lhe falaram assim: Ó Nemrod, por certo que terá nascido neste dia um infante destinado a herdar o domínio, tanto dêstes reinos todos do mundo, quanto os do mundo que ainda virá".

No que concerne ao nascimento de Moisés, relatam-nos que "o Espírito de Deus desceu sôbre Miriam, filha de Amram; e ela se adiantou perante todos os da sua casa e lhes lançou esta profecia: 'Atendei! Eis que nascerá um filho a meu pai e minha mãe, e êsse resgatará os israelitas do cativeiro em que fenecem às mãos dos egípcios'. Ouvindo Amram a profecia proferida por sua filha adolescente, chamou novamente a si a espôsa, de quem se havia separado em conseqüência do decreto faraônico que visava destruir todos os varões da casa de Jacó".

A narração prossegue, referindo que o Faraó tivera um sonho no qual tôda a terra do Egito fôra posta sôbre um dos pratos de uma balança, enquanto no outro havia um cordeiro; e o prato contendo o cordeiro pesou mais do que o do solo egípcio. Os grandes mágicos da côrte interpretaram o sonho como querendo significar que iria nascer uma criança israelita, cujas mãos destruiriam, um dia, tôda a pátria egípcia.

Tempos mais tarde, velou o Senhor Deus junto a Amram em seu sono, e disse ao dormente que a criança que ia nascer haveria de ser escondida dos que estavam à espreita para destruí-la: "e quando o infante fôr criado duma forma surpreendente, virá a libertar o povo hebreu das aflições que padece agora por obra dos egípcios. Sua memória será imperecìvelmente famosa por tanto tempo quanto durar o próprio mundo; e isto, não sòmente entre a nação hebraica, mas entre tôdas as demais nações também". Quando nasceu Moisés, "tôda a casa se encheu, àquele instante, de uma prodigiosa e forte luz, à semelhança do fulgor do sol e da lua, em todo o seu esplendor".

Essas lendas oferecem eloqüente confirmação da circunstância de serem as narrações do Evangelho fiéis espelhos da genialidade do povo de quem elas procedem. Por certo que o Cristo jamais pudera haver surgido que não à maneira portentosa que está descrita. Pois não havia predições proféticas que a estabeleciam? Como iriam jamais saber, por artes duma estrêla, os Magos do Oriente que nascera Alguém que haveria de ser rei dos judeus, — a menos que tal prodígio já constasse das antigas profecias?

Dispomos de efetivos exemplos de tais predições nos *Testamentos dos Doze Patriarcas*, elaborados quase um século antes do advento de Cristo. No *Testamento de Judá* estava escrito: "Sua estrêla se alteará no firmamento qual a de um rei, resplandecendo e iluminando o Mundo com a luz da sabedoria, como o sol difunde a luz do dia".

O retrato que aí se faz do tirano rei Herodes se ajusta, traço a traço, às descrições contemporâneas sôbre a sua pessoa. Mediante copioso derramamento de sangue, eliminando a quem quer que se lhe atravessasse o caminho, garantiu-se na posse do trono da Judéia; e ei-lo que, agora, nos seus anos de decrepitude mancha-se ainda mais com o sangue da "Carne da sua Carne", mandando matar os próprios filhos, receoso de que efetiva ou só imaginária traição dêstes o privasse prematuramente de uma sórdida existência que, a cada dia que passava, se lhe tornava mais pesado fardo. Bem tinha razão o imperador Augusto, lá em Roma, em exclamar, fazendo um trocadilho em língua grega: "Melhor fôra ser-se um *varrão* nos chiqueiros de Herodes, do que um *varão* seu filho".

Foi um decreto daquele mesmo César que trouxe a Sagrada Família até Belém de Judéia. Conforme está na tradução de *The Authentic New Testament,* diziam as palavras de Lucas com que se abre o versículo II: "Naquele tempo, um decreto foi lavrado por César Augusto, por que se efetuasse o censo da população de todo o Império. (Dita operação foi executada pela primeira vez quando Quirínio foi o legado romano na Síria). E assim foi que José partiu da sua pequena cidade de Nazaré, em Galiléia, rumando para a cidade de Davi, na Judéia, por nome Belém; pois que era êle um da família e linhagem de Davi; para ser, nesta última cidade, registrado juntamente com Maria, sua prometida espôsa".

A historicidade do relato de Lucas tem sido argüida; a arqueologia, porém, veio depor em seu abono, em nossos dias. O decreto foi realmente baixado; mas o levantamento demográfico não foi realizado senão quando Quirínio veio a ser legado imperial na Síria. Isso, — sabemo-lo hoje, — se deu no Ano da Graça de 6-7 sendo que nos dá Josefo um relato da operação em suas *Antigüidades*. A razão, de não haver podido o referido decreto executar-se inteiramente em época anterior, era de dupla natureza: uma, era a idiossincrasia que tinha o povo judeu contra a prática de se numerarem as pessoas; além de considerar semelhante imposição uma forma de escravização. Pagavam o seu dízimo ao Senhor Deus de Israel e basta: não iriam, agora, se deixar atrelar como escravos, no ergástulo, ainda que simbólico, de um amo gentio que se pretendia foros de divindade.

A razão segunda era que, durante a vida de Herodes e a de seu sucessor, Arquelau, os romanos ainda não exerciam qualquer jurisdição sôbre a Judéia, como senhores. Só no ano 6 D.C., quando da deposição de Arquelau, é que passaram de aliados a dominadores, havendo incorporado a Judéia ao Império, como parte da província romana da Síria.

Josefo fala uma linguagem muito clara: "Quirínio veio pessoalmente à Judéia, que fôra agora anexada à província da Síria, para fazer um levantamento dos seus bens e mercadorias e dispor dos dinheiros de Arquelau. Os judeus, conquanto houvessem, de comêço, oposto os mais sérios protestos ao ouvirem falar de novos impostos, abandonaram, ao depois, qualquer veleidade de oposição a isso, movidos pelos persuasivos argumentos de Joasar, filho de Boeto, o grande-pontífice. Empolgados pelas arengas de Joasar, prestaram declarações dos seus bens e propriedades, sem maiores litígios. Todavia, houve um certo Judas... que disse, então, ser o tal impôsto nada menos que um intróito à plena escravidão, pelo que, exortava a nação a afirmar a sua soberania".

O censo, pois, só veio a se tornar praticável no ano 6-7 D.C. muito embora alguns houvessem, tal como José de Nazaré, se conformado tempos atrás, com as ordenações prévias. Isto explicará, sem dúvida, porque, entre os papéis referentes ao mencionado censo, que se recuperaram naquela escavação procedida no Egito, não há nenhum datado de antes do ano 6 D.C. Não conduz a maior esclarecimento a evidência de haver estado Quirínio na Síria cêrca do ano 8 A.C., em alguma função e capacidade inteiramente diversa; e essa data teria sido muito prematura: 2 anos mais recuada.

Uns documentos censitários que retornaram à luz meridiana acusavam data de 34 D.C. e possìvelmente também 20 D.C.; de modo que a dita operação, pelo visto, era executada de catorze em catorze anos, a partir do ano 6 D.C. Ditos papéis começam mencionando o ano de então e os títulos do Imperador reinante; pôsto o que, expõem os dados informativos acêrca da pessoa de que se trata. Assim: "Eu, Fulano, filho de Beltrano, com "x" anos de idade, nariz retilíneo, cabelos negros, cicatriz na face direita, faço constar dêste registro a mim mesmo e a Sicrana, minha mulher, a qual conta "x" anos de idade". Finalmente, um pormenorizado arrolamento dos bens de propriedade do declarante.

Mas ocorre, aliás, dizer-nos Lucas também que José fôra à casa dos antepassados da sua estirpe para se fazer registrar. Isso nos parece estranho; no entanto, ainda aqui nos vêm em auxílio os "papyri" egípcios. Encontraram-se atas de um alto funcionário romano que continham um edito emanado do prefeito do Egito, com instruções determinando a tôda a gente voltar dentro das seis semanas seguintes à terra natal de onde se deslocaram, para fins de revisão censitária.

Assim é que, desde o primeiro princípio, lançava a águia romana a sua sombra avassaladora sôbre a vida de Alguém nascido para a púrpura real; sombra, aquela, que haveria de prevalecer até o último suspiro do Rei dos Judeus, crucificado por mandamento de Pôncio Pilatos.

CAPÍTULO QUARTO

CRESCE O MENINO EM GALILÉIA

A não ser o breve relato, que oferecem, de uma visita que terá feito o Menino a Jerusalém, por ocasião da Páscoa judaica, aos Seus doze anos de idade, os Evangelhos silenciam quanto aos acontecimentos subseqüentes da vida de Jesus, desde Sua infância até cêrca dos trinta anos. Não nos restam relatos diretos quaisquer sôbre mais de 90 por cento de tôda a Sua existência terrena. Êle passou da meninice para a adolescência e, desta, para os albores da virilidade, — e, sem embargo da forçosa admissão da ocorrência de tôdas essas importantes modificações operadas em Seu corpo e Sua mente, bem como nas circunstâncias peculiares à marcha do crescimento de tôda a personalidade, — todo êsse período, em suma, constitui, virtualmente, como que um livro fechado e selado para a posteridade. Todavia, não é lá muito inviolável o sêlo, — tanto que ainda se nos faz possível vir a saber muito a respeito; o que baste, ao menos, para nos satisfazer a curiosidade.

Os Anos de Silêncio sôbre a vida de Jesus hão causado muita perturbação a muita gente. Vale dizer, a tôda essa gente que quer por fôrça, ver nÊle o Mestre, ainda mesmo ao tempo em que nem havia Êle principiado o Seu público ministério doutrinador; e alguns houve, até, que apelaram para esdrúxulas invencionices como recurso de enchimento dêsse vazio nas crônicas biográficas sôbre o Cristo. À revelia de qualquer fundamento justificativo, chegaram a dar Jesus como tendo sido um iniciado entre os Essênios, quando não O despacharam, sem cerimônias, para o Egito, a estudar as artes sagradas do ocultismo. Levaram-n'O até às remotas paragens da Índia e do Tibete. No entanto, num fato são os Evangelhos bastante explícitos: Jesus se desenvolveu humanamente em Nazaré de Galiléia, jamais tendo pôsto pés fora da gleba israelita.

O Ocidente, porém, é que exige inteirar-se do pormenor; porque, quanto ao Oriente, há plena conformidade com aquêle silêncio retro-referido. Para o judeu, se um homem é apontado como sendo o próprio Deus, num determinado momento de sua vida, a bem do desempenho de um divino serviço, não é preciso saber mais nada, dado que o aceite. Tudo o que resta por trás dêsse magno fato fica sendo de somenos importância. Mas o grego, que compete com todo o resto da Humanidade, incapaz de o igualar nisso de averiguar e inquirir, é um pesquisador sequioso de saber, — um espírito científico, em suma, — tanto assim que nos tem abundantemente enriquecido a hodierna linguagem erudita com vocábulos de origem helênica bem representativos dessa mentalidade analítica. Êle está sempre à espera de uma série de aventuras e encontros que lhe venham descortinar as qualidades ingênitas do herói em aprêço.

Ao apreciarmos aquêle longo período de trinta anos, reconheçamos, antes de mais nada, que há inúmeras variedades na maneira de se considerarem os lapsos de tempo, segundo as nossas experiências. Há, por exemplo, o tempo citadino e o tempo rural.

Para o habitante da cidade, as numerosas fontes de excitação, o contínuo ir-e-vir, a vasta série de atividades, uma vida noturna substituindo a diurna, — tudo isso alonga o sentido dos anos.

A nossa memória, hesitante, perde a impressão do transato rotineiro, para sòmente reter a dos acontecimentos mais recentes.

Com o campônio, passam-se as coisas diversamente. As suas oportunidades de algo de novo, bem como as suas atividades, são, ambas, mui restritas. Cada dia é sempre a mesma coisa do que passou assim como do outro que virá em seguida. O homem do campo conta as quatro estações do ano tal como o homem da cidade enumera as quatro semanas do mês. Um fato qualquer, menos comezinho, que lhe ocorra ao redor, impressiona-o vivamente como algo de extraordinário e fica para ser relembrado e comentado por muito e muito tempo, como se houvera acontecido à véspera do comentário.

Ora, pois, — Jesus era camponês. Nos primeiros tempos da sua vida pública, sucedeu-Lhe proferir algumas falas na sua sinagoga comunal de Nazaré. "E todos Lhe deram fé e se maravilharam nas palavras cheias da graça divina que Lhe saíam da bôca. E assim falaram: "Pois não é Êste o filho de José?" (Lucas, IV, 16-22). Vê-se claro, no episódio, que coisa alguma, do Seu modo de ser, através de todos os anos já passados, dera a ninguém razão qualquer para desconfiar de nenhuma circunstância insólita em Sua pessoa. Para os que O cercavam, Êle não deixava de ser sempre o filho daquele operário que de há muito conheciam. Mas os naturais do lugar, já agora, O viam com vistas diferentes.

Mas há ainda um outro aspecto da personalidade do campônio que nos vem ajudar: é que êsse costuma ser um íntimo observador da Natureza e um arguto conhecedor dos homens. Os Evangelhos frisam essas qualidades em Jesus: Sua franqueza, a Sua perspicaz penetração do íntimo da mente das pessoas. As histórias que contava, os exemplos com que as ilustrava, tudo revela mente bem provida dos acontecimentos relativos às coisas corriqueiras da vida do campesino, — as flôres do campo, as aves do céu, o tempo da sementeira e o da safra, o pastor a apascentar o seu rebanho, a caseira campônia dentro de sua palhoça. A vida do povo no trabalho e na oração, no lar e na lavoura, na alegria e na aflição, era tôda um livro aberto para Jesus. Como camponês que era, tinha sempre pronto nos lábios o provérbio oportuno e familiar. Mesmo a operar as Suas curas milagrosas, usava Êle, muita vez, os métodos próprios da gente rústica, como fôsse, por exemplo, o fazer um pouco de lama com saliva e aplicar isso, à maneira de ungüento, sôbre os olhos dos cegos.

Jesus se apoderara, também, de magistral conhecimento e compreensão da situação política, social e econômica do meio em que vivia. Êsse atributo, deixá-lo-á Êle transparecer, de forma notável, no Sermão da Montanha.

Todos êsses dotes, mais a panorâmica amplitude das imagens retóricas de que Se servia, só poderia dimanar do prolongado exercício constante da Sua aguda observação. Bem poderemos chamar de *silenciosos* aquêles anos de preparação espiritual: *ociosos,* porém, é que não o foram, certamente.

E o que é mais: a precisão que revelou em tôdas as alusões e referências está aí, para ser confrontada, com felicidade, com outras fontes de informação, tais como o *Talmud* judaico, e até com os aspecto da vida de cada dia que ainda hoje se conservam no Oriente Médio.

Dentre muitas lembranças juvenis que Jesus preservou em coisas de religião, cabe-nos destacar uma que parece ter vincado na Sua mente uma forte impressão. Numa zona agrícola, havia sempre uma receosa expectativa de sêcas, de geadas, ou de uma praga de gafanhotos e lagartas. Se uma de tais calamidades se abatia sôbre a região, o costume seguido como remédio era, então, proclamar-se um jejum expiatório.

Jesus terá testemunhado *de visu* a solene procissão que saía da sinagoga, nessas ocasiões. À frente marchava o trombeteiro, clangorando um toque de alarma no seu instrumento feito de côrno de carneiro. Seguiam-se-lhe os dignitários da sinagoga e, atrás dêsses, ainda outras personagens do templo conduzindo a sagrada arca em que se continha o santo Rôlo da Lei. A coluna avançava em vagaroso passo para o terreno devoluto existente no centro da localidade, onde a aguardava uma multidão de homens, mulheres e crianças dali. Chegada a arca ao centro da vila, era arriada ao chão e, sôbre ela, esparzia-se poeira, bem como sôbre as cabeças dos ditos dignitários, depois do que, tôda a gente ali reunida punha-se, também, a esparzir poeira sôbre a própria cabeça.

Então, um ancião escolhido entre a comunidade punha-se de pé e fazia à silenciosa assembléia uma arenga nestes têrmos: "Irmãos! Não está escrito acêrca dos homens de Nínive, 'Deus viu suas vestes da estamenha do penitente e viu o seu jejum', mas, sim, 'Deus viu as suas ações, viu que êles davam as costas ao caminho do mal'. E nos Profetas, que é que está escrito? 'Fazei voto a Deus dos vossos corações e não dos vossos vestidos e regressai ao Senhor nosso Deus' ". Feita esta admoestação, encabeçava a coluna na recitação das preces, segundo eram prescritas. Ao fim destas, era a arca reconduzida à sinagoga; aquêles que possuíam meios distribuíam esmolas aos pobres e o povo todo se dispersava, para ir passar o resto do dia em jejum e súplicas ao Céu.

O que emprestou a êsse ofício religioso interêsse especial, no íntimo de Jesus, foi o fato de ser distante apenas duas léguas da Sua morada o local denominado Gath-Hepher, onde nascera Jonas. É que, em Sua vida missionária, tempos depois, serviu-Se da lição de Jonas aos ninivitas, oportunamente. "Os homens de Nínive se arrependeram diante das prédicas de Jonas" — "Não seria dado sinal algum, salvo aquêle do Profeta Jonas". Cuidou Jesus também de chamar a atenção do Seu auditório para o abuso da cerimônia: "Quando deres das tuas esmolas, não faças soprarem trombetas à tua frente, como o fazem os hipócritas nas sinagogas e nas ruas, para que os glorifiquem os homens".

Inclinamo-nos, em geral, a ver nas parábolas e narrações de Jesus apenas outras tantas boas historietas que Êle improvisava para incutir algum princípio moral correlato. De fato, é o que elas são; mas, para os Seus ouvintes e contemporâneos, as personagens mencionadas e as situações narradas brotavam da vida real. Conheciam a dedo o ausentado proprietário de terras de que fala a parábola dos talentos; o rico e o mendigo Lázaro; o latifundiário que construiu mais celeiros; e o mordomo injusto e o injusto juiz. Sabiam muito bem quem eram os falsos profetas que se locupletavam à custa da desgraça do povo, com os seus esculcas e delatores que se misturavam à multidão fascinada pela arenga de algum pregador popular.

Muito pouco de tudo quanto disse e ensinou Jesus deixava de se relacionar com as circunstâncias contemporâneas, com as coisas que vira e guardara em mente durante todos aquêles anos de preparação. Os Evangelhos não nos traçam apenas o perfil de Jesus; antes, mais do que isso, êles refletem, com fidelidade de espelho, o preciso ambiente de um particular país, dentro duma determinada época.

A Galiléia, nesse tempo, a despeito das aparências de suavidade ambiencial e de paz, fervilhava de desassossêgo social. A mendicância se multiplicara em proporções inconcebíveis mesmo para uma terra onde o mendigo era coisa muito comum de ver-se. O roubo acompanhado de violência era tão freqüente, que os tribunais viam-se a braços com sérias dificuldades para julgar todos os casos. A doença grimpava altaneira. Médico que visitasse as cidades e as aldeias jamais poderia ter a esperança de tratar do assustador número de doentes mentais e nervosos, dos cegos, surdos, mudos, leprosos, epilépticos e paralíticos, — na maioria, vítimas das condições políticas e econômicas daqueles dias.

As mulheres andavam histéricas de mêdo, os homens tremiam da própria sombra. Varria todo o país uma onda de pavor do Maldito e de seus demônios subalternos. Floresciam, lado a lado, a religiosidade e a superstição. Muitos havia, que se entregavam a agoniadas preces e severos jejuns; enquanto outros, coitados, tomados de alucinações, endoideciam e iam esconder-se, nus, pelos monturos, ou tentar abrigar-se em tumbas cavadas nos rochedos.

No ensino e — muito mais ainda — na profunda comiseração de Jesus se revela o efeito que produzia na Sua compassiva sensibilidade o impacto de tôdas essas acumuladas cruezas. Eis portanto, como se pode depreender, que aquêles anos de formação não foram, absolutamente, um longo período de silêncio.

Jesus conhecia Deus como Seu Pai, de um modo especial. Mas a descrição que Êle fazia de Deus evidentemente atende mais é ao caráter e atividades do homem a quem Êle conhecera como pai carnal, sôbre a Terra. Jesus é o primogênito de Seu pai: Êle se aconchega ao seu peito e Se sabe amado pelo pai. Ama, também, e honra a êste e se rejubila em cumprir a sua vontade, e todo aquêle que O amar será também amado por Seu pai. O pai tem imensa solicitude pelos seus filhos, a fim de que nenhum pereça e de antemão já sabe quais são as suas necessidades, sem que êles as exprimam. Sua lei é que os filhos hão-de saber perdoar a outrem, se é que querem ser também por êle perdoados. O pai é um simples trabalhador, pelo que, deve o filho também trabalhar. As plantas que o pai plantou subsistirão. O pai depositou tôdas as coisas nas mãos de Seu filho, o qual, em sua qualidade de primogênito, tê-las-á em herança.

Não se sente algo de autobiográfico nessas referências? Estaríamos laborando em êrro, ao discernir os traços de José de Nazaré na linguagem atribuída por Jesus ao Seu Pai Celestial? Se tal é o significado que assumia aos olhos de Jesus a paternidade, segundo a impressão que dela recebera, como filho, eis aí acima o que se pode considerar um magnífico preito por Êle rendido, de homenagem às nobres qualidades de um homem cuja influência sôbre a Sua juventude tem sido objeto, entre nós outros de agora, de escasso reconhecimento e aprêço. *

(*) **Nota do Revisor:** A ilação que o autor faz aqui, — de que Jesus se referia ao Seu pai carnal que não a Deus, — é muito pessoal e a meu ver improcedente.

CAPÍTULO QUINTO

O CHAMADO DE JOÃO, O "BATISTA"

As ministrações públicas de Jesus se iniciaram pelo Seu batismo no rio Jordão, oficiando João chamado o Batista. Êsse foi o momento de demonstrar que Êle era o Cristo, o Messias esperado. Tal acontecimento teve tão vitais conseqüências, que o ano em que se verificou ficou sendo a única referência de data que porventura conste em tôdas as escrituras do Novo Testamento.

> Ora, no décimo quinto ano do reinado de Tibério César, sendo governador da Judéia Pôncio Pilatos e sendo Herodes o tetrarca de Galiléia... a palavra de Deus veio a João, filho de Zacarias, no deserto.

O citado ano foi aquêle que começou nos primeiros dias do outono do ano de 26 D.C. Isso nos é dado verificar mediante uma porção de indicações correlatas. Tibério só começou a reinar incontrastado sôbre o Império romano depois da morte de Augusto, no ano da Graça de 14; conquanto tivesse estado governando o Império, já desde antes disso, na qualidade de co-regente, ou duúnviro. Dando-se êsse desconto, o décimo quinto da governação absoluta de Tibério teria começado no ano 26-27 da nossa era. Segundo o que nos diz Josefo, podemos estabelecer, então, que Pôncio Pilatos se tornou Procurador imperial na Judéia no outono de 26 A.D. conservando a sua investidura aí por dez anos.

Outra indicação é ainda permitida deduzir pelo Evangelho de João, na sua passagem em que relata que, durante a Páscoa judia, e isso depois do batismo no Jordão, os judeus de Jerusalém salientam a Jesus que o Templo contava então já quarenta e seis anos como edificação. Pelo relato de Josefo, a reconstrução do Templo por Herodes foi encetada no décimo oitavo ano do seu reinado, — isto é, em 19 A.C., — o que nos coloca na primavera do A.D. de 27.

Precisamente, teria êsse ano uma adicional significação. O Dia de Ano Novo judaico cai no outono: e êsse que começava no A.D. de 26 era um Ano Sabático. Em obediência ao mandamento divino (Levít., XXV), deveria a gleba ser deixada em repouso a cada sétimo ano, no qual, pois, não se faria plantação ou sementeira de qualquer natureza. Ficavam, portanto, de mãos livres as gentes, para se dedicarem a outras coisas, ajustavam-se pazes nos desentendimentos, perdoavam--se dívidas.

Era o que se chamava um Ano de Condescendência, de Reconciliação. A clara manifestação do efeito do Ano Sabático ressalta evidente nos Evangelhos, quando os estudamos à luz dêsse conhecimento.

A entrada daquele ano, porém, fôra negregada. O primeiro ato de maior importância do novo governador romano foi transferir suas tropas de Cesaréia, na planície ribeirinha do mar, para as terras altas de Jerusalém, aí montando seus quartéis de inverno. A penetração na capital se efetuou à noite, sendo que, contra todos os precedentes conhecidos na Judéia, os legionários tiveram permissão de conduzir seus estandartes, que exibiam, em medalhões, efígies imperiais; e, — ainda maior sacrilégio! — atreveram-se a fincá-los no solo sagrado da Cidade Santa.

Ao ficar patente a todos que Pilatos houvera menosprezado a Lei Judaica relativa a reproduções de imagens sob qualquer modalidade de iconografia, houve grande rebuliço. Acorreram multidões a Cesaréia, vindas tanto de Jerusalém como de tôdas as regiões circunjacentes, para implorar ao Procônsul que fizesse retirar os escandalizantes símbolos. O romano negou-se redondamente a atendê-las.

Mas a mole humana, ciosa e inconformada, é que não se largou dali. Tomado já de cólera, ao quinto dia do impasse, intimou Pilatos aos que chefiavam as massas irritadas a que comparecessem diante da sua curul de magistrado, no lugar onde êle administrava justiça, acompanhados dos seus sequazes. Vendo-o, por fim, aí instalado, a multidão judia renovou-lhe o pleito. A resposta do governador foi simplesmente erguer a mão fazendo um sinal convencionado, ao ver o qual surgiu de todos os lados a sua guarda que encerrou em apertado cêrco aquela gente desarmada. Mas a reação a essa estratégia é que o deixou desorientado de surprêsa, pois como se movido por um impulso único e comum, o povo todo se atirou ao chão, ao mesmo tempo descobrindo os pescoços, lamentosamente clamando que preferiam morrer, a transgredir as suas leis. Enfim, de má vontade embora, cedeu Pilatos, ordenando que se reconduzissem a Cesaréia as malvistas insígnias.

Foi isso uma grande vitória para os judeus, que teve por efeito espalhar uma onda de expectante excitação avassalando tôda a terra de Israel. As maretas dessa onda de alvorôço patriótico chegaram até as adustas tebaidas nas charnecas e aí se detiveram.

"A palavra de Deus desceu sôbre João, filho de Zacarias, no seu êrmo. E êle peregrinou por tôda a terra à beira do Jordão, pregando o batismo do arrependimento, para a remissão dos pecados".

De tôdas as procedências juntou gente, em levas, para escutar o estranho profeta e ser por êle batizado. Estava-se naquele sagrado sétimo ano. Viria a ser, êsse, o Ano Messiânico, também, — o ano da redenção?

João Batista é mencionado por Josefo apenas ligeiramente nas suas Antigüidades; mas, no nosso atual século foi publicada uma vetusta versão eslavônica da obra dêsse autor, intitulada *Captura de Jerusalém;* a qual tem algo mais a dizer a respeito. Os eruditos não estão certos da autenticidade do que aí se diz, nesse trabalho. O contexto oferece, pelo menos, visos de veracidade; pelo que, para constar, aqui lhe transcrevemos um trecho:

> Ora, naquele tempo, andou entre os judeus um homem vestido de surpreendentes vestes, eis que trazia cobertas por pêlo de animal tôdas as partes do seu corpo não cobertas já de cabeladura do seu natural... Veio êle aos judeus e os concitou a se libertarem, assim dizendo: "Deus me enviou perante vós, a mostrar-vos a maneira como vos libertareis de muitos amos e senhores; e não prevalecerá contra vós nenhuma senhoria de vida e de morte, senão a dAquêle Que É o Altíssimo, o Qual me Há mandado diante de vós".
>
> E quando o povo ouviu estas coisas, rejubilou-se...
>
> E êle não fêz mais nada às gentes, do que mergulhá-las na correnteza do Jordão e em seguida, deixá-las ir em paz, advertindo-as de desistirem das más obras, pois, assim fazendo, ser-lhes-ia dado um rei que as libertaria do jugo...

Há muito tempo, já, então, que não aparecia em Israel uma figura de profeta qual êsse João; e muitos israelitas se puseram, portanto, a cogitar sôbre se não seria êste o esperado Messias? Representantes das diversas camadas do povo dirigiam-lhe perguntas propositadas. Êle, porém, recusava-se a dizer mais, sôbre si próprio, do que proclamar que "era tão-sòmente uma Voz" fazendo menção de Alguém que viria após êle mesmo, perante O Qual era êle indigno até do mais humilde préstimo, desatar-lhe os atilhos às Suas sandálias, como Seu ínfimo servo.

Entre os milhares de pessoas que iam ouvir as prédicas de João e receber o seu batismo, achava-se Jesus de Nazaré. Êste conveio em que semelhante rito era uma injunção divina, à qual Êle se sentia obrigado a submeter-Se, como todos os mais.

No Seu caso, no entanto, o fato foi-Lhe acompanhado de uma circunstância tal que tornava reverberantemente claro havê-lO ungido o Espírito do Senhor como o esperado Messias que ia ser. Eis que Êle fôra, enfim, chamado!

Emerso nas águas lustrais, saiu a vaguear, sòzinho, para o êrmo mais distante, lá onde pudesse travar a grande batalha com os problemas que O premiam, decorrentes dessa convicção haurida à beira do rio da iniciação.

A tentação, que o empolgou lá, foi um tormento muito real; os pormenores a respeito dessa provação patenteiam a fidelidade narradora dos Evangelhos. Que Lhe competia agora fazer? Como iria iniciar a Sua obra? Será que as multidões iam esperar d'Êle milagres, à maneira de Moisés no deserto? Ei-lO que se achava também no deserto agora. Na aflição da fome, reparou num seixo achatado: o qual muito se parecia com um pão de cevada. "Se fores o Filho de Deus", — atenazava-O a voz do Tentador, — "ordena a essa pedra que se torne em pão".

Não eram, tais, os caminhos da fé; porém, sim, os da descrença. Durante quarenta anos vagara Israel pelo deserto, — tantos anos quanto de dias andara Jesus a êsmo pelo Seu deserto, — e para ficar sabendo o quê? "Que nem sòmente do pão para sua bôca vive o homem, mas de cada palavra que procede da bôca de Deus".

Para além do deserto achava-se a Terra da Promissão. Pois não devia o Messias reinar sôbre o Monte Sião? E não o serviria todo o povo, da mesma forma como agora serve a César? Do tôpo dum alto monte contemplou Êle grandes cidades, com seus portentosos edifícios e suas ruas cheias de burburinho. Viu também o Grande Mar, aquêle magno Mediterrâneo, coalhado de navios. Viu para os lados do deserto sem confins, as extensas caravanas de mercadores se alongando infinitamente como exércitos de formigas pelo areal infindo. E, de novo, falou a Voz: "Todo êsse poder, eu t'O darei, e a glória que nêle se contém; porquanto tudo isso me foi outorgado; e também será outorgado a quem melhor me praza fazer dêles doação. Se Tu, enfim, consentires em me adorar, tudo isso será Teu".

Ora, não houvera Moisés premunido a Israel que se acautelasse, senão, que, entre os gozos das suas posses, iria esquecer ao Senhor, O Qual o trouxera da terra do Egito, e o tirara da casa que fôra seu ergástulo? Fora, pois, com o poder do mal! "Adorarás o Senhor teu Deus e só a Êle servirás".

Mas a palavra do Senhor ultrapassaria as escarpas de Sião. E tôdas as nações viriam ali a aprender a Lei e a adoração. De cima de um bastião do Templo já podia Êle divisá-las, penetrando uma como imensa caudal adentro do Grande Pátio dos Gentios. Ali não pairava o perigo de se esquecer ao Senhor. Êle contemplou os sacerdotes ativos em seu ministério e o fumo dos incensórios invadiu-Lhe as narinas, avassalando-Lhe os sentidos. Que diria tôda aquela gente, se Êle agora, descesse em meio dela, transportado como "Filho do Homem" sôbre os coxins de nuvens que se enovelavam ali, um pouco abaixo dos Seus pés? Como estava escrito nas Escrituras? "Êle dará aos Seus anjos o encargo de velar por Ti e de guardar-Te; e em suas mãos êles Te transportarão incólume, acima do solo, para que não vás em nenhum momento magoar o Teu pé de encontro a alguma pedra".

Sinais prodigiosos, maravilhas místicas! Israel sempre fôra exigente dessas manifestações. Pois não estava também escrito? "Não tentarás o Senhor teu Deus, como outrora O tentaste em Massah".

Dêsse modo, foi Satã vencido nesse combate singular e Jesus regressou, na fôrça do Santo Espírito, para as planícies de Galiléia.

(À direita) Caverna onde foi feita a primeira descoberta dos Rolos de Papiro do Mar Morto. (Reprodução fotográfica *data-venia* do Padre Grollenberg, de *The Dead Sea Scrolls*, J.M. Allegro, Penguin Books).

(Abaixo) Carta de Téon, menino egípcio, ao pai. Papiro procedente de Oxirrinco. (Reprodução fotográfica de *Light from the Ancient East*, por Adolf Deissmann; *data-venia* dos Srs. Hodder & Stoughton).

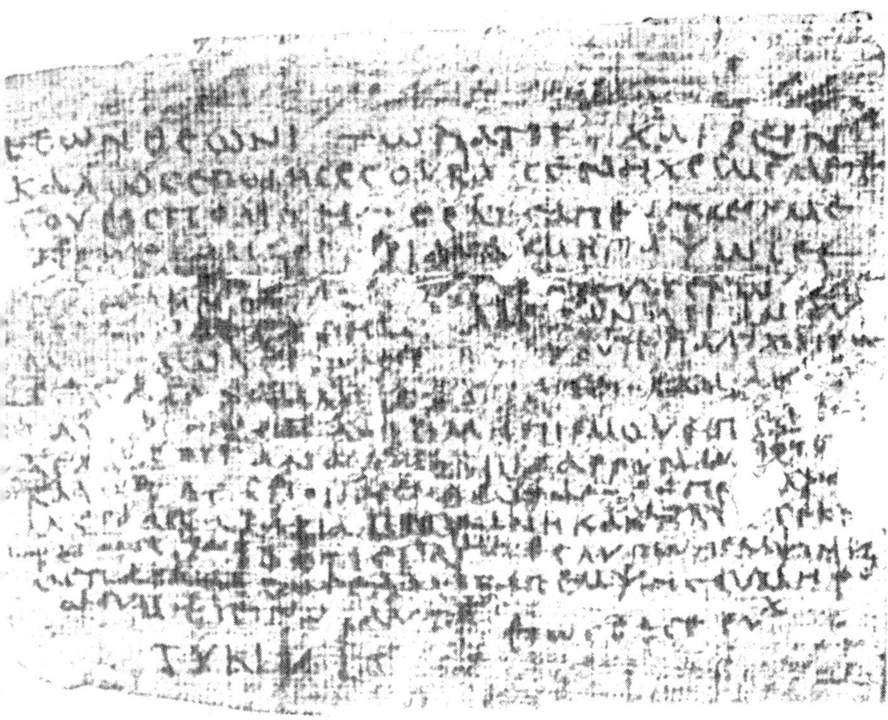

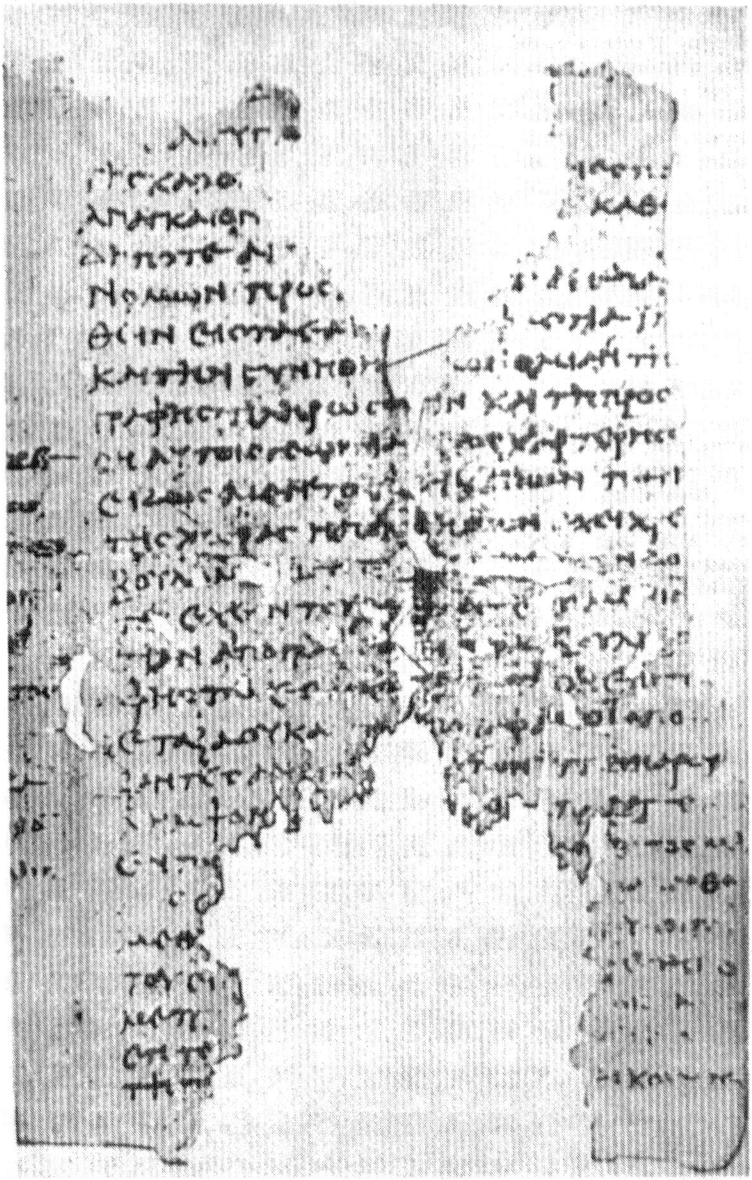

Edito do Prefeito do Egito, G. Vibius Maximus, A. D. 104, mandando que o povo se recolha a suas casas, ou suas localidades natais, para que se proceda ao periódico recenseamento geral. (Reprodução fotográfica de *Light from the Ancient East,* por permissão do Museu Britânico).

CAPÍTULO SEXTO

"SEGUI-ME!"

Os Evangelhos contam como iniciou Jesus a sua faina em Galiléia, por entre as pessoas que Êle conhecia tão perfeitamente, e numa terra que Êle tão intensamente amava. As reações imediatas foram-Lhe inteiramente favoráveis. Sua fama se espalhou, célere. "Êle ensinou nas sinagogas daqueles povos, sendo por todos glorificado".

Mas uma provação dura O aguardava, qual fôsse a emergência de ter de falar na sinagoga da Sua própria Nazaré. Ali não iria se dirigir a estranhos, ansiosos de ouvir um pregador de fora em visita: estaria falando com pessoas que O haviam conhecido desde menino, plenamente sabedoras de quem era Sua família e de quais os Seus antecedentes, havendo, pois, já estabelecido opiniões assentes acêrca da Sua personalidade.

Claro está que essas pessoas também queriam muitíssimo ouvir-Lhe a palavra. Pairava no ar, entre os Seus conterrâneos, um como que orgulho bairrista pelo Seu sucesso social, uma espécie daquele espírito do desvanecimento local de roçar cotovelos com o "nosso patrício que anda fazendo figura!"

Lucas nos pinta em palavras a cena, segundo a transcreve a nova tradução em "*The Authentic New Testament*".

> "Então veio Jesus a Nazaré onde crescera e foi à sinagoga, tal como o fazia habitualmente aos sábados e, estando lá, chegou-Lhe a vez de erguer-se para fazer a leitura. Foi-Lhe entregue o Rolo do Profeta Isaías e, tendo aberto o livro, Jesus deu com os olhos na passagem onde estava escrito:
>
> O Espírito do Senhor está sôbre mim,
> Pelo que me ungiu,
> para dar as Boas Novas aos pobres.
> Eis que Êle me enviou a proclamar
> Libertação aos cativos,
> Luz do dia para os que são cegos;
> Para pôr em liberdade os algemados,
> Para apregoar o ano de anistia do Senhor.

"Após haver lido essa passagem, voltou Êle a enrolar o pergaminho, devolveu-o ao assistente e tornou a sentar-se. Os olhos de todos os presentes na sinagoga estavam fitos n'Êle. 'Eis que neste dia e diante de vós acaba de se cumprir esta palavra da profecia', assim começou Êle a Sua fala.

"E Êle empolgou o Seu auditório, que ficara cativo do encantamento das palavras animadoras que Lhe saíam dos lábios. Não é Êste o filho de José?, perguntavam todos, perplexos".

Jesus escolhera para tema de Sua dissertação os dois primeiros versículos de Isaías LXI, que de maneira tão adequada e tão a propósito correspondia à circunstância de ser aquêle A.D. de 26-27 exatamente o santo sétimo ano, um Ano Sabático, portanto. E aí reside mais um incidental comprovante da correção bíblica. Todos os demais elementos do episódio se acham inteiramente acordes com o costume observado então pelo povo judeu.

Quando os Pergaminhos do Mar Morto foram desencavados de uma gruta em Khirbet Qumram, lá pelas margens do noroeste daquele mar, o primeiro de todos a ser desenrolado e examinado em Jerusalém, em 1948, por coincidência era precisamente um dos livros, ou rolos, do profeta Isaías.

Perpassou por todo o orbe um calafrio ao fazer-se saber que êsse manuscrito datava de cêrca de 100 anos A.C. Era um milênio mais antigo do que qualquer cópia conhecida. Estava ali aquela passagem que Jesus lera na sinagoga de Nazaré, vazada em caracteres do hebreu antigo, tudo com um aspecto geral muito verossimilhante ao exemplar que Êle deve ter tido sob os olhos naquela ocasião. Ninguém poderia imaginar que num clima como aquêle da Palestina, um tal livro pudesse subsistir inteiro até os dias atuais.

Anteriormente a êsse fato, já se tinha alguma idéia da aparência que teria uma sinagoga na Galiléia; porquanto se haviam descoberto as ruínas de uma, um tanto mais primorosa do que a de Nazaré, em Tell-Hum, sítio onde foi a tão falada Cafarnaum dos Evangelhos. Em 1925, foram essas ruínas compradas por frades franciscanos aos beduínos, e depois reconstruídas. O edifício que se erguera ali era subseqüente ao tempo de Cristo talvez coisa de uns duzentos anos; mas pode muito bem ter-se dado que houvesse substituído, no mesmo lugar, então, a construção a cuja sombra Jesus curou, um dia, um epiléptico.

Há mais ainda que aprender-se, todavia, do quanto teria acontecido na modesta sinagoga de Nazaré. Em seguida ao auspicioso começo, adveio lamentável seqüência. É que, quando se tratou de crer em que Jesus era Alguém que transcendia dos gabaritos ordinários, Alguém dotado de dons especiais e animado de inspiração também especial, os naturais da terra não se mostraram prontos a engolir tudo isso: era ir muito longe. Como é que podia uma pessoa que convivera tôda a sua vida com êles ali, cujos progenitores conheciam tão bem, cujos irmãos e irmãs êles conheciam perfeitamente, abalançar-se assim, sem tir-te nem guar-te, a pretender prerrogativas tão audaciosas como aquelas?!

"Nenhum profeta é acreditado em sua própria terra", lançou-lhes Jesus. E fê-los se lembrarem de que, conquanto houvesse muitas viúvas em Israel, ao tempo de Elias, aquela à qual foi mandado o dito profeta pertencia a Sarepta, na Sidônia, Síria. Assim como havia muitos leprosos em Israel, quando ali foi profeta o mesmo Elias; mas o lázaro a quem o mandou o Senhor socorrer foi Naaman, o sírio.

Ora, essa referência preferencial aos sírios foi a última gôta dágua em taça replena. E por que tal havia de o ser, só o poderemos avaliar, sabendo quanto de mortal inimizade havia, naquele tempo, entre galileus e sírios. Essa rusga vinha já, àquela época, dos dias de que nos fala Josefo, em que Herodes, então um mancebo de vinte e cinco anos, foi investido pelo rei seu pai no cargo de Governador da Galiléia. Por êsse tempo o então futuro rei havia atacado os bandos de terroristas galileus que, sob o comando do respectivo chefe, Ezequías, muito comendatício e patriótico, andavam fazendo meio de vida ao seu próprio ver — de se despencarem, serra abaixo, dos seus valhacoutos e caírem sôbre as ricas cidades sírias do litoral, em infrene pilhagem. Ezequias e muitos dos seus sequazes foram mortos, afinal, para grande sossêgo dos sírios, que entoaram cânticos de louvor a Herodes em tôdas as suas cidades e aldeias.

Sendo assim, apontarem-se gentios sírios como exemplos, fôsse do que fôsse, era, para o povo de Nazaré, provocação análoga à do proverbial manto vermelho à cara do touro. Num movimento unânime, qual se fôssem um só indivíduo, todos se levantaram decididos a expulsar Jesus de sua cidade. Levaram-nO, afinal, aos empurrões, até a borda da mais alta ribanceira nas serranias onde se erguia a localidade, com a intenção de atirá-lO dali abaixo. Êle, porém, soube desvencilhar-Se dos Seus algozes e Se foi dali para Cafarnaum.

A estrada que seguiu passava pela cidade de Cana, em Galiléia, começando, daí para diante, a descer a serra. Entre um e outro pico da serrania surgia, de vez em quando, uma vista do Mar de Galiléia, a centenas de metros lá embaixo. E era qual uma gema de safira engastada em ouro velho, um dos cenários mais lindos em que podiam olhos humanos repousar.

À medida que baixava de nível a estrada, numa sucessão de curvas, ia, inversamente, subindo a temperatura; pois o lago jazia a mais de duzentos metros abaixo do nível do mar. A vegetação vicejava profusa. De cada lado da estrada medravam virentes olivais, figueiras e vinhedos; enquanto que a gradual intensificação de tráfego e a distante vista de edificações evidenciavam apreciável teor populacional àquelas paragens.

O caminho se dirigia para o norte, acompanhando a margem do lago; mas ao sul havia a cidade de Tiberíades, que Herodes Antipas então construía. O lago estava pintalgado de embarcações, enquanto outras delas, encalhadas no sêco da margem, estavam sendo reparadas por alguns pescadores, dos quais, outros, consertavam rêdes de pesca, sôbre a praia, enquanto o mulherio lhes aparelhava os utensílios de trabalho, esfregando-os com areia e enxaguando-os depois na água cristalina. Grande parte do peixe apanhado era pôsto a conservar em salmoura e vendido para distribuição a tôdas as partes do país.

A estrada, súbito, se apartou das praias do lago, e retrocedeu, agora em direção da industrial Magdala, a cidade dos lanifícios. Os montes que ficavam à esquerda, dando a ilusão de serem mais altos do que o eram realmente, devido à profundeza da depressão do terreno onde cintilavam as águas do lago, eram varados de vales penumbrosos em razão da exuberante folhagem de que se revestiam êstes. Mas pouco depois ficavam para trás as terras altas, cedendo o passo à ubérrima Planície de Genezaré.

Transpondo as lindes dêsses campos, desenrolando-se a serpentear por entre bosquezinhos e pomares, revirava a trilha novamente para o lago e, por fim, ia ter à buliçosa feira e ao pôsto fiscal de Cafarnaum, — a Aldeia de Naum. Nesse bairro daquela cidade recomeçou Jesus as Suas pregações, anunciando: "Eis que os tempos se cumpriram e está próximo o Reino de Deus!"

Jamais houvera, até então, ecoado nas paragens ribeirinhas do lago, ribombo igual àquela tonitruante intimação. O povo estarreceu. Seria Êste um dos batistas? Estava João chegando a Galiléia?

Foi entre os pescadores de Galiléia que Jesus ganhou a adesão daqueles que iriam ser os seus mais fiéis seguidores: as duas parelhas de irmãos, Simão e André; mais Tiago e João, êstes dois, filhos de Zebedeu. Ditos pescadores, tal como os seus confrades de ofício em muitos outros países, eram gente simples e franca, animada de inabalável fé em Deus e não menos inabalável crença, também, em demônios e espíritos malignos, capazes até de fazer levantar-se uma súbita tempestade e de manter longe das suas rêdes os cardumes. Em seus corações ardia, perene e vivamente, a chama da Esperança num Messias.

"Segui-me; e Eu farei de vós pescadores de homens", exortou-os Jesus. E, tudo deixando atrás de si, despreocupados de quaisquer cuidados terrenos, antes, com alacridade, — êles O seguiram.

CAPÍTULO SÉTIMO

O SERMÃO DA MONTANHA

Ainda nos primeiros tempos da sua vida pública, proferiu Jesus oração que se destacou entre as demais como a mais memorável e a de maior sagacidade dos que já se produziram no mundo. O grosso do seu público se compunha do campesinato assalariado e pequenos proprietários de terras, da Palestina, gente tôda, essa, sèriamente preocupada com a situação econômica e a dominação política estrangeira, reinante no país.

Diante de tal auditório, tudo o que não fôsse uma franca e direta mensagem, em têrmos calculados para destacarem os problemas vitais e imediatos, seria vão discretear; de nada serviria. Muitos, muito numerosos mesmo, são os sermões declamados de púlpito, contra os quais argúi a crítica que o orador não se mostrou familiarizado com as realidades; os sentimentos expressos são, sem dúvida, excelentes; mas falham em penetração nos corações dos ouvintes, porque não estabelecem contato com as circunstâncias em que se acham êles mergulhados.

Há muita gente que tem de Cristo uma impressão haurida das pias ilustrações de livros sacros: o Mestre, erguendo no ar uma das mãos com dois dedos apontando para cima, a falar das verdades eternas. sobrepairando as cabeças duma multidão de rústicos atônitos. Os Evangelhos, porém, em nada justificam essa representação, nem Jesus cometeu jamais semelhante desacêrto. Êle se externava, isso sim, era sôbre matérias que lá estavam palpitantes dentro de tôdas as mentes e de todos os corações presentes. Êle versava era sôbre agravos que clamavam aos céus por justiça, perante almas transviadas, espíritos malformados, que careciam de correição prévia, para poderem, então, ser admitidos ao Reino de Deus.

O Sermão da Montanha compila, numa só e vívida arenga conclamadora, muito de tudo o que Jesus ensinou por diversas ocasiões; sendo que nos encontramos, nós outros, agora, em condições de contraprovar a sua relevância ponto por ponto, mediante apêlo e referência a fontes externas de conhecimento comparativamente pouco conhecidas.

Mui amiúde falamos nos ideais do Sermão da Montanha como de coisa muito acima da capacidade da gente comum para se identificar com êles, na prática da vida cotidiana; e nos escusamos até de tentá-lo, ao menos, nós mesmos, com a alegação de que se nos oferece, ali, apenas um "incitamento à perfeição". Ora, o melhor corretivo para semelhante atitude está em compreender-se o que dizia Jesus, exatamente como lh'O compreendiam os que, então, O estavam ouvindo.

Disse Jesus: "Não creiais que eu vim para destruir a Lei ou os Profetas; eu não vim para destruir, senão para fazer cumprir".

Semelhante afirmação participava da natureza mesma do juramento ritual assumido por um soberano, quando êste solenemente se compromete a preservar as leis do reino. A essa altura, o dizer de Isaías no versículo IX, de que "o encargo de govêrno se confiará aos seus ombros" tem sido interpretado messiânicamente, como querendo significar que "êle tomou a Lei sôbre os seus ombros para mantê-la". Para se perceber porque tinha Jesus de avançar aquela assertiva acêrca da Lei, em pleno intróito da sua fala, é preciso que se compreenda que Êle estava se dirigindo, então, principalmente às massas plebéias da nação. Já desde os tempos heróicos dos irmãos Macabeus, se tornara a Lei patrimônio do povo. Êste se prontificava, a qualquer momento, como se viu no incidente das oprobriosas insígnias legionárias de Pilatos, a arriscar vidas por amor da intangibilidade da sua fé e dos seus costumes nacionais. Para um vanguardeiro populista judeu, daqueles tempos, que quisesse ter consigo o apoio das massas, o apêgo à Lei era a condição essencial e primeira.

> Ouvistes que assim foi dito, aos antigos, 'Não matarás'; pois que, aquêle que tal fizer estará sujeito a julgamento. Mas, em verdade, eu vos digo: Quem quer que esteja irado contra seu irmão, êsse estará sujeito também a julgamento.

O assassínio era coisa comum e corrente na Palestina. Sem contar as mortíferas correrias dos bandoleiros fanáticos, havia, mais, numerosos bandos de salteadores, que se aproveitavam da situação de intranqüilidade nacional, para se entregarem a orgias de rapina e violência. Dois de tais indivíduos, fôssem patriotas ou simples criminosos comuns, foram crucificados juntamente com Jesus. A vida humana era tida em conta de pouquíssima valia; as relações humanas andavam tensas, a ponto de estalarem ao menor motivo, como natural resultado das tensões nervosas, devidas ao deplorável estado dos negócios públicos. O Oriente é, em algum caso, altamente emotivo. Viu bem Jesus que mesmo o emprêgo de linguagem violenta e sediciosa, ou agravante, muita vez dava em tragédia. Deixar perceber por atos ou palavras, que se estava animado de espírito homicida, equivalia ao mesmo que entregar-se, de pés e mãos atados, como efetivamente incurso na lei contra crime de morte.

O *Talmud* regista o fato de, quarenta anos antes da destruição de Jerusalém, o Sumo Sinedrim (ou Sinédrio) haver transferido sua sede da sala que ocupava no edifício do Grande Templo, sòmente para não profanar o sagrado recinto pela sanguinolência que se avolumava com o aumento dos casos de morte criminosa. Êsse alto Tribunal propôs, se não é que o suplicou mesmo, lhe fôsse retirado o poder de proferir sentenças de morte.

> Ouvistes o que foi dito: Ôlho por ôlho, dente por dente: mas, em verdade, eu vos digo, Que não resistais ao mal: mas, a quem quer que seja que vos tenha batido na face direita, voltai-lhe a outra face também... E quem quer que vos obrigue a caminhar em sua companhia duas mil toesas, acompanhai-o ao dôbro... Amai aos vossos inimigos, bendizei aquêles que vos maldizem...

Os inimigos eram os arrogantes romanos, mais os seus aliados sírio-helênicos, que traziam sob perpétuo terror o populacho judeu e o sujeitava a tôda mortificaçãozinha, mínima que fôsse, que pudessem arquitetar. Os camponeses, porém, tinham o couro mais grosso e, conseqüentemente, se mostravam muitíssimo dispostos a retribuir golpes, retaliar sempre. Muitos já se haviam até passado para as serras, de onde faziam aos opressores feroz guerrilha. Já tudo haviam perdido de seu; pouco lhes importava agora o resto: estavam implacáveis e desesperados.

Jesus mencionou atos típicos de terrorismo. Ora eram os exatores do fisco, a cair de surprêsa sôbre a choupana do pobre lavrador do eito, para lhe arrancarem as mofinas posses, ainda batendo-lhe brutalmente, se encontravam resistência. Chegavam a despojá-lo até da túnica que vestia. Se o desgraçado ia trotando em seu asno, por uma estrada, aí podiam sair-lhe à frente os legionários de Roma, que o forçariam a carregar-lhes os equipamentos e bagagem. O próprio vocábulo que designava essa arbitrariedade passou, depois, do grego para o idioma hebraico. *Angareuein,* forçar, se transformou no detestável *angaria,* requisição impositiva. Exigências de dinheiro, ou de empréstimo de quantias, sem qualquer intenção de restituí-las algum dia, eis outro vexame que deviam suportar os camponeses: e lá se iam as suas minguadas economias, tôdas, para satisfazer a avarenta rapacidade dos cúpidos mercenários.

O conselho então oferecido por Jesus brotava-lhe da profunda solicitude que sentia pelo bem do seu povo. As represálias dos terroristas aos malefícios só serviam para agravar-lhe os aniquilantes fados, como de fato, acabaram, por fim, acarretando a destruição mesma do inteiro Estado Judaico. Assim, pois, concitava Êle aos seus compatriotas a se comportarem como verdadeiros filhos do Pai Celestial, o Qual determina ao Seu próprio sol que nasça, equitativamente, para os maus e para os bons. Os rabinos também haviam preceituado: "Aquêles que, sendo vilipendiados, não retribuem vilipêndio; que não dão ouvidos a insultos; e agem só movidos por amor; dêles dizem as Escrituras 'Êsses, que o amam, são como o sol, quando resplende em tôda a sua fôrça' ".

O amor, a prece e o jejum, — eis os três recursos defendidos, entre os judeus, como capazes de afastar calamidades. Jesus, porém, explicou que, pelo seu dizer, quanto a "fazer mais do que os demais", não queria êle significar fazer-se exibição pública de religiosa piedade.

Já havia no mundo demasiado número dos tais que "obram tôdas as obras para serem vistas pelos homens". Os pobrezinhos, lá no seu desesperado fadário, bem que seguiam o santo preceito com as suas bênçãos, certos de que haveria de vir do céu uma resposta à conduta dêsses que se presumiam santos.

Jesus advertiu os seus ouvintes, não apenas contra as ostentações de falsa piedade; mas também contra o perene apontador de erros; e contra o falso profeta. Tem-se dito a propósito dessa época que a geração coeva era uma "que julgava os seus próprios juízes"; e aquêle provérbio, mesmo, acêrca da trave e do argueiro, aproveitado por Jesus, vem citado com relação à circunstância acima.

Na última parte do seu sermão, fêz Jesus considerável uso dos provérbios então em curso. Era essa a maneira que o seu bom senso lhe sugeria, para tratar da questão das tensões mentais e do nervosismo. Mui propositadamente, descia êle do estilo grandiloqüente para o conversacional, sacando sôbre o humorismo ingênuo e a chã sabedoria que freqüentavam a praça do mercado. Valeu-se, outrossim, de fórmulas poéticas que se desvaneceram na tradução grega e que hoje podemos reconstituir mediante uma retradução, em parte auxiliada por uma velha versão hebraica do Evangelho de Mateus, achada no século dezesseis, na casa de um judeu em Roma.

Por exemplo: a frase, muito conhecida, empregada por Mateus (VII, 6), segundo a atual correção deve ser lida assim:

> Não oferecereis gemas preciosas aos cães, pois elas poderão voltar-se contra vós como seixos;
> Nem esparzireis vossas pérolas diante dos porcos, pois êles poderão pisoteá-las sob as patas.

Providos do conhecimento agora disponível, sai-nos vívido e cheio de uma vibração nova o Sermão da Montanha, conforme se pode apreciar por uma passagem extraída à tradução mais recente intitulada *The Authentic New Testament.*

> Não vos vexeis pelo que ireis comer ou beber, ou pelo que irá vestir o vosso corpo. Não é a alma dom de maior conseqüência do que o alimento, e o corpo mais do que os vestidos? Observai as aves no ar. Elas não semeiam nem ceifam, nem recolhem colheita em celeiros, pois que o Pai celestial as alimenta.
>
> Não sois vós mais valiosos que elas? Qual de entre vós, por um esfôrço mental, é capaz de juntar mais um palmo de altura à sua estatura? Por que, pois, vos afligis por motivo de vestuário? Atentai para os lírios silvestres, em como êles desabrocham. Êles não labutam nem tecem, e no entanto, eu vos digo, nem Salomão em tôda a sua pompa real se ataviava qual um dêsses. Então, se Deus assim veste a planta silvestre, que hoje floresce e amanhã é atirada, fenecida, ao forno, não vos vestirá Êle muito mais, ó vós que sois mofinos na fé? Não vos consumais, pois, por mais tempo, dizendo, "Que iremos comer, ou beber?" ou "Que iremos nós vestir?" Com assuntos tais se preocupam os gentios. Fazei, então, do Reino de Deus e do vosso dever para com Êle o vosso primeiro cuidado, e tôdas essas coisas vos serão acrescentadas. Não vos aflijais pelo dia de amanhã. Pois o amanhã trará os seus cuidados. "Basta a cada dia o seu próprio mal".

Quem quer que erigisse a sua vida sôbre tais ensinamentos, tê-la-ia alicerçado sôbre um penedo; e nem dilúvios nem tempestades lha abalariam.

CAPÍTULO OITAVO

O BOM CENTURIÃO

Dizem-nos os Evangelhos que, ao entrar Jesus em Cafarnaum, foi-lhe feita uma súplica em favor do escravo favorito de um oficial romano. O escravo em questão achava-se gravemente doente e, assim, foram chamar Jesus para que o curasse. Do ponto de vista dos judeus, e até do próprio centurião romano, dificilmente se poderia esperar que o Rabino Jesus ministrasse àquele gentio seus socorros. E não era só isso: quem solicitava a mercê era precisamente um elemento das hostes inimigas, um graduado dos exércitos da Potência Ocupante.

Mas o centurião em causa era amigo dos judeus e rogou aos anciãos que intercedessem por êle, junto a Jesus. Pelo que, atendendo-o, vieram os ditos anciãos a Jesus, mencionando, aliás, as circunstâncias excepcionais, nestes têrmos: "Que bem era merecedor (o romano) de que (Jesus) lhe fizesse essa graça"; porquanto êle amava "a nossa gente e até nos construiu uma sinagoga" (Lucas, VII, 4-5).

Jesus aquiesceu, sem reservas; mas o centurião, êsse é que ainda nutria receios duma negativa. Mandou, pois, amigos com êste recado:

> "Senhor, não te dês a maiores penas: porquanto eu não sou digno de que venhas sob o meu teto. Quanto à minha ida, a procurar-te, tampouco sou eu digno de chegar-me a ti. Dize, porém, uma única palavra, e o meu servo será curado. Pois também eu sou um homem subordinado à autoridade, tendo a meu mando soldados; e, a um, digo eu, 'Vai', e êle vai; e, a um outro, 'Vem', e êle vem; e, ao meu servo, digo 'Faze isso', e êle o faz".

Uma passagem tão singela quanto essa poderá não nos revelar muito em abono e confirmação da verdade bíblica; mas a verdade é que, ao contrário, revela: e enormemente.

Está claro como água que o centurião achava não ser necessário que Jesus pusesse os pés em sua casa. Acreditava-o munido de podêres miraculosos. Tudo quanto Jesus teria a fazer, e a distância, era proferir uma palavra, isto é, enunciar a senha ou fórmula mágica adequada à situação e, pronto, o servo sarava!

Naqueles tempos era tido por assente que tôda doença e mal-estar devia à ação de algum determinado demônio específico. Expulso êsse duende, o doente ficava bom. O diagnóstico médico se resumia à identificação do demônio perturbador e, feito isso, era só pronunciar-lhe corretamente o nome, fôsse acompanhando-o de um esconjuro, fôsse ajudando êsse comando com a administração de tratamento material conveniente. Não vai assim nenhuma grande distância entre essa terapêutica e as práticas da moderna arte de curar; só que os demônios, nos nossos dias, nós os substituímos pelos vírus.

Os antigos papiros egípcios, versando sôbre magia, se referiam, volta e meia, à necessidade de se saberem Nomes e de se enunciarem Palavras de Podêres. Era uma crença muito venerável que remontava à madrugada dos Tempos: a de que, sabendo-se o devido Nome, adquiria-se certo domínio sôbre o portador dêste. Ainda hoje em dia, vê-se, nalgumas localidades da Escócia, uma mulher se abster cuidadosamente de mencionar o nome do marido diante dum estranho, referindo-se-lhe apenas indiretamente sob a designação dialetal de "o homem bão". E, conforme o caso, dirá que *êle*, sim, *êle* e não outrem, está, ou não está, em casa. A intenção originária, envolvida nessa praxe, era prevenir qualquer dano que lhe pudesse advir, a *êle*, por obra dalguma alma insidiosa e malfazeja que viesse a apossar-se do nome recusado. É fenômeno muitíssimo semelhante ao que ocorre com a má-vontade de uns tantos povos primitivos em deixar que se lhes tirem fotografias, pois isso, para êles, equivaleria a fazer cessão de sua efígie e, assim, conferir podêres extranautrais a outrem, em detrimento próprio; pois o agraciado poderia abusar da dádiva.

Entre os judeus atribuía-se santidade especial ao tetragrâmico Nome de Deus. Todo aquêle que se fizesse Senhor do Nome poderia, se tal quisesse, governar o mundo e realizar grandes portentos. A enunciação do Nome, pois, era prerrogativa exclusiva do Sumo Pontífice, no Templo; e isso, sòmente na ocasião mais solene do ano, — o Dia de Expiação.

Fora do recinto da Casa Santa, mencionava-se o título *Adonai* (o Senhor); ainda êsse, porém, apenas no decorrer de atos de culto. Na conversação particular, até o têrmo *Adonai* era vedado, referindo-se as pessoas ao "Céu", quando queriam mencionar Deus, conforme se vê na expressão constante do Evangelho, sob as for-

Vaso-escrínio para rôlo de papiro; reconstruído de fragmentos encontrados na Caverna número Um, em Khirbet Qumran. Foi em um dêsses escrínios que se encontrou guardado um antigo rôlo de papiro grafado pelo profeta Isaías. (Reprodução fotográfica de *The Dead Sea Scrolls*, de J. M. Allegro, Penguin Books; por gentileza do Museu Arqueológico da Palestina).

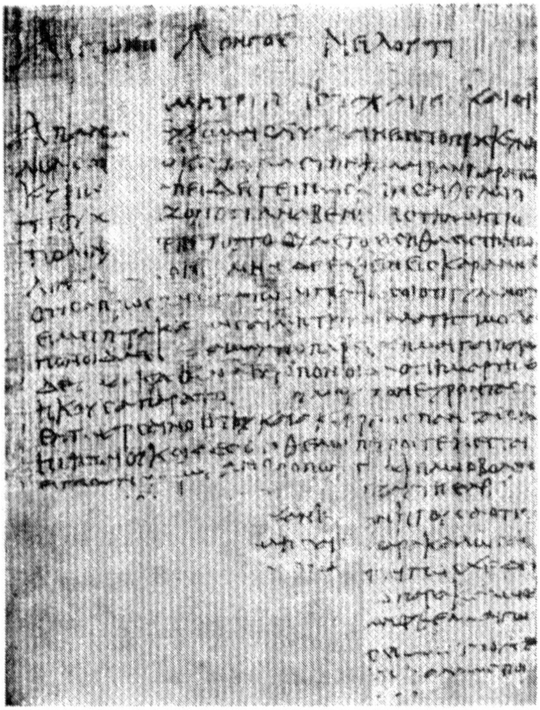

(À esquerda): Carta de um filho pródigo, Antônio Longo, a sua mãe, Nilo. (Reprodução fotográfica de *Light from the Ancient East, data-venia* dos Srs. Hodder & Stoughton).

(À direita): Moedas da Palestina. (Reprodução fotográfica de *The Authentic New Testament*, de Hugh J. Schonfield, Dennis Dobson).

mas de "Reino do Céu", "Pequei contra o Céu"; ou, ainda, a palavra "Poder" poderia ser empregada, segundo está nos dizeres de Jesus: "a mão direita do Poderoso". (Mateus, XXVI, 64). Havia mais outros substitutivos, como sejam, "o Nome", ou "o Lugar".

Entretanto, mesmo quando empregada uma designação indireta no curso da formulação dum voto, essa maneira de designar veladamente o Altíssimo continuava retendo os seus peculiares podêres de domínio, tal como se o juramento proferido fôsse por alguma coisa devotada a Deus, como sejam os sacrifícios sôbre a ara do altar, ou o ouro do Templo. Por um gesto de longanimidade para com as debilidades da gente simples do povo, os chefes religiosos toleravam juras em cujas exclamações não se continha qualquer intuito pecaminoso de profanação. Entre êsses interjetivos mencionam-se: "Por Jerusalém!", "Pelo Templo!", ou "Pela vida de minha cabeça!". Havia quem contendesse que não era pecado jurar-se pelo céu e a terra.

Jesus era, porém, contra isso. Êle o disse: "Não jurarás, jamais; nem pelo céu; porquanto êsse é o trono de Deus; nem pela terra; porquanto esta é o escabêlo para os seus pés: nem por Jerusalém; porquanto essa é a cidade do grande Rei. Tampouco jurarás pela tua cabeça: porque não poderias impedir que encanecesse um só fio de cabelo dela, ou fazê-lo reviver, se encanecido. Mas deixarás que seja a tua palavra, 'Sim, sim, Não, não': porquanto tudo o que disso exceder procede do mal". Outrossim, inquiriu Jesus: "Que coisa é maior, o ouro, ou o Templo que santifica o ouro? Que coisa é maior, a oferenda, ou o altar que santifica a oferenda?"

Sôbre essa questão assumia Jesus a mesma atitude que os essênios, os quais igualmente condenavam o uso de exclamações de juras.

Voltando agora à história do centurião, ela é bastante significativa sob um outro aspecto. A mensagem a Jesus dizia: "Porquanto também eu sou um homem subordinado à autoridade". Neste ponto os escritores dos Evangelhos podem ter estado rendendo certa homenagem a um conhecido oficial romano que também travara amizade com os judeus. Era êle o de nome Petrônio, legado da Síria, que tinha sua sede oficial em Antioquia ao tempo em que os discípulos de Jesus, ali, começaram a ser designados pelo têrmo "cristãos".

Andava então o louco imperador Caio Calígula, (era o ano 40 D.C.), tentando fazer erigir, em pleno recinto do Templo de Jerusalém, a sua estátua, sob a figura do deus Júpiter. Petrônio recebeu ordem de cuidar do assunto.

Vendo, porém, que os judeus estavam decididos a se deixarem matar, antes que consentir em semelhante sacrilégio, deixou êsse legado as suas tropas em Ptolemaida e convocou os chefes israelitas a uma reunião com êle, na cidade de Tiberíade, à beira do Mar de Galiléia, distante umas poucas léguas de Cafarnaum. Nesse encontro, manifestaram os judeus que era contrário à sua Lei fabricarem-se imagens de Deus, ou até mesmo dum homem; e que êles eram obrigados a obedecer aos mandamentos de Deus.

Registra Josefo a resposta que deu a isso o legado romano: "E não sou eu", disse êle, "obrigado também a assegurar o cumprimento das leis daquele que é o meu senhor? Se a elas eu transgredir e vos poupar, justo é que eu pereça; enquanto que aquêle que me mandou, e não eu, atendei bem, vos moverá guerra; porquanto *eu sou um homem submetido a uma autoridade, tanto quanto o sois vós*".

Aí as temos, pois, as mesmíssimas palavras empregadas pelo centurião em Cafarnaum. A seqüência do episódio foi que Petrônio acabou cedendo da sua parte, com risco da própria vida, pois Calígula lhe enviou, de fato, ordem de suicidar-se, por haver faltado com a obediência a êle, César e, ademais, pela sua afeição pelos judeus. A carta fatal foi retida na viagem por uma tempestade, vindo outra missiva, a chegar às mãos de Petrônio, mais tarde, e bem diversa, pois lhe trazia alvíssaras de haver sido assassinado Calígula em Roma. Assim foi, que teve o centurião a vida salva, e muito se maravilhou da maneira como a Providência protegia o povo judeu.

A Jesus também coube maravilhar-se, diante da mensagem que recebeu, a qual lhe mereceu êste comentário: "Em verdade vos digo, que não deparei tão grande fé, nem mesmo em Israel. E ainda vos digo, mais, Que muitos virão do Oriente e do Ocidente, e se sentarão, juntamente com Abraão, e Isac, e Jacó, no Reino dos Céus".

CAPÍTULO NONO

PUBLICANOS E PECADORES

O episódio da convocação de Mateus, ou Levi, (conforme vem êsse denominado no Evangelho de Marcos), nos patenteia muitos esclarecimentos acêrca da situação e das idéias correntes no tempo de Cristo. Jesus deparou o futuro apóstolo "sentado à coletoria das alfândegas, e lhe disse, 'Segue-me'. E sucedeu que, estando Jesus em casa, à mesa, muitos publicanos e pecadores vieram e tomaram lugares com Jesus e os seus discípulos".

Companhia tão heterogênea, incluindo publicanos e pecadores, é referência que soa mal pela estranheza; a tal ponto, que ficamos querendo saber que espécie de gente era essa, que assim privava com o Cristo e seus apóstolos. A tradução inglêsa para o têrmo 'publicano' não colhe, aqui, como tendo algo que ver com os respeitabilíssimos senhores mantenedores de estabelecimentos públicos, — o que absolutamente não tem. Dito vocábulo se deriva da palavra latina *publicani*, que designava os exatores fiscais romanos, os que cobravam impostos.

Nas províncias do império romano, a tarefa de recolher as somas devidas a êsses impostos era arrendada a pequenos funcionários, mui prontos a desempenharem tão odioso dever entre os seus próprios compatriotas. O lucro dêsses prestimosos lacaios estava em que se lhes deixava liberdade para extorquir aos contribuintes dinheiros a mais do que os que foram devidos, contanto que, com o fazê-lo, não chegassem ao ponto de despertar revoltas. Ao falarem dêsses seus funcionários provincianos, chamavam-nos os Césares as suas "sanguessugas". Era deixá-los estar, que êles se arranjariam bem, para entrar com a dinheirama para o erário imperial, — dado que se lhes permitisse empanturrarem-se, a si mesmos, durante a respectiva coleta.

Para os judeus, que sentiam profunda mágoa da dominação gentílica, todo compatriota que chegasse à deslealdade, para com o seu Deus, de se encarregar do serviço a que se davam os publicanos, a bem dos romanos, ficava, desde logo e definitivamente, fora dos meios de gente decente. As pessoas religiosas arrolavam tais indivíduos juntamente com os jogadores de dados e com os onzeneiros, rebotalho humano com o qual, em circunstância alguma, aquelas pessoas se misturariam. São Paulo, que fôra educado como fariseu, concordava inteiramente com êsse modo de proceder acêrca dos publicanos; tanto, que instruía os seus convertidos no sentido de jamais andarem em companhia, ou tomarem refeições com tipos tão imorais. (1 Coríntios, v. 9-11). Como vemos, eram exigentes os padrões éticos, tanto entre judeus, como entre cristãos.

Temos, mais, que se classificavam de pecadores os publicanos; outro modo de falar que também exige esclarecimento. Pecadores, no sentido em que tinham essa designação o Velho e o Novo Testamentos, não eram, necessàriamente, isso a que nós hoje chamaríamos de criminosos, ou gente ruim: eram, apenas, os indivíduos omissos ou relapsos na observância à Lei de Deus. Assim sendo, todos os gentios, ou os pagãos, mesmo sendo pessoas honradas, eram pecadores; e, de fato, di-lo Paulo, "Nós, que somos judeus por natureza, e não pecadores de entre os gentios", — (Gal. II. 15).

Um pecador judeu era aquêle que não guardava observância à Lei Mosaica. Aliás, o seu pecado podia não passar, afinal, do simples fato de consumir alimento proibido. Isso projeta grande luz na inferência contida nas palavras pecado e pecador, no Novo Testamento.

Os fariseus, que se vangloriavam do rigor com que atendiam aos mandamentos, sentiram-se naturalmente chocados ao verem Jesus, um doutrinador religioso, amesendado em comes e bebes com publicanos e pecadores. Pediram-lhe que explicasse aquilo, ao que Jesus houve por bem comprazer por meio das memoráveis palavras: "Aquêles que se acham sãos de corpo não têm necessidade de médico; têm-na os que se acham doentes. Eu não vim chamar justos, senão convidar os pecadores ao arrependimento".

O virtuoso, o justo aos olhos de Deus, claro está, não era aí, simplesmente, a boa pessoa, — mas a pessoa religiosa, aquela que fielmente praticava os preceitos estabelecidos nos mandamentos da Lei. Os progenitores de João Batista são mencionados como "ambos virtuosos perante Deus, pois viviam sempre sob os mandamentos todos, e as ordenações do Senhor, sem eiva de pecado" (Lucas, I, 6).

Em ocasião outra, disse Jesus que fôra mandado à cata das ovelhas desgarradas da casa de Israel, aquelas que se haviam perdido por se afastarem da augusta vereda. E narrou, mais, esta história que, na minha tradução do Novo Testamento, apresentei da seguinte forma:

"Dois homens foram ao Templo para orar, um dêles era um fariseu e o outro um coletor de impostos. De pé, formulou sua oração o fariseu, em exaltação de si mesmo, segundo êstes têrmos, 'Eu Te rendo graças, ó Deus, de não ser como a generalidade dos homens, cúpidos, desonestos e adúlteros que são, ou mesmo como êsse cobrador de impostos, aqui presente;

'Pois eu jejuo duas vêzes por semana, e pago dízimo sôbre todos os meus ganhos.' O cobrador de impostos, êsse, postou-se a uma certa distância, timorato até de erguer os olhos para o céu, e bateu no peito, dizendo, 'ó Deus, apieda-te de mim, pecador que eu sou!"

"Ora, eu vos digo," comentou Jesus, "êsse publicano se foi para sua casa, aliviado do pêso dos seus pecados; não o outro: Porque todo aquêle que se exalta a si mesmo será humilhado, enquanto que o que se humilha será exaltado".

Poderá parecer que Jesus tenha sido algo severo para com os fariseus, sendo que nos Evangelhos êstes são vistos constantemente em oposição a êle, devido à peculiar conduta liberal do Mestre. Aí calha tratarmos de compreender quem e o que eram os fariseus, de par com as circunstâncias especiais da época.

O mais acertado que se pode dizer dos fariseus, é que êles foram os puritanos do judaísmo. Surgiram no cenário de Israel uns cento e cinqüenta anos antes da vinda de Cristo, como uma reduzida companhia, ou confraria, consagrada, sob voto, à estrita observância das leis divinas. O têrmo hebreu *Perushim*, de onde se deriva fariseu, dá a idéia de 'separação'; mas, se se tratava de separação com relação a alguma lei em especial, ou de separação dos dízimos, ou, ainda, de afastamento do convívio daqueles que se mostravam relaxados em matéria de conduta religiosa, — eis do que não se tem, hoje em dia, certeza absoluta.

A confraria era, também, de alguma forma, semelhante a uma Sociedade de Amigos, não apenas porque os seus membros tomavam a si cuidar dos seus confrades adoentados ou necessitados, como pelo fato de contribuírem êles à difusão da instrução religiosa entre o povo e à disseminação do ensino escolar infantil. Eram tidos em alto conceito pelo povo, não só à conta da sua piedade religiosa e do seu saber, como também da sua fama de campeões dos direitos e franquias democráticas.

Quando nos detemos a considerar as penosas condições em que se achava o povo judeu naqueles tempos, continuamente sob os tacões de conquistadores estrangeiros, e a profundamente arraigada convicção por êsse povo mantida de que só pelo completo devotamento a Deus lograria a sua liberdade algum dia, é fácil compreendermos porque eram os fariseus erguidos a um pedestal de veneração pública.

Dizia-se, então, que se tôda Israel observasse a Lei, unânimemente, por um dia que fôsse, ao menos, havia de baixar, então, o esperado Libertador, — o Messias.

Entretanto, em conseqüência do bafejo popular, (sendo a natureza humana como é), muitos dos fariseus perderam a cabeça e deram de desmandar-se em exageros. Fizeram-se untuosos e censuradores, fazendo ostentação de virtudes religiosas, orando infindàvelmente, "trazendo filactérios maiores, de dar mais na vista, bem como fazendo alargar as barras das suas vestes". Em suma, tornaram-se hipócritas; os tais "sepulcros caiados por fora."

Êsses filactérios, supra-referidos, eram uns estojos de couro, que se traziam presos à testa e ao braço, e continham trechos do Êxodo e do Deuteronômio, numa literal interpretação das palavras: "Tu os prenderás, como sinal, sôbre a tua mão; e êles serão como testeiras colocadas entre teus olhos" (Deut., VI, 8).

As barras das vestes eram franjas que os judeus usavam em suas túnicas, nas quais se entretecia um filête azul, em obediência ao mandamento contido em Números XV 28-29. Servia de lembrete permanente de que "possais recordar-vos de todos os mandamentos do Senhor, e cumpri-los". O próprio Jesus usava essas franjas em seus vestidos, as quais vêm denominadas, na Versão Autorizada, "a fímbria das suas vestes". Padecentes, como aquela mulher tomada de indomável hemorragia, sentiam-se certos de que, se pudessem ao menos tocar aquela fímbria, ficariam curados.

Todos êstes fatos demonstram a exatidão do que consta na Bíblia.

Como resposta às lamúrias dos fariseus, empregou Jesus uma de suas características analogias, ou parábolas. Essa passagem, traduzi-a eu assim: "Ninguém remenda com um bocado de pano recém-tecido um velho manto. Se o faz, o remendo rasgará mais ainda o material decrépito, — separando do velho o novo, — e a ruptura ficará então pior. Tampouco verte ninguém vinho novo em odres velhos".

"Porque, se o faz, o vinho arrebentará, fermentando, o couro envelhecido; e o vinho e o odre serão, ambos, perdidos". (Mc., II, 21-22).

Pelo fato de não se estar a par das circunstâncias precisas, é que se tem, muita vez, interpretado errôneamente essa maneira oriental de dizer as coisas. Aquilo a que Jesus fazia alusão era ao fato de não ser possível salvar as pessoas de cair em maus caminhos, manejando-se a férula dum rígido e frio moralismo. Com isso, só se conseguirá é fazê-las recalcitrar, cada vez mais rebeldes, e cada vez mais afoitas, até se perderem completamente. Tem-se de entabolar relações de amizade com elas, mostrar-lhes simpatia, atraí-las, para então reconduzi-las ao bem, de onde se transviaram.

E era isso o que êle estava fazendo, ao aceitar a hospitalidade de Mateus, o publicano, mais a dos companheiros dêste, igualmente pecadores.

CAPÍTULO DÉCIMO

QUEM É MEU "PRÓXIMO"?

Não há quem não goste de uma boa história. E sempre assim foi, sem a menor diferença, nos tempos de antigamente, como o é ainda hoje. Uma das mais antigas histórias de que se há notícia no mundo é a dos egípcios das eras mais remotas; a qual se intitulava "Narração Sôbre Dois Irmãos". Historietas comportando algum conteúdo moralizante eram também muito apreciadas, como, por exemplo, o foram as famosas Fábulas de Esopo.

Não pouco do seu êxito deveu Jesus à circunstância de haver podido explicar as suas doutrinas por meio de historietas; tanto que, até hoje, há muita gente que, sabendo relativamente pouco a respeito da missão de Jesus, no entanto já ouviu falar, quando algo mais não fôsse, do caso do Bom Samaritano e daquele outro, o do Filho Pródigo.

É costume, entre nós generalizado, mencionarem-se êsses contos sob a designação de parábolas. Mas, em seu sentido restrito, êste vocábulo se aplica é a outros gêneros de exemplificações empregadas por Jesus, quando queria manifestar alguma das verdades que pregava, por meio de alguma forma de comparação. Um toque de autenticidade se nos depara ainda aí, qual seja o de haver êle freqüentemente usado a fórmula introdutória, habitual, entre os rabinos judeus, da qual se conservaram até os nossos dias muitas amostras, como fôssem: "Com que se parece isto? Isto se parece com tal-e-tal". Essa maneira de ensino por exemplificações comparativas era conhecida sob a denominação de *haggadah*.

O que fazia tão convincentes êsses contos e essas parábolas era o fato de, em cada caso, a analogia se reportar a coisas e acontecimentos de que estava plenamente a par a gente a quem se dirigia o narrador. Retratava êle, ao vivo, sêres e coisas, plenos, da própria realidade ambiente, tangíveis aos que lhe bebiam as palavras, sucedendo, muita vez serem, a tal ponto, "locais", que fora da Palestina, deixariam de ter tanto poder de persuasão e igual relevância. Isso nos mostra quão exatos são os registos exarados nos Evangelhos.

O conto do Bom Samaritano dá-nos um bom exemplo disso. Estava Jesus confirmando o mandamento mosaico que determina amemos o nosso próximo como a nós mesmos. Mas o legista a quem êle se dirigia quis saber precisamente em que consistia um "meu próximo".

Eis aqui a parábola nos têrmos em que a traduzi do grego.

Disse Jesus, "Um homem descia de Jerusalém para Jericó, quando ladrões o assaltaram em caminho, despojaram-no de seus vestidos e espancaram-no e se retirararam deixando-o meio morto. Ora, sucedeu um sacerdote haver tomado aquela estrada, o qual, ao vê-lo ali inanimado fêz uma grande volta para passar-lhe de largo. O mesmo se deu com um Levita que ali veio parar e, vendo-o, também se fêz ao largo. Mas um viajante samaritano deu com êle ali e, movido de piedade ao ver o seu estado, se lhe acercou e pensou-lhe a feridas, tendo-lh'as ungido de azeite e vinho. Em seguida, atravessando-o sôbre a sela da sua própria montaria, levou-o a uma hospedaria e cuidou dêle. Ao prosseguir sua viagem, na manhã seguinte, deu dois dinheiros ao estalajadeiro, com ordem expressa nestes têrmos, "Zela bem por êle, e eu te reembolsarei de qualquer despesa adicional, quando aqui passar, na minha viagem de regresso".

"Qual dos três homens, credes vós, agiu como o "próximo" para com o homem assaltado pelos ladrões?", perguntou Jesus.

"Aquêle que o tratou compassivamente", retrucou o legista.

Essa historieta está repleta, a transbordar, de sabor local. A cena se passa na estrada que vai de Jerusalém a Jericó, a qual descamba, serra abaixo, coisa de uns 1.500 metros no desenrolar de pouco mais de 35 quilômetros, por entre serranias íngremes e semeadas de precipícios. Era aquela uma região medonha, sabidamente couteira de salteadores, que tinham nos pedrouços marginais da estrada seguros abrigos de onde tocaiar os viandantes. O sacerdote e o Levita mencionados estariam, provàvelmente, de marcha para o Templo de Jerusalém. Evitaram chegar-se ao maltratado herói do caso, dado o receio, que teriam, da autoconspurcação ritual que o contato com um cadáver lhes acarretaria, deixando-os no impedimento de oficiar no sagrado. Estavam tão preocupados com a preservação da sua pureza ritual, que nem se deram ao trabalho de verificar, antes de mais nada, se o corpo ali estendido era efetivamente um cadáver.

Mas essa não foi a atitude do nosso samaritano, evidentemente um mercador itinerante. O que Jesus fêz reparar-se aqui, é que os judeus votavam injustamente o maior desprêzo à religião dos samaritanos, muito embora se tratasse de crença muito parecida com a sua própria. Diziam êles, dos samaritanos, "aquela gente insensata, que mora em Siquém", que eram ritualmente impuros.

Existe ainda hoje, e pode ser vista pouco antes de se chegar a Betânia, na estrada de Jericó a Jerusalém, uma Estalagem do Bom Samaritano. O pouso pode muito bem ser o mesmíssimo da hospedaria citada na parábola, porquanto, embaixo do prédio que lá está, encontram-se umas cisternas antiqüíssimas, cavadas na rocha para depósito de víveres as quais muito possível é que tenham provido de aguada a gente e alimárias, no tempo de Jesus.

Outro caso famoso é aquêle do Filho Pródigo. Ainda aí surpreendemos uma atmosfera inteiramente autêntica. O mancebo que convencera o pai a ceder-lhe desde logo o patrimônio que lhe caberia, no futuro, largou-se para distantes terras, diz-se, e por lá andou esbanjando a fortuna, em vida dissipada e agitada. "Quando já consumira êle o total da sua legítima, caiu sôbre o país a calamidade duma atroz fome e êle se sentiu também aguilhoado por essa aflição geral". Viu-se forçado a procurar trabalho até o trôco de salários literalmente de fome. Êsse fato trouxe-o, por fim, ao caminho do bom-senso, fazendo-o dar-se conta do quanto havia pecado contra seu próprio pai.

Quase mil e novecentos anos passados do dia em que Jesus referiu êsse caso, veio à luz, no Egito, um velho papiro, mero rebotalho de dito material, lançado como refugo a um monturo qualquer. Êsse bocado de lixo trazia data do segundo século D.C. E era uma carta dum filho pródigo!

Eis os patéticos recados que aí envia a sua progenitora, Nilo, um jovem por nome Antônio Longo:

"Tive vergonha de vir a Caranis (terra natal do signatário), porque ando em trapos. Tenho que dizer-te que estou nu. Eu te rogo, ó mãe, que tenhas contemplação para comigo. Sei bem que tudo isto hei atraído contra mim eu mesmo. Tenho sido bem castigado por todos os modos. Sei bem que hei pecado..."

Quem poderia jamais resistir a semelhante apêlo, que até nós nos chega, hoje em dia, tão pungente e fremente de vida, ainda, como se de ontem nos viera e não de além dos abismos do tempo!

Em qualquer que seja a narração ou parábola contida no contexto dos Evangelhos, aí verificaremos relevância nas alusões, mais insistentemente no que tocavam a coisas correlatas à terra.

A parábola do Trigo e do Joio se clarifica, ao sabermos que o "joio" era uma espécie de gramínea muito parecida com o trigo enquanto estava crescendo. Ora, o lavrador havia semeado boa semente, porém um seu desafeto semeara, de mistura, por sôbre o seu plantio, a erva daninha. Perguntaram-lhe os servos se deveriam apartá-la, mas o amo acertadamente respondeu-lhes que não, pois, ao fazê-lo, poderiam extirpar conjuntamente o bom trigo, também. "Que cresçam juntos, até chegar o tempo da colheita", acrescentou êle. Pois então, os ceifeiros, fácil e prontamente separariam, à mão, trigo e joio.

É a mesma coisa, na história das Ovelhas e dos Caprinos. O pastor palestiniano separava-os, habitualmente, quando os respectivos rebanhos regressavam ao aprisco, à noitinha, de volta da pastagem. E, na verdade, os animais estavam de tal modo acostumados a isso, que freqüentemente ocorria se separarem, por si mesmos, os negrejantes caprinos e as alvinitentes ovelhas.

Doutra feita, quis Jesus dar um exemplo de como Deus velava pelo bem das suas criaturas. "Não se vendem cinco andorinhas por dois ceitis?", indagou êle. Então, disse aos seus discípulos que êles valiam mais do que muitas andorinhas. Quanto ao valor exato em número de andorinhas, dêsse câmbio, ou de ceitis (*assars*), é êsse um dado que mui pouco nos preocupa; mas o Evangelista fêz questão de ser minucioso. Êle sabia que aquela era a norma seguida para a venda de andorinhas no mercado: em amarrados de cinco ou dez avezinhas. Pois sua informação é secundada por uma confirmação constante duma lista de preços contida num velho papiro que se descobriu. Dois *assars* equivaliam à moeda inglêsa de um *penny farthing*, curso atual.

Todavia, há um lado soturno nessas parábolas, que devemos evidenciar.

Pollticamente, eram aquêles tempos mui angustiosos. Quem quer que se abalançasse a discursar sôbre essa questão da Era Messiânica, sôbre os sonhados dias em que Israel seria libertado do jugo romano, — êsse andaria pisando terreno perigoso. Pululavam, então, os espreitadores, como nos foi dito, ávidos de apanhar qualquer palavra dos lábios de Jesus que se pudesse interpretar como traição política, para se habilitarem, enfim, a acusá-lo perante os romanos e respectivos quislingues.

No reinado de Tibério fervilhavam os delatores. O historiador romano Tácito faz constar nos seus Anais: "Entre as calamidades daquele negregado período, a coisa mais mortificante de sofrer-se era o degenerado ânimo com que os homens mais em evidência no Senado se rebaixavam à mesquinhez de se fazerem vulgares delatores... O contágio era epidêmico... A ação delituosa cometida recentemente, ou fôsse só a narração relembrada, equivaliam-se em valor funesto e destrutivo. Bastavam meras palavras, tão sòmente... Os delatores porfiavam entre si, como se se tratasse de um prélio de quadrigas no circo, a ver qual conseguiria, em primeiro lugar, desgraçar a vítima que escolhera".

Polícia Secreta não é coisa nova, invenção dos nossos tempos. Táticas ditatoriais já estavam em uso na Palestina daquela época, pelo tetrarca Herodes. O seu método consistia em manter sempre atarefado o povo, ao qual, aliás, proibia quaisquer ajuntamentos, fôsse em encontros, em passeios ou em comezainas. "Havia espias postados em tôda parte", escreve Josefo, "tanto nas cidades, como nas estradas, os quais traziam de ôlho todos os que se juntassem em grupos". Muitos dos acusados dessa "culpa" se viam, conseqüentemente, deportados, encarcerados ou executados.

Jesus precisava salvaguardar a apresentação da sua mensagem ao mundo e proteger-se da emergência de uma prisão prematura. Por causa dos esculcas e dos delatores, portanto, era que êle tinha de se exprimir sibilinamente, sob a forma de parábolas, sempre que falava no Reino de Deus. Os seus próprios seguidores viviam atarantados de incompreensões. Êle, porém, lhes dizia: "Vós tendes o direito de saber o segrêdo do Reino de Deus, mas, para "aquêles de fora", tudo é expresso em parábolas, "para que êles possam, em verdade, ver, mas não enxergar, e ouvir, na verdade, mas não entender".

Aquêles que acompanharam Jesus estavam, pois com a vida prêsa por um fio, podendo-se dizer, metafòricamente, que já traziam aos ombros, perenemente, a cruz sôbre a qual podiam vir a ser pregados.

CAPÍTULO DÉCIMO PRIMEIRO

TEMPESTADE SÔBRE O LAGO

Vasta soma do ensino de Jesus foi ministrada aos povos à beira do Mar de Galiléia, particularmente as instruções que deu sôbre o perigoso tópico do Reino de Deus, que deveria um dia substituir o de César. Para isso assistia-lhe uma razão tática. Ordenou êle que se lhe pusesse à disposição um barco aprestado para uma súbita partida. Ancorada a alguma distância da praia, a embarcação improvisava-se excelente púlpito E, outrossim, garantia-lhe uma saída livre para alguma retirada sôbre águas, em caso de necessidade.

Estendendo-se maiormente para o suleste, achava-se a região de Decápolis. Eram terras escapas à jurisdição de Herodes Antipas, que governava sôbre Galiléia e Peréia, onde não seria fácil pôr mãos sôbre Jesus para prendê-lo.

Aquela Decápolis, cuja fronteira deitava, em parte, sôbre o lago, vem descrita por Plínio em sua *História Natural*. Êsse nome quer dizer: "As Dez Cidades", pois Decápolis havia principiado como confederação de dez cidades autonômas, gregas tôdas elas e ex-colônias, estabelecidas por veteranos das guerras de Alexandre Magno. Eram, essas, as cidades de Gádara, Citópolis Hipos, Damasco, Cânata, Péla, Gerasa ou Gergesa, Filadélfia, Dium e Ráfana.

Essas localidades eram o protótipo de tudo o que os judeus detestavam, por serem a antítese do estritamente monoteístico espírito hebreu. Possuíam templos dedicados aos deuses, teatros à grega e circos à romana. Os respectivos habitantes comiam a abominável carne do porco. Aliás, os indícios da cultura helênica, de alguns dêsses núcleos populacionais, se nos evidenciam ainda, nas ruínas até hoje subsistentes.

Jesus jamais pôs pé em nenhuma dessas cidades, mas de fato atravessou o lago, não por motivo de alguma emergência, na primeira vez, mas simplesmente para conseguir um pouco de repouso, ao fim de um longo e trabalhoso dia. "Mandai embora o povo", pedira êle, "e passemos à margem oposta". Recolheu-se, depois, à pôpa do navio, pousou a cabeça sôbre uma almofada e quase instantâneamente adormeceu.

As trevas da noite desceram sôbre as águas, quando o barco ainda se achava bastante longe das praias d'além. De súbito, estala uma tempestade. O relato constante dos Evangelhos é absolutamente fiel, porquanto ainda hoje ali ocorrem tais borrascas repentinas. É que, circundando o lago e penetrando através dos montes, existem lá várias gargantas e vales profundos. Através dêsses naturais condutos, os ventos zunem, assobiam, varrendo tudo de alto a baixo e vindo, afinal, à superfície do lago, eriçar e erigir, em ondas ameaçadoras, as suas águas costumeiramente plácidas.

Apanhados pela inesperada fúria, pareceu aos atemorizados discípulos de Jesus que o mísero barco não lograria superar o império dos elementos. Mas o Mestre, extremamente fatigado, continuou a dormir surdo aos sinistros uivos da procela.

Até que, por fim, o pavor dos discípulos não lhe consentiu mais deixar-se estar tranqüilo e indiferente à tormenta. É-nos fácil figurar uma visão perfeita de todo o incidente. Êles, aflitos, a lhe sacudirem o ombro, acompanhado o gesto conclamador, de gritos de lamentosa censura: "Mestre, não te importa, pois, que pereçamos todos?!" O pequeno navio fazia água aos borbotões. Jesus ergue-se sôbre um cotovêlo, contempla o círculo de caras desfiguradas pelo pânico e pergunta sòmente isto: "Por que temeis, vós outros, parcos de fé que sois?!"

Seus companheiros de viagem recuaram, então, tendo-se, êle levantado, com todo o vagar, e deixando-se estar ali, de pé, a oscilar com o balanço da nave enquanto o vento o apanhava e lhe destroçava o manto e lhe borrifava dágua as tranqüilas faces. "Paz! Amainai" — bradou êle, imperativamente, a estender os braços num gesto que abrangia céus e mares e aquêle pugilo de homens, acovardados, ali ao pé.

Com uma subitaneidade dramática, como sói acontecer tão amiúde no lago, esmoreceu a tempestade e logo sobreveio uma grande calma. Mas os supersticiosos pescadores, ao retomarem, recurvos, os seus remos ficaram a resmungar à socapa: "Quem é êste a quem mesmo os ventos e o mar prestam obediência?"

Numa segunda aventura sôbre aquêle lago, aquêles mesmos pescadores, vendo Jesus se aproximar dêles quase indistinto ao pálido albor da madrugada, tomaram-no por uma "aparição", pròpriamente um *mazzig*, mesmo, um espírito mau que, se dizia, costumava assombrar os lugares baldios; e puseram-se a berrar de mêdo.

A parte da praia do lado nascente, onde chegou Jesus, era sáfara e ingrata, um planalto elevado e quase inteiramente árido, constantemente a desmanchar-se em torrões de terra caída que escorregavam para as águas solapantes, todo êle blocos de terra côr de ameixa, e recortado em inúmeras brechas e barrancos. Havia aí poucos habitantes, que conseguiam subsistir, ainda assim, graças ao cultivo e colheitas que faziam nos sítios mais férteis, por ali, e à criação de porcos que viviam a fossar o arreliado solo, à cata de raízes.

As boas-vindas que aí recebeu Jesus condiziam bem com o caráter da gleba de tôda aquela costa. Nem havia ainda o sol sobrelevado a fímbria do horizonte, quando êle e seus discípulos desembarcaram. De repente, a tranqüilidade da hora foi quebrada, naquele lugar, por um som horrendo e apenas meio humano e, surgindo abruptamente das sombras do êrmo, atirou-se sôbre êles uma criatura, de aspecto feroz, mas ao mesmo tempo lastimável, um homem nu em pêlo a ganir agudamente contra êles e a agitar os braços, de onde pendiam alguns enferrujados elos do que já teria sido uma cadeia de ferro.

O pobre louco, — pois que o era, — imaginava que aquêles estranhos vinham agarrá-lo para devolvê-lo ao calabouço, como várias vêzes já haviam tentado fazer os gergasenos. Erecto e a uma certa distância, gritou-lhes suplicando que não o torturassem. "Não vim para torturar-te", respondeu-lhe compassivamente Jesus. "Qual é o teu nome?"

"Legião", respondeu o alienado. É claro que Jesus lhe pedira o nome, querendo sondar-lhe o equilíbrio mental, mediante um ponto qualquer que fôsse de sanidade bruxuleante naquele cérebro ainda doente; mas a obsessão, dominante neste, tinha relação com a soldadesca romana. Havia um grande bivaque das legiões de César, precisamente no cume dum dos montes daquela região, sendo ainda agora discernível o sítio exato onde se erguia êsse acampamento militar.

Tremendo em todos os membros, o desgraçado permitiu, no entanto, que Jesus se aproximasse dêle. Delicadamente, o Mestre pousou-lhe a mão sôbre a sua pessoa, e deu voz aos espíritos malignos de que se apartassem daquela criatura. O doido estremeceu sob o toque da mão tranqüilizadora, soltou um medonho grito de angústia e desmaiou.

Assustada pelo estranho e penetrante brado, que se multiplicou em estridentes ecos, uma vara de porcos, do outro lado do barranco, justamente então sôlta para pastar, estoirou como uma boiada enlouquecida, e desandou numa corrida de pânico pela íngreme encosta do despenhadeiro, de onde se despenhou para o total afogamento nas águas do lago.

Os guardadores dos porcos voltaram, às carreiras, para a cidade, êles também apavorados, indo contar, por lá, uma história incoerente do que haviam presenciado. Juntou-se enorme e variegada turba, numa alvoroçada correria até à margem do lago, ávida de apurar o que de fato se havia passado ali.

Chegada que foi a multidão à cena do episódio, viu aquêle que era tido, antes, por louco, pacìficamente sentado aos pés de Jesus, vestido com propriedade e parecendo em seu pleno juízo. Os curiosos tomaram-se de mêdo e humildemente, então, não fôssem êles ofender ao taumaturgo, suplicaram àquele mago judeu que se fôsse de suas plagas e, outrossim, que não mais enfeitiçasse os seus suínos, já que eram gente pobre de bens os naturais dali.

Assim, pois, tornou Jesus ao seu barco. O ex-alienado, porém, correu até à beira da praia e rogou-lhe que o levasse em sua companhia. O Mestre fêz com a cabeça que não. "Volta à tua casa e aos teus", disse-lhe, "e a todos conta, e aos teus amigos, quão grandes coisas o Senhor fêz por ti e como Êle teve misericórdia de ti".

Tornados que foram os mareantes ao litoral galileu do lago, a recepção que aí teve Jesus foi fortemente contrastante. As multidões acorriam em massa à beira dágua, dando brados álacres de boas-vindas. Confundido com a mole humana, achava-se o regente duma sinagoga, cujo nome era Jairo. Com a fala entrecortada, de pai duramente alanceado de dor, êste homem suplicou a Jesus, "Mestre, minha filhinha está às portas da morte. Vem e impõe-lhe as tuas mãos, para que ela sare e viva".

Não havia como recusar-se um tal rogo e Jesus se pôs a acompanhar o aflito homem, tão lestamente quanto lho permitia o denso ajuntamento de gente. Muitos houve que ainda quiseram retê-lo, para que os curasse de seus próprios males, assediando-o afoitamente, de todos os lados. Entre êsses, estava uma mulher que vinha sofrendo, há vários anos, de uma hemorragia. Só a imorredoura esperança é que lhe emprestara até então um resto de vitalidade, bastante para o que ali vinha fazer, e que era abrir caminho, esgueirando-se desesperadamente através da barreira de gente, visto como tanto confiava em que, se lograsse ao menos tocar a sagrada fímbria da túnica daquêle rabino, ficaria sã. Sabendo-se ritualmente impura, a pobre nem ousou levantar os olhos para a face dêle, certa de que o seu contato era uma contaminação sacrílega.

Por conseguinte, chegou-se-lhe sorrateiramente por trás e igualmente em modo sub-reptício tocou-lhe com a mão. Mas foi apanhada em flagrante: a hipersensibilidade de Jesus fê-lo voltar-se ligeiro. "Quem me tocou?" inquiriu êle em alta voz. Mas, já a fé intensa daquela mulher lhe operara a recompensa de um prodígio, — e ela sarou.

Durante essa demora, chegou a Jairo um triste recado: "Tua filha é morta. Não incomodes mais o Mestre." Jesus ouviu isso e interveio: "Não temas; apenas crê". E apertou a marcha na direção da moradia de Jairo, onde se certificou da natureza do mal da jovem jacente. Teve a certeza de que estava apenas desacordada.

Chegados que foram à casa, estavam já, lá, prontas, as carpideiras profissionais, que se alugavam, nessas ocasiões, para integrar as pompas fúnebres; já haviam começado com a sua gritaria e uivos de circunstância. "Abri caminho", bradou Jesus, "pois a donzela não está morta, mas dorme apenas". Riram-lhe na cara, desprezando-lhe o parecer.

Jesus passou imediatamente para a câmara interna da casa, fazendo-se acompanhar apenas de Pedro, Tiago e João, além dos pais da mocinha. Tomou e levantou no ar aquela mãozinha inerte, segurou-a entre as suas um instante, para que a sua própria energia vital e o calor da sua circulação fluíssem, por aquelas extremidades, de cérebro a cérebro. Em seguida, inclinou-se sôbre o pseudocadáver e falou em tom imperativo para dentro daqueles ouvidos amortecidos: *"Talitha, cumi!"* (Mocinha, desperta!) Os olhos da mocinha pestanejaram um pouco, abriram-se, por fim, e ela se sentou no leito, para grande maravilhamento dos pais. Jesus mandou a êstes que dessem de comer à menina e foi-se embora, sem esperar para ouvir os profusos agradecimentos daquela gente.

Tais são os prodígios que se contam do Grande Médico. A hodierna Ciência nos ajuda a melhor compreendê-los, como também a isso contribuirá uma penetrante compreensão do verdadeiro sentido subjacente nos Textos. Mas por que se há de negar que tais ações foram, — e como tal para sempre ficarão, — milagres?

CAPÍTULO DÉCIMO SEGUNDO

MORTE DE JOÃO BATISTA

Em várias de suas passagens, chamam os Evangelhos a atenção para a enorme popularidade de que gozava João Batista. É-nos necessário rever tôdas as referências a respeito, para, só então, podermos avaliar quão profunda impressão produzira essa estranha figura de profeta. Até mesmo depois de sua morte, ainda não ousavam as autoridades, seus algozes, falar mal nenhum dêle, por amor às suas próprias vidas.

Ao contrário, o carrasco de João, Herodes Antipas, — "Essa Rapôsa", como o chamou Jesus, — atraiu sôbre si o ódio de seus súditos, que jamais lhe perdoaram o que fêz a João.

Essa longa permanência na memória pública é vìvidamente confirmada por Josefo, o qual nos informa que, ao serem duramente batidas em batalha as fôrças de Herodes, pelas do rei árabe Aretas (no ano de 36, D.C.), os judeus consideraram o acontecimento um castigo divino pelo assassínio do Batista.

João fôra prêso logo ao comêço das pregações de Jesus, sendo pois então lançado aos calabouços da prisão de Macaero. Essa "Tôrre de Espreita" sôbre a Arábia era o último pôsto avançado da tetrarquia herodiana, situando-se no extremo sul de Pérea, para leste do Mar Morto. Da sua dominadora plataforma superior, ela contemplava, ameaçadora, as elevações mais modestas de Moab e deitava desdenhosos olhares sôbre os montes judaicos à sua frente, para além do profundo vale divisor.

Macaero não cogitava, de modo nenhum, dos anseios de Galiléia pela reconquista da liberdade: a sua pendenga era com os nervosos filhos de Israel, o que lhe trazia bem ocupadas as rudes manoplas. Todavia, tendo sido João aprisionado aí, muitos dos corações do lado norte voltaram suas esperanças para essa direção, parecendo até que êle fôra transferido para prisão em tão remotas paragens prevendo-se a possibilidade de perturbações civis, inclusive alguma ousadia no sentido de tentar dar-lhe fuga. Herodes Antipas conhecia muito bem a têmpera dos Fanáticos de Galiléia. Josefo nos diz, sem rebuços, que o Batista fôra prêso porque Herodes "temia a grande influência que exercia João sôbre o povo bem como as suas propensões, o poder provocar uma sublevação de massas".

O pretexto para aprisionar João foi o seu clamor público invectivando como ilegal o matrimônio de Herodes com Herodias, a espôsa do tetrarca Filipe que, por sua vez, era meio-irmão de Herodes. Não há dúvida de que o Profeta soubera fazer-se, com isso, alvo da inimizade mortal de Herodias; mas bem que convinha ao próprio Herodes, igualmente, ceder aos desejos dela, arredando João de seu caminho. De qualquer maneira, a morte teria vindo mui breve pôr um fim aos sofrimentos dêste último, se o tetrarca houvesse comprazido desde logo com as exigências da espôsa; porém Herodes não achava de boa política matar o profeta. É que, enquanto êste vivesse, servir-lhe-ia como que de refém perante o poviléu.

Alimentaria, porventura, o Batista qualquer esperança de livramento? No caso afirmativo, tal esperança poderá ter residido na ação de Jesus. Poderia João ter a certeza de que o Nazareno fôsse realmente o Messias? A melhor maneira de se certificar disso lhe fôra inquirir do próprio. Terá sido esta, quiçá, a razão pela qual João enviou seus discípulos a proporem a Jesus a desabrida interpelação: "És tu, em verdade, o Destinado, ou será que nos cabe ainda esperar algum outro que não tu?"

Jesus não podia responder ao pé da letra e, ademais, em público, a semelhante pergunta; isso teria sido para êle o fim de tudo. Os espiões, de que se sentia cercado, iriam imediatamente levar às ouças de quem de direito a sua imprudente profissão pública de ser o Rei dos Judeus. Em diversas ocasiões, conforme o registam os Evangelhos, ao saudá-lo alguém como "Filho de Davi", intimou êle ao indiscreto que guardasse silêncio. Tinha que estar sempre a prevenir os discípulos, recomendando-lhes que fôssem "astutos, quais serpentes e inofensivos, quais pombas". Em todo o perlustrar dos Evangelhos, temos que guardar sempre em mente o caráter de tensão e o perigo de conflagração instantânea que apresentava a situação política da época.

Jesus tinha que revestir da maior circunspeção e da máxima prudência o que quer que enunciasse. A todo momento lá vinha alguém com alguma pérfida armadilha, tentando colhê-lo numa intriga.

Eis porque foram os discípulos de João ordenados regressar a quem os enviara e contar-lhe o que haviam presenciado e ouvido, isto é, que Jesus estava cumprindo as profecias às quais se poderiam emprestar conteúdos messiânicos. E, para consôlo de João, ajuntou mais êste recado: "Bem-aventurado o que não tem dúvidas sôbre mim".

Tendo partido os mensageiros, Jesus se dirigiu às multidões, falando de João do modo mais elevado e lisonjeiro, sempre, porém, vazando as suas referências numa linguagem de duplo sentido. Em minha tradução do Novo Testamento, fiz notar esta circunstância.

Disse Jesus: "Que saístes vós a ver no deserto, apenas a um caniço açoitado pelo vento? Ou saístes a ver algo mais, um homem coberto de sedosos vestidos? Bem certo é que os que envergam suaves panejamentos se encontrarão nos palácios dos reis. Que foi, então, que saístes a ver, um simples profeta? Sim, eu vos digo e muito mais que profeta. Porquanto êste é aquêle de quem foi dito, 'Atendei, que eu enviarei o meu mensageiro perante vós, para que êle vos calce o caminho que tereis de palmilhar'. E em verdade vos digo, entre todos os homens nascidos de mulher, jamais se alçou alguém maior do que João, chamado o Batista, e no entanto ainda o mais insignificante no Reino de Deus é maior do que êle. Desde o tempo de João até agora, no entanto, vem sofrendo pressões o Reino dos Céus, e os violentos lhe põem a mão irada em cima; pois todos os Profetas e a Lei já haviam predito até o advento de João e, se quereis aceitar isto como certo, sabei que é êle o próprio Elias que havia de vir. Quem quer que saiba alcançar o sentido destas coisas que venho de proferir, que o faça".

Tal como precisamente o intencionara Jesus, há aqui insinuações e indiretas não prontamente inteligíveis. Sucede que o têrmo hebraico equivalente a "caniço" é *qaneh;* e o que traduz "fanático" é *qana.* Caniço açoitado pelo vento, portanto, significaria também um fanático agitado pelo tufão interior da sua paixão partidária. O homem envergando vestes de suaves panos quereria dizer, simultâneamente, aquêle que vive rodeado de adulações, absoluta antítese da inquebrantável personalidade e intransigência do Batista. João não se acomodava com qualquer dêles, — nem com os inconformados em extremo, nem com os cortesãos.

Já desde que viera João, vinham tentando os revolucionários judeus tomar de assalto, a mão armada, o Reino de Deus, porquanto geralmente se acreditavam chegados os Tempos do Fim. Êsses Tempos haviam chegado, não há dúvida, concordava Jesus; visto como os Profetas e a Lei já o haviam predito *até o advento de João.*

O Velho Testamento hebreu se divide em três partes: a Lei, os Profetas, e as Sagradas Escrituras. A parte referente aos Profetas terminava com as palavras de Malaquias, predizendo a vinda de Elias antes do grande e terrível Dia do Senhor.

Por conseguinte, a Lei e os Profetas haviam profetizado até o advento de João, a quem Jesus identificava com Elias. Mas a missão de Elias não comportava violências: era, antes, a de "reconciliar os corações dos pais com os dos filhos, e os filhos com os dos pais".

Dessa forma Jesus enunciva simultâneamente um louvor, de envolta com uma admoestação aos Cabeças-Esquentadas.

Ao fim de contas, a morte de João veio a ocorrer por inconsciente mediação de uma inocente menina.

Encontrava-se o tetrarca em sua fortaleza de Macaero a festejar o aniversário de sua ascensão ao trono. Havia, pois, nessa noite, grande festim e orgias no luxuoso palácio erigido sôbre um cômoro convizinho, com o qual se comunicava a lúgubre praça forte através de um passadiço elevado. No recinto palaciano, tudo eram supremos contrastes com a negra caserna próxima e, não sòmente com esta, mas com tôda a agreste, primitiva paisagem circundante. Era de maravilhar, como é que tanta magnificência fôra transportada até região tão afastada e selvagem e lá erigida em palácio.

Para encerramento solene das festividades, ao tempo em que os vinhos já haviam fluído liberal e caudalosamente, entrou no triclínio a jovem Salomé, filha de primeiro leito de Herodias; e essa menina dançou perante tôda a côrte e de tal modo cativou o tetrarca, que êste lhe prometeu, ali mesmo e sob juramento, conceder-lhe o que quer que ela desejasse.

Eis chegada a oportunidade da vingança para Herodias! Porque Salomé foi perguntar à mãe que é que deveria pedir ao embevecido soberano e padrasto. Sem vacilações de escolha, insinuou a rainha à filha que pedisse a cabeça de João, o Batista. Herodes não estava tão bêbedo que não percebesse de quanto lhe estavam explorando o compromisso tomado; mas já não podia voltar atrás. Lá se foi, correndo, passadiço abaixo, um trágico recadeiro, que regressou mais tarde pelo mesmo caminho, conduzindo o pavoroso galardão.

Alguns discípulos de João, sempre à mão para o serviço de seu mestre, receberam a horrível notícia e foram pedir a custódia do cadáver. Enterraram-no em pedregosa caverna, na absoluta e áspera solidão daqueles montes que deitavam vista sôbre as distantes e verdejantes perspectivas do vale do Jordão, onde João batizara os crentes. Em seguida viajaram, de dia e de noite, para os lados no norte, a relatar a Jesus o sucedido.

Ao receber as sinistras novas não perdeu tempo Jesus. Embarcou-se num navio e escapuliu dali atravessando a extremidade norte do lago, indo abicar a um lugar deserto, onde desembarcou sòzinho. Aí se acharia a salvo por algum tempo, pois estava nos territórios de Filipe, o marido repudiado por Herodias.

CAPÍTULO DÉCIMO TERCEIRO

A FESTA DOS TABERNÁCULOS

Havia outrora no calendário judeu três Festas de Peregrinação, pois nessas ocasiões maiores era costume ir todo mundo ao Templo de Jerusalém. Eram essas festividades a Páscoa hebraica, o Pentecostes e os Tabernáculos. As duas primeiras se realizavam pela primavera; e a terceira, no outono. Tôdas três foram de relevante significação na vida de Jesus, sendo que os fatos relacionados com a dos Tabernáculos vêm expostos no sétimo capítulo do Evangelho de João.

"Tabernáculo" era a celebração das safras, a festa das colheitas agrícolas, a qual recebia o seu nome de umas barracas, umas choupanas improvisadas com ramadas e galharias folhudas, que cada família erguia e sob elas habitava durante a semana inteira, que tanto duravam os festejos.

Era a temporada mais prazenteira do ano. No Templo, cantavam-se salmos acompanhados a flautas. Havia procissões, bailados com archotes e tudo quanto era forma de divertimento público. Essa festa tinha particular ligação com a Esperança Messiânica, a expectativa do dia em que o Senhor mandaria a salvação de Israel.

Durante o evolver da Festa, no Templo, o povo tinha nas mãos ramos de palmeira aos quais se amarravam folhudas vergônteas de murta e salgueiro, "galhos das boas árvores"; e também conduzia a capitosa cidra. Cada dia cantavam-se os salmos de Hallel (113-118), sendo que, ao se cantar o último dêsses hinos, agitavam-se àlacremente na direção do altar as ramagens trazidas.

Imediatamente antecedendo o canto do Hallel, procedia-se a uma cerimônia especial, à qual se faz referência, talvez, em Isaías, capítulo 12, ali onde se diz: "Com júbilo, tirareis água dos poços da salvação". Um sacerdote se dirigia ao Poço de Siloé e lá enchia dágua um balde de ouro.

Quando, de volta, penetrava no Templo pela Porta da Água era acolhido por uma fanfarra de trombetas. Chegado enfim, ao altar da incineração de oferendas, êsse sacerdote erguia o balde e derramava a água dentro dum conduto existente no altar, enquanto um seu confrade despejava noutro encanamento a oferenda de vinho. A mistura dágua e vinho escorria, então, da base do altar, percorrendo uma regueira talhada na rocha para êsse fim, e indo ter ao Vale de Cedrom, fora da cidade.

No sítio onde foi outrora o Templo, ergue-se hoje a mesquita de Omar. Sua característica principal é a famosa Abóbada do Rochedo, pois aí, exposto a nu, se acha o piso pétreo, natural, sôbre o qual se levantava antigamente o altar. E ainda se pode distinguir aí aquêle canalete cavado na pedra para o fluxo das líquidas oferendas acima mencionadas.

Ainda existe, também, o Poço de Siloé, com o túnel que levava até êle e que foi perfurado no tempo do Profeta Isaías, por ordem do rei Ezequiel, com o que se fizeram "correr silenciosas as águas de Siloé" (Is., VIII, 6). Em 1880, descobriram-se, entalhadas na parede do lado sul do túnel, as primeiras inscrições em original hebreu comemorando a abertura daquela passagem. Os dizeres contam como os operários chegaram à distância de se poderem ouvir uns aos outros, havendo avançado em dois grupos opostos, um de cada extremidade, e abrindo caminho a golpes de machado, até que afinal romperam o último obstáculo que os dividia e se deram as mãos as duas turmas.

Foi ao Poço de Siloé que Jesus mandou o cego de nascença a banhar-se os olhos naquela água; e o que fôra cego de lá voltou dotado da faculdade de ver.

O momento supremo dos festejos dos Tabernáculos era o seu último dia a que se denominava "O Grande Hosana". Nesse dia não só se realizava o supradescrito derramamento ritual da água, como também havia a procissão de Hosanas, efetuada pelos sacerdotes, marchando sete vêzes em volta do altar; e, por fim, todos os presentes batiam com as ramagens que haviam levado consigo.

Na ocasião em que se esvaziava o último pichel dágua na Fonte de Siloé, produzia-se grande alarido e alvorôço, pois se acreditava que isso garantiria as chuvas de que tanto havia carência. Bradava o povo ao sacerdote: "Ergue a mão!", para que ficasse bem positivado que o oficiante estava efetivamente despejando o líquido para dentro do encanamento embutido no altar.

Teria sido, evidentemente, em tal instante, daquele último, e Grande Dia da Festa dos Tabernáculos, que Jesus se adiantou e lançou à multidão aquela sua frase grandiloqüente: "Se alguém tem sêde, venha a mim e dessedente-se". Conforme di-lo a Escritura, "Àquele que crer em mim, brotará água cristalina de dentro das correntes interiores do seu ser". Citava Jesus a Isaías, usando de uma interpretação própria, do capítulo 55, versículo 1, e do capítulo 28, versículo 16-17.

Semelhante interrupção dos atos foi estarrecedora, tanto mais quanto comportava a Festa dos Tabernáculos um significado messiânico. Os presentes se interrogavam, uns aos outros, se seria êsse o esperado Profeta, ou quem sabe se até o próprio Messias em pessoa. Nessa ocasião se verificou uma tentativa, por parte das autoridades, para agarrar Jesus; mas os agentes dela regressaram sem êle e assim comentaram: "Jamais homem algum falou como êsse homem!"

Ressalta claro desta e de muitas outras passagens, tanto do Evangelho de João, como da Revelação, que o autor desta era ìntimamente familiarizado com os serviços divinos do Templo e não meramente um observador ocasional. Essa circunstância tem induzido muitos estudiosos a assumir a convicção de que o Discípulo Amado era, êle próprio, também sacerdote daquele santuário.

Êsse ponto é històricamente importante, por isso que tendo sido arrasado o Templo no ano 70 D.C., aquêles conhecimentos dificilmente seriam adquiríveis tempos depois. Fala-se no Evangelho que o Discípulo Amado tinha conhecimento pessoal com o Sumo Sacerdote. E êle frisa que os sacerdotes não quiseram ingressar no recinto do Pretório de Pilatos, por ocasião do julgamento de Jesus, para evitar aquêle impuro ambiente que os conspurcaria.

Êle próprio não quis penetrar no jazigo onde fôra depositado o corpo de Jesus, enquanto não se convenceu de que não havia cadáver nenhum lá dentro.

Na Revelação, ou Apocalipse, aparecem tão freqüentemente as referências à liturgia e aos ofícios sagrados do Templo, e com tal exatidão, que têm sido causa de espantada admiração dos eruditos que as têm apreciado.

Volta à baila a Festa dos Tabernáculos nesse magnífico Livro das Visões, no trecho em que há uma cena que se passa no Templo Celestial. Já vimos que "Tabernáculos" era a festa da colheita; e isto não se entendia sòmente com a apanha dos produtos naturais da lavoura, mas também com a magna safra espiritual dos redimidos.

Previu o Profeta Zacarias o tempo em que não sòmente os judeus, mas também contingentes de tôdas as nações, se dirigiriam anualmente a Jerusalém "para adorar o Rei, o Senhor dos Exércitos, e guardar o dia da Festa dos Tabernáculos (Zac. XIV).

Conta-nos o autor das Revelações: "Depois daquilo, eu vi e havia um vasto concurso de gentes impossível de contar, de tôda nação, tribo, povo, e língua, de pé diante do Trono e à face do Cordeiro, todos vestidos em brancas vestes com ramos de palma em suas mãos. E êles clamavam em alto som dizendo, Hosana ao nosso Deus, que está sentado sôbre o trono, e ao Cordeiro!". É patente haver sido êste quadro tomado à Festa dos Tabernáculos.

Pormenor interessante que há nessa passagem é a imensidade da multidão. Judeus e gregos não tinham, ambos os povos, caracteres numerais de escrita, pelo que usavam, ao invés, as letras do alfabeto para exprimir quantidades. No sistema grego, mediante o acréscimo de três símbolos às 24 letras do seu alfabeto, podiam-se produzir três grupos de novos símbolos, representando respectivamente 1-9, 10-90, 100-900. Usando de umas tantas combinações, podiam-se registar quantidades até 999. Aí, então, acrescentando-se mais um sinal a cada símbolo e usando-se um M maiúsculo para significar 10.000, lograva-se chegar à avantajada cifra de 99.999.999. A adição de apenas uma unidade levava o total a "10.000 vêzes 10.000", ou cem milhões, quantidade essa que o sistema de notação vigente entre êles não conseguia exprimir. Assim, pois, uma "miríade de miríades", ou "dez mil vêzes dez mil", — era um número "impossível de contar".

CAPÍTULO DÉCIMO QUARTO

A MULHER DE SAMARIA

Considerável desenvolvimento é o que se dá, ùnicamente no Evangelho de João, ao encontro verificado entre Jesus e a mulher de Samaria. A narrativa é extremamente sedutora, já de si, e nos faz chegar mais perto de Jesus, porquanto essa não foi uma notável ocasião pública. Encontramo-nos como quem esteja indiscretamente à escuta sorrateira de uma tranqüila palestra entre duas pessoas.

Como acontece a todos os incidentes anotados da vida de Jesus, porém, êsse foi registado com um propósito definido e exibe muitas características que lhe comprovam a autenticidade. Para não dizer mais nada, já devemos ao episódio uma das grandes afirmações, "Deus é Espírito, e aquêles que O adorarem deverão fazê-lo espiritual e sinceramente".

A narração nos faz saber como Jesus se viu obrigado a atravessar o território de Samaria. Não era seu costume tomar por êsse caminho, por causa da antiquíssima querela religiosa sempre ativa entre samaritanos e judeus. Os primeiros faziam o seu culto no Monte Gerizim e os segundos tinham sua sede sagrada em Jerusalém. Nenhum dos grupos contendores consentia em reconhecer a legitimidade do outro, de modo que as relações entre ambos eram tensas e, por vêzes, ásperas.

Nas cercanias da antiga cidade bíblica de Siquém, veio Jesus ao poço de Jacó e sentou-se-lhe à borda para descansar um pouco. A grafia Sicar, para exprimir Sequém (Siquém) se deve ao equívoco dum escriba; sendo o nome representado corretamente na versão dos Evangelhos em siríaco arcaico. Com as escavações realizadas por Ernst Sellin e outros arqueólogos alemães, a partir de 1915, ficou estabelecido o sítio onde fôra Siquém e é atualmente um lugarejo chamado Balatá, mui próximo do Poço de Jacó.

Êsse poço, aliás, ainda existe, perto da estrada real que vem de Jerusalém, apresentando sulcos cavados na pedra pelo trato durante muitos séculos, das cordas a puxar do fundo os cântaros cheios. Uma pequena igreja ortodoxa grega abriga, atualmente, sob a sua cripta, estrada e poço. Trata-se de um dos mais comprovados de todos os lugares sagrados da Terra Santa.

Conta o Evangelho que era a hora do meio-dia, portanto a hora mais cálida do dia, quando Jesus se deteve ali para um ligeiro descanso e sentiu sêde. Os discípulos haviam seguido para a cidade, a comprar alimento. Foi quando se acercou, desacompanhada, uma mulher samaritana, que vinha apanhar água. Isso bastava já para causar surprêsa, sabido, como era, que as mulheres costumavam, normalmente, vir puxar água e entreter mexericos cedinho pela manhã ou, quando não, ao entardecer. Sempre atilado, observou Jesus a esquisitice de vir aquela mulher desacompanhada e em hora insólita. Com justeza, pois, inferiu que o modo de vida dessa criatura é que a fazia querer evitar a sociedade das outras mulheres da cidade.

Ao pedir-lhe Jesus uma sêde dágua, percebeu logo a rapariga, pelo sotaque do viandante, que estava tratando com um judeu, pelo que muito se surpreendeu de ver que um tal pedisse favor qualquer a alguém de Samaria; e lho fêz saber.

Respondeu-lhe Jesus que, por sua vez, podia oferecer-lhe a água da vida, ou água viva, que era então a maneira de dizer 'água em movimento', água corrente. Quis a mulher que êle lhe explicasse como se arranjaria para obter a tal água, pôsto que não trazia nada com que extraí-la e o poço era fundo. Mais uma vez deparamos com a precisão da Bíblia, porque, até hoje, o poço de Jacó continua com os seus quase trinta metros de profundidade.

Passado êste breve episódio, a conversa tomou caráter mais circunstancioso e a mesma rapariga é que se viu logo em águas fundas demais para o seu fôlego. Refugiou-se, portanto, na proverbial procrastinação de todos os problemas que lhe pareciam insolúveis. "Bem que sei eu que um dia virá o Messias. E quando êle vier, nos anunciará tôdas as coisas".

Pausadamente e com singeleza, deu-lhe Jesus a grande nova: "Eu, que aqui estou falando contigo, — eu o sou". Ouvindo isto, a môça de repente deixou cair por terra o seu cântaro e largou-se a correr para a cidade, a espalhar por lá a sensacional notícia.

A narrativa do Evangelho indica que, tanto os samaritanos com os judeus viviam na expectativa da vinda de um Messias, o que nos é dado ver confirmado pelas suas tradições e seus livros sagrados. Àquele que para os samaritanos correspondia o conceito de Messias, chamavam-no êles o *Taheb* (Restaurador).

Êle cumpriria a promessa do advento do Profeta como Moisés, a qual se encontra no Deuteronômio. A Bíblia samaritana se limitava aos cinco Livros de Moisés e o Livro de Josué e era conservada no idioma hebreu, grafado na escrita fenícia antiga.

Os samaritanos tinham-se na conta de serem a verdadeira Israel, e aos judeus, davam-nos como apóstatas. Por culpa de pecados, Deus havia retirado o seu favor; mas, chegados os tempos do *Taheb,* êle o concederia novamente.

Ver-se-ia, então, que o Monte Gerizim é que era o verdadeiro sítio do Santuário de Deus. Isso se comprovaria mediante a descoberta, aí, dos primitivos vasos sagrados do Tabernáculo do Êrmo, secretamente recolhidos a lugar seguro nos tempos de antanho. Achar-se-ia, também, a primeira cópia do Rôlo da Lei, escrito por Itamar, filho de Arão, o sumo-sacerdote.

Isso nos traz à lembrança o recente achado de manuscritos hebreus que se achavam escondidos em grutas na Palestina e em meu livro, *"Secrets of the Dead Sea Scrolls",* pus em destaque a semelhança dos fatos.

Tal o Cristo dos Evangelhos, o advento do Messias samaritano era esperado fazer-se anunciar pela aparição de uma nova estrêla no firmamento. Seria êle um homem perfeito da tribo de Levi, e surgiria vindo dos lados do deserto.

Resultou do que lhes disse a sua alvissareira conterrânea, que os samaritanos de Siquém resolveram ir até onde se achava Jesus, para ouvi-lo diretamente, sendo que muitos já iam convencidos de que se tratava mesmo do Salvador por quem êles viviam esperando. Tempos mais tarde, o evangelista Filipe visitou Samaria, do que decorreu estabelecer-se uma florescente comunidade cristã.

Quão ardorosamente ansiavam os samaritanos pela vinda do *Taheb,* naquela ocasião mesma, é ainda aqui um ponto tornado explícito por Josefo, o qual nos dá conta da aparição, logo após o Cristo, de um falso Messias samaritano. Êle nos faz saber a maneira como êsse homem conclamou os samaritanos a "se reunirem no

Monte Gerizim, que é por êles considerado a montanha mais santa entre tôdas as montanhas e lhes assegurou que, quando lá fôssem, lhes deixaria contemplar as ânforas sagradas que se achavam depositadas sob aquêle lugar".

Mui alvoroçados, os samaritanos se juntaram todos lá, em inumerável e compacta multidão, mas Pôncio Pilatos, supondo que aquilo fôsse um comêço de revolta, mandou gente armada a pé e a cavalo, para atacá-los e muitos dêles foram exterminados. Vai daí, os samaritanos mandaram uns seus representantes a Vitélio, legado romano na Síria, para formularem perante êste uma enérgica acusação contra Pilatos, de deliberado genocídio. Aquêle legado ordenou então ao acusado que fôsse a Roma, para responder em processo, por essa e mais algumas outras imputações.

Incidentalmente, curiosa a circunstância, é a ironia de tal situação em que se encontrava agora aquêle alto funcionário romano, que declarara inocente Jesus mas, assim mesmo, dera ordens para que êle fôsse executado, — e eis que se via afastado de seu pôsto governamental precisamente sob acusação de trucidar gente inocente, apenas porque presumidamente em estado de rebelião contra César.

CAPÍTULO DÉCIMO QUINTO

JESUS EM JERICÓ

Quando Jesus fêz a sua última viagem a Jerusalém, ia na companhia de um considerável grupo de peregrinos galileus, a participar dos festejos da Páscoa. Seguiram pela estrada que passava através de Peréia, a leste do Jordão, e daí, atravessando o rio no vau, prosseguiram até Jericó.

Andava por lá mais do que o costumeiro alvorôço, nessa piedosa companhia; pois corria o boato de que Jesus levava a intenção de proclamar-se rei na Cidade Santa. Claro está que os seus discípulos nada fizeram no sentido de desmentir tal história e até que, no seu íntimo, êles afagavam a lisonjeira crença.

Jesus fêz tudo o que pôde para dissuadir as gentes das suas errôneas noções. Chamando os Doze a um particular, disse-lhes: "Vêde, eis-nos agora a caminho de

Jerusalém, e tôdas aquelas coisas que foram escritas pelos Profetas quanto ao Filho do Homem vão ser cumpridas; porquanto êle será entregue aos gentios, zombado, maltratado e cuspido nas faces, e quando acabarem de o vergastar, dar-lhe-ão a morte; mas ao terceiro dia, êle será reerguido".

Porém êles se faziam, deliberadamente, desentendidos. Escreve Lucas: "Êles nada entenderam disto. O âmago do assunto lhes foi ocultado, e pois, não atinavam com o propósito do que lhes fôra dito".

E tanto assim era, que Salomé, a espôsa de Zebedeu, foi pedir ao Mestre que, quando êle chegasse a ser investido da realeza, concedesse aos dois filhos dela, Tiago e João, o privilégio de assento de honra, um dêles à sua direita e o outro à esquerda. Sabedores disto, os outros dez apóstolos ficaram furiosos. Jesus admoestou-os severamente por semelhantes ânsias de poderio.

"Bem sabeis", disse-lhes, "que aquêles que são considerados entre os gentios seus governantes, fazem e desfazem, como amos, sôbre êles: e que os seus notáveis exercem autoridade acima dêles".

"Convosco, porém, assim não será. Ao contrário disso: se alguém dentre vós se faz notar maiormente, seja êle vosso servo e se alguém fôr o maioral entre vós, seja êle escravo de todos; pois que nem mesmo o Filho do Homem aqui veio para ser servido, mas para servir, e para dar a sua vida em resgate de muitos".

Eis como foi ministrada uma lição que tanto as nações, como os indivíduos, ainda precisarão aprender; e aqui me utilizei da minha tradução para tornar-lhe mais claros os têrmos. A verdade bíblica ultrapassa de muito a sua exatidão em questões fatuais.

Há, todavia, dois incidentes registados, relativamente à visita de Jesus a Jericó, por sinal que ricos de colorido e inteiramente condizentes com as circunstâncias.

Nos arredores da cidade, havia um tipo muito conhecido, o cego mendicante Bar-Timeu (em aramaico, *bar* quer dizer *filho de*), sempre sentado à beira da estrada principal pedindo esmolas. As estações de festas e regozijos públicos eram tempo de farta colheita para êle e os demais mendigos. Grupos e mais grupos de gente jubilosa estavam sempre passando, animados de benevolência, junto ao seu "ponto", ao alcance dos seus ganidos súplices.

O tropel da multidão lhe serviu de advertência para inquirir de que fato de maior conseqüência se tratava; que era aquilo. E desta vez a informação que lhe deram foi: "Jesus de Nazaré está de passagem por aqui." Poucas coisas há, que escapem aos apurados ouvidos do pedinte cego, cujo ganha-pão depende da sua finura auditiva acompanhada, ademais, de memória de alto teor retentivo. Êle já ouvira que aquêle Jesus era um profeta e talvez algo mais que isso, até; algo que fôra perigoso, aliás, mencionar-se em voz alta. Ora, que é que tinha a perder um mendigo cego? Seu lema era dar a uma alma caritativa (que provàvelmente iria favorecê-lo com um óbolo), um título ilustre e augusto; porque a lisonja desata os cordões à escarcela da caridade.

O ar espêsso de poeira foi sùbitamente cortado pelo grito alarmante, "Jesus, Filho de Davi, tem piedade de mim!" E isto, junto aos muros de uma cidade romanizada, onde tinham seus vilinos inúmeros altos funcionários da governança romana.

Alguns peregrinos tentaram fazê-lo calar. Mas a aguda lamúria do mendigo vibrou no ar, seguidamente, alcançando longe: "Filho de Davi, apieda-te de mim!"

Afinal, ouviu-o Jesus, que se deteve nos seus passos, mandando que lhe trouxessem à presença o infeliz. Inquirido sôbre o que desejava, Bar-Timeu, já profundamente compenetrado das possibilidades da situação, suplicou a inefável mercê da faculdade de ver. Sua fé lhe valeu essa graça e êle se juntou ao séquito de Jesus, louvando a Deus.

A caravana atravessou Jericó em marcha batida, sem parar, no afã de ir fazer acampamento nos terrenos a isso destinados para além da cidade. Era uma encantadora região aquela, afamada pela uberdade do solo, pelas suas tamareiras e especialmente pelo óleo de alto preço que lá se extraía da planta do bálsamo. Havia aí um palácio herodiano, em cujos jardins reais se fazia, mais que qualquer outra, cultura do bálsamo. Rezava a tradição que algumas raízes da planta haviam sido, originàriamente, um dos presentes da rainha de Sabá ao rei Salomão. Êsse óleo era de tal modo apreciado pelos romanos que, segundo o refere Plínio, a respectiva planta foi levada como botim de guerra no cortejo triunfal de Vespasiano e Tito, para celebrar a conquista que fizeram da Judéia no ano 70 D.C.

Houvera em tempos certa dose de ressentimentos entre Cleópatra e Herodes, o Grande, por causa dos ricos tributos que Jericó rendia. Marco Antônio fizera cessão dêles a Cleópatra e Herodes tomara por arrendamento, à mesma rainha, o dito território. Mas retardou os pagamentos até que, afinal, com a vitória de Otávio Augusto (o futuro imperador) apossou-se duma vez da propriedade.

Entre os regalados habitantes da farta cidade de Jericó, dos tempos de Cristo, contava-se um miúdo homenzinho chamado Zaqueu, que Lucas nos pinta como sendo "o coletor-chefe do fisco, e muito abastado".

Prossegue a narrativa evangélica: "Vivia êle numa grande ansiedade de lograr uma simples mirada, que fôsse, de Jesus, mas sendo de baixa estatura, não o conseguia em razão da turba.

"Assim, pois, adiantando-se à coluna em marcha, a correr, marinhou por um plátano-figueira acima, para poder contemplar a Jesus; porquanto o Mestre forçosamente teria que passar por onde estava êle".

De onde estava, tinha realmente Zaqueu excelente descortino. Sem dúvida que terá havido resmungos rosnados pelos que lhe ficavam por baixo, não tendo sido poucos os que lhe amaldiçoaram o nome, à oriental. Mas de certo era êle bastante acostumado a tais amenidades.

Podemos figurar que Jesus tivesse ouvido êsses insultos, pois ergueu a vista e deu com a causa da irritação circundante; e, pela segunda vez nesse dia, teve de parar um instante. Aquilo era uma injunção a que não podia esquivar-se, a pressão da hostilidade popular contra uma alma arredia da vida religiosa da coletividade. "Apressa-te a descer, Zaqueu", intimou-lhe o Mestre. "Ainda neste dia, importa-me pousar em tua casa".

Sufocando de emoção por ver-se assim conhecido do Mestre e por êle distinguido com tanta honraria, o cobrador de impostos desceu a tôda pressa da sua árvore-mirante e, cheio de júbilo, recebeu Jesus em sua morada. A multidão, no entanto, murmurava, desaprovando que o Rabi consentisse em se hospedar em casa de um pecador. Zaqueu postava-se-lhe diante, em atitude de temor e penitência, a mover os miúdos olhos, nervosamente, da multidão para o seu protetor e vice-versa. "Senhor", gaguejou êle, "a metade dos meus haveres, dá-la-ei eu aos pobres e se extorqui a alguém alguma coisa, repô-la-ei à razão de quatro vêzes outro tanto".

Acalmou Jesus o homenzinho, falando-lhe indiretamente e em voz bastante alta para que o ouvissem os seus impugnadores. "Eis que neste dia entrou a salvação nesta casa, pois que também nela mora um filho de Abraão. Porquanto o Filho do Homem veio para procurar e salvar o que fôra perdido".

Diante de tais palavras de reivindicação justiceira e perdoadora, tão ousadamente proferidas, as reclamações entraram a declinar.

No dia seguinte, em plena madrugada, pois o sol ainda não incendiara de arrebol os topes das serras de Moab, já se achava em atividade o acampamento dos peregrinos. Lestamente se arrumaram as bagagens, comeu-se ligeiro uma refeição e ei-la, a multidão, que se organiza por si mesma em linha de marcha para dar início à íngreme escalada na direção de Jerusalém, entoando jubilosos cânticos.

Acompanhando a narração de Lucas, vamos encontrar a essa hora a Jesus expondo o caso comumente conhecido como a Parábola das Dez Moedas Minas, "em virtude da sua proximidade de Jerusalém e de terem êles a idéia de que o Reino de Deus iria ser instituído sem mais delongas". Dita parábola, à semelhança da outra dos dez talentos, que vem no Evangelho de Mateus, ensina que ocorrerá considerável demora e que os crentes não devem deixar-se estar ociosos na ausência do Mestre.

Mas na versão de Lucas, empresta-se à narração um cunho histórico. Eis como principia: "Havia um certo personagem de grande prosápia, que se partiu para longes terras, a fim de conseguir para sí mesmo uma coroa real e depois retornar... Mas os seus compatriotas o odiavam e, por isso, enviaram uma delegação em cima das suas pegadas para protestar, naquelas distantes terras, dizendo, 'Não queremos que êsse homem reine sôbre nós' ".

Isso fôra o que havia acontecido efetivamente a Arquelau, filho de Herodes o Grande e vem citado por Josefo. Augusto César era o executor do testamento de Herodes, pelo que Arquelau se fêz de viagem para Roma, a ver se conseguia do imperador, para si mesmo, a coroa da Judéia. Mas os judeus, que já haviam sofrido às mãos de Arquelau, despacharam uma embaixada a impetrar de César o seu imperial veto a tal pretensão. Após ouvir ambos os lados na contenda, Augusto confirmou Arquelau no govêrno, dando-lhe, porém, título tão-sòmente de etnarca, e prometendo fazê-lo rei mais tarde, se êle se mostrasse digno da investidura.

Êsses acontecimentos se haviam verificado ainda não havia muito tempo, estando vìvidos na memória de tôda a gente, que, aliás, sem exceção, tinha dêles pleno conhecimento. "E tendo narrado esta história", conclui Lucas, "Jesus retomou o seu caminho, na subida para Jerusalém".

CAPÍTULO DÉCIMO SEXTO

HOSANA, FILHO DE DAVI!

A hora decisiva, da vida de Jesus, soou, no momento em que entrava êle em Jerusalém. Durante a última etapa da sua jornada desde Jericó, assistido por seus discípulos e escoltado por um caudal de gente galiléia, sua conterrânea, baixara Jesus uma estranha ordem. As aldeias geminadas, Betânia e Betfagé, já estavam à vista e, dêsse ponto, mandou Jesus que dois de seus discípulos seguissem à frente, a fim de arranjarem, por lá, e de empréstimo, um jumento.

Ao lhe ser trazido o animal, Jesus montou-o. A todo o séquito, em geral, poderá ter parecido que êle estivesse fatigado da subida, montanha acima; mas, de repente, alguém teve uma relampeante inspiração. Êsse alguém citou as palavras proféticas: "Dizei à Filha de Sião, Atenta! Que aí vem a ti o Rei, em lento passo e cavalgando um jumento".

A palavra sagrada ganhou a longa bicha viandante, como o fogo à palha sêca; e os peregrinos, todos, entoaram, "Jesus é verdadeiramente o nosso Messias! Cumpriu-se a profecia: êle cavalgou o seu jumento. Deus salve o Rei!"

Estalou, aí, a mais desatinada confusão, por uns poucos minutos. O povo acorria, alvoroçado, até onde estava Jesus, ou daí partia, num vaivém frenético, sempre a aclamá-lo extàticamente. Jesus, porém, permanecia quieto e imóvel, no meio de tôda aquela atoarda que os seus fervorosos súditos levantavam. Até que, por fim, deu a ordem de se prosseguir viagem.

Aí é que o entusiasmo redobrou de intensidade. Houve muitos que arrancaram brutalmente os próprios vestidos, para os deitar ao chão, aos pés do Rabi. Arrancaram-se ramalhudos galhos às árvores, para lhe atapetar o caminho que seguiria. Prosseguindo a marcha geral, nesse tom de triunfo, transpuseram o Monte das Oliveiras e só, então, surgiram à vista Jerusalém e o Templo. A emoção que Jesus viera, até ali, procurando conter, não a pôde mais reprimir; pelo que, começaram a descer-lhe as lágrimas pelas faces, desde o instante em que seus olhos se puseram a contemplar a cidade fatídica. "Ó, se tivesses sabido", pranteou êle, "até mesmo tu, e pelo menos neste teu dia, as coisas que dizem respeito à tua paz! Mas eis que agora elas se acham ocultas aos teus olhos".

Sempre avante, seguiu a multidão, levando em seu seio a Jesus, pelas ladeiras do Monte das Oliveiras abaixo, clamando, em altos brados, um exaltado regozijo: "Hosana, ó Filho de Davi! Bendito seja o Rei que vem em nome do Senhor!" Estava-se na estação da Páscoa: mas, para aquêle burburinho de gente, era como se fôsse "Tabernáculos", a álacre festa das colheitas. Agitavam-se palmas, ao som dos cânticos de Hallel, entoados segundo o Salmo 118, com que a turba proclamava o seu júbilo.

Penetrando na cidade pela Porta do Vale, a procissão avançou pela Rua dos Queijadeiros acima, direito para o Templo. Dita rua situa-se na divisa entre o Monte do Templo e o Monte Sião, estabelecendo ligação com a Cidade Alta. Restos do seu pavimento hão sido descobertos a uma profundidade além de treze metros abaixo da superfície do solo atual.

No empenho de situar precisamente alguns dos lugares sagrados, há que lembrarmo-nos de que a Jerusalém que Jesus conheceu já não existe mais. Nas guerras do ano 70 D.C. e do ano 135 D.C., a cidade foi completamente arrasada pelos romanos. Os vales, ao seu redor, foram totalmente aterrados com os destroços das ruínas e tôda aquela área foi, assim vastamente nivelada por êsse entulho, para constituir a base da nova cidade, bem menor, que aí se construiu, ao mando do imperador de Roma, Adriano e que recebeu o nome de Aélia Capitolina.

No ângulo sudoeste do Templo, a Rua dos Queijadeiros era atravessada por um viaduto e Jesus certamente ter-lhe-ia passado por baixo. Um lanço da grande arcada foi descoberto pelo erudito americano Robinson, em 1838, pelo que ficou sendo conhecido até hoje pelo nome dêsse arqueólogo. Havia uma outra ponte mais acima, cujos restos se conhecem sob o nome de Arcadas de Wilson. Daí, a estrada se bifurcava para leste e oeste da área do Templo, em demanda do portão ocidental da cidade, de nome Genath. Perto dos Arcos de Robinson, resistiram, de pé, até hoje, algumas porções de muralha do Templo, dos quais a secção mais considerável é o chamado Muro das Lamentações. Um dos seus maciços blocos mede cinco metros de comprimento, por quatro de largura, fração a mais ou a menos.

Junto a uma das portadas do Templo, apeou-se Jesus e, cerradamente acompanhado pelos discípulos e mais uma verdadeira multidão que os empurrava para diante, penetrou no grande pátio externo, o Átrio dos

Gentios. Como no-lo indica o nome, essa dependência do sagrado era franqueada às gentes de tôdas as nações.

Era aí, e não no Templo pròpriamente dito, que se vendiam as alimárias e as aves, àqueles que desejavam sacrificar ao Santo dos Santos. Também aí é que se instalavam com suas "bancas", os cambistas de moedas, para trocar o dinheiro corrente, dos diversos países do mundo coetâneo, pela cunhagem do Santuário, na qual não se imprimiam efígies humanas nem semblantes das divindades dos idólatras.

Tôda a cantilena dos pregões imagináveis havia convertido uma parte daquele adro num mercado cheio de algazarra, tornando de todo impossível o recolhimento da oração, aos gentios, aos quais era vedado acesso ao pátio interior.

Inclinando-se num movimento lesto e rápido, apanhou Jesus um punhado de cipós retorcidos, que haviam servido de peias a algumas das vítimas dos sacrifícios e, brandindo apenas êsse inofensivo simulacro de látego, avançou para cima dos mercadores e "banqueiros". Virando de pernas para o ar as mesas dos cambistas, bem como as prateleiras dos vendedores de pombas votivas, bradava êle, "Levai daqui essas coisas. Pois está escrito, 'A Minha Casa será chamada Casa de Oração, para tôdas as nações'. Mas vós a transformastes num antro de ladrões".

A ação constituía, simultâneamente, gesto digno de um Messias e um repto francamente atirado à cara das autoridades, coisa de tal monta, que elas não podiam deixar de tomar-lhe conhecimento. Mateus, inclusive, acrescenta-lhe o delicioso pormenor de juvenis circunstantes, — que sempre aparecem quando há perturbações públicas, — os quais usufruíam a ocasião, com gritos entusiásticos, "Hosana, ao Filho de Davi!"

"Ouves tu o que dizem êstes?" perguntavam-se, uns aos outros, escandalizados, os guardas do Templo. "Da bôca dos pequeninos...", respondia-lhes Jesus.

Afinal, deixou êle o Templo e foi se alojar com seus amigos em Betânia. Mas na manhã seguinte regressou ali e ensinou à multidão, que se mostrava ávida de ouvi-lo.

Veio, então, procurá-lo uma delegação dos principais sacerdotes, convidando-o a explicar com que autoridade fazia o que estava fazendo. Jesus, hàbilmente, os forçou a darem-se, a si mesmos, a resposta a tal intimação, mediante convidá-los, por sua vez, a explicar de que fonte, ao critério dêles, proviera a João Batista a autoridade que possuía. Fôra, porventura, de Deus, ou dos homens? Já que tôda gente tinha João Batista em conta de profeta, à delegação sacerdotal faltou coragem para retrucar-lhe, "dos homens"; e deixaram-no em paz.

Mais tarde, armaram-se, a Jesus, algumas ciladas, com o fito de forçá-lo a definir-se atreito a "uma linha partidária", de modo a, assim, lhe enfraquecerem a influência sôbre o povo e o desacreditarem.

Primeiro, foram os partidários do regime romano, entre os fariseus, que, de conluio com os herodianos, fizeram uma tentativa. Como armadilha, arquitetaram traiçoeira interpelação, prenhe de riscos políticos; a saber: "É justo, — ou deixa de o ser, — pagar-se tributo a César?". Se Jesus respondesse "Sim, é", revelaria impatriotismo e, portanto, que não era o Messias. Se, ao contrário, dissesse que "Não", expor-se-ia à imputação de rebelde confesso, contra Roma.

"Porque me tentais, ó hipócritas que sois?" retorquiu-lhes, porém, Jesus. "Ora, deixai-me ver um denário". Apresentaram-lhe a moeda. O Mestre nem lhe pôs a mão, pois o simples tocá-la iria ofender os fanáticos nacionalistas, sem dúvida ali presentes. Limitou-se, pois, a perguntar, por sua vez: "A quem representa esta figura?" Informaram-no: "A César".

"Então", treplicou-lhe Jesus, "dai a César o que é de César, e deixai a Deus as coisas que são de Deus".

Foi uma resposta magistral. Poderia ser interpretada como significando que temos deveres inteiramente distintos entre si, uns para com Deus, e os outros para com o Mundo: os quais, todos, nem por isso colidem. Como, aliás, poderia também exprimir que sòmente Deus é o nosso Rei: nada podemos dar a César, se depusermos aos pés de Deus tôda a nossa fidelidade. Aí estava aquêle denário: nêle se lia a inscrição TIBERIUS CÆSAR DIVI, o divino César Tibério. Que decidissem, os que se pretendiam servidores do Deus de Israel, até que ponto se sentiam capazes animados a reconhecer a divindade do imperador latino.

Depois dessa perfídia, apareceu outra perguntinha, com tôda a aparência de inocuidade, sôbre a questão da ressurreição dos mortos; pergunta essa proposta ao Mestre pelos saduceus, que negavam constasse dos livros de Moisés qualquer afirmação sôbre o levantamento dos mortos, de seus sepulcros. A consulta-teste punha em discussão o caso duma mulher que desposara sucessivamente sete irmãos, cada um dos quais falecera sem deixar descendentes. Ora, por ocasião da ressurreição geral, de qual dêles seria ela a espôsa, então?

Jesus prontamente deslindou mais essa intriga, provando que os que retornam à vida terrena ter-se-iam já desvencilhado, pela morte intercorrente, de relacionamentos conjugais; e que, após a morte dos Patriarcas, diz Deus: "Eu *sou* o Deus de Abraão, de Isac e de Jacó". Quer isto dizer que Deus *é* Deus *dos vivos* e não dos mortos.

Finalmente, tocou a vez a Jesus, de formular também a sua pergunta. E a fêz nestes têrmos: "Filho, de quem, é o Messias?" A resposta foi que era "Filho de Davi".

"Por que, então", repôs Jesus, "entoando um dos seus salmos, chama Davi, ao Messias, *seu senhor*, quando diz 'O Senhor Deus disse ao meu senhor, Senta-te à minha mão direita, enquanto o que, eu farei dos teus inimigos o escabêlo, sôbre o qual repousarás teus pés'. Se Davi, como salmista, chamou o Messias de *seu senhor,* como é, pois, que o Messias é, ao mesmo tempo, filho do seu servo?"

Atirara-se a estocada com arma de dois gumes: trazia-se à baila um texto das Escrituras que prometia a vitória do Messias sôbre seus inimigos, ao mesmo tempo que se deixava assente que o Messias gozava da prerrogativa de não ter de se curvar ou dar contas a ninguém, visto que o próprio rei Davi, em seu íntimo, rendia tributo a êle, como a um superior seu. Com efeito, Jesus advertiu aos seus adversários de que poder algum da Terra tinha direito de arrazoar dos atos do Messias. Por conseguinte, qualquer ação que se pensasse em mover contra êle, Messias, seria ilegal.

Adotava o Rabi, na instância, atitude mui parecida com aquela mantida pelo rei Carlos I, da Inglaterra, 16 séculos depois, o qual recusou reconhecer qualquer autoridade ao tribunal que o julgou e até mesmo apresentar defesa perante tal côrte de justiça. Podemos, portanto, bem compreender a razão que fêz Jesus guardar obstinado silêncio, durante o seu julgamento pelo Sinedrim e se haver limitado, quando muito complacente, a responder às perguntas que dissessem respeito à sua identidade como o Messias.

Os seus interrogadores se retiraram, pois, derrotados, deixando Jesus incontrastàvelmente senhor do campo.

CAPÍTULO DÉCIMO SÉTIMO

A ÚLTIMA CEIA

As ásperas interpelações e palavrório crítico, durante as sessões jurídicas no Templo, nas quais se viu envolvido Jesus durante a primeira metade da última semana de sua existência terrena, haveriam de ter bastado, — somos levados a crer, — a monopolizar-lhe tôda a atenção de que dispunha. Os Evangelhos, porém, nos contam outra coisa. As excepcionais faculdades de observação, de que êle era dotado, estavam tão aguçadas como sempre.

Visto que êle se achava *vis-a-vis* da sala do tesouro, era-lhe dado ver a gente que vinha deixar ali suas contribuições em moeda sonante. Muitos dos ricos atiravam lá para dentro grandes quantias. A um dado momento porém, apareceu uma pobre viúva que depôs suas duas parcas moedinhas, pequeninas, cada uma valendo, em nosso dinheiro inglês, de curso atual, cêrca de um duodécimo de um *penny*. Notando isso, chamou Jesus os seus discípulos e lhes disse que a viúva dera mais que todos os outros contribuintes. "Todos êles, afinal, deram da sua abundância; ela, porém, da sua penúria, deu tudo o que tinha, a totalidade dos seus recursos".

Parecer-nos-á, hoje, estranha, essa história de se atirarem moedas ao tesouro; mas os Evangelhos estão certos, ainda a êsse respeito. Fontes rabínicas nos informam que existiam, no Templo, treze arcas destinadas a acolher donativos. Tinham a forma de trombetas de bôca pora cima, como cornucópias, e trazia, cada uma, a inscrição explicativa da finalidade a que se destinavam os fundos nela depositados. As pessoas devotas faziam as suas oblatas, atirando moedas para dentro daqueles receptáculos.

Ao fim do dia, Jesus saiu do Templo para nunca mais ali regressar e, naquela noite, do outro lado do vale, sentado num lugar sôbre o Monte das Oliveiras, participou aos seus descípulos a aproximação de tenebrosos dias que ainda se haviam de passar, antes que alvorecesse a Era Messiânica.

Os grandes-sacerdotes e os escribas, a seu turno, também estavam reunidos em conferência secreta, para decidirem sôbre o modo como se havia de prender e executar Jesus. "Não poderá ser durante o festival", diziam-se, "pois, então, talvez se desencadeasse uma sublevação popular".

Assistia-lhes mais do que sólida razão para cautela: é que a Páscoa era, precisamente, a festa da liberdade. Não fazia muito tempo, houvera uma comoção vulcânica, do populacho, quando Pilatos arrebatara os fundos das contribuições sagradas arrecadadas pelo Templo, para financiar a construção dum aqueduto, que iria carrear a água para Jerusalém, trazendo-a desde os reservatórios situados ao sul de Belém, conhecidos pelo nome de Poços de Salomão.

Uma parte dêsse aqueduto ainda lá está, de pé, consistindo em blocos de pedra escavados, cada um firmemente aderente ao seguinte, para formarem, todos, uma contínua tubulação aberta, das fontes à urbe.

Pilatos abafou a rebelião pela fôrça militar, matando, então, numerosos judeus desarmados. Pode muito bem ter sido em alusão a êsse fato, que Lucas menciona, em seu Capítulo 13, a expressão pela qual foi Jesus informado a respeito dos galileus, "cujo sangue Pilatos havia misturado com o derramado pelas vítimas dos seus sacrifícios, sôbre o altar".

Jesus já se firmara sòlidamente na afeição do povo judeu, especialmente na dos seus conterrâneos, os galileus; de modo que, qualquer tentativa, que se fizesse, de efetuar a sua prisão em público, seria capaz de provocar um levante.

Os Evangelhos tornam abundantemente claro o fato de Jesus saber qual a sorte que o esperava. Êle já, por diversas vêzes, a havia revelado aos seus discípulos; mas êstes não queriam crer nos dolorosos presságios. Como também disse êle que era de sua plena e livre vontade que fazia dom da sua vida e que ninguém tinha podêres para tirar-lha, se êle não o quisesse.

É extraordinária a extensão em que êle se revelara senhor absoluto do seu destino. Cada passo tendente a ocasionar o fim, que êle mesmo almejava, fôra meticulosamente planejado. Para isso, se fazia mister grande poder de previsão, profundo conhecimento da natureza humana e capacidade de organização. Achamo-nos hoje habilitados, em considerável proporção, a acompanhar-lhe os movimentos, a partir da hora em que êle, desassombradamente, voltou o rosto para o quadrante que se propunha seguir, em demanda de Jerusalém.

Houve aquêle arranjo concernente ao jumento que se achava peado nas cercanias da aldeia, ao flanco leste do Monte das Oliveiras, na preparação para a sua entrada na Santa Cidade, na forma prescrita para o Messias, conforme os profetas. Houve aquela limpeza efetuada contra os vis mercadores que lhe profanavam o adro, comportando êsse expurgo um deliberado desafio às autoridades. Houve, mais, a doutrinação pública, ministrada em pleno e superlotado pátio dos Gentios, o que o garantia contra prisão sob uma modalidade que abrangesse terceiros, dado que inspirava às autoridades o receio de agir naquelas circunstâncias. Havia, ainda, o retiro fora da cidade, tôdas as noites, que êle estabelecera para não se deixar prender, pelos esbirros, antes da hora que êle mesmo escolheria. Houve, outrossim, a provocadora invectiva que lançou, em pleno tribunal, contra os escribas dos fariseus, que se achavam em função no Conselho, adrede, para que êstes se voltassem contra êle.

Ora, existia um adicional desenvolvimento do plano. Jesus tinha combinado com pessoa em quem depositava grande confiança, — e que poderá ter sido, legìtimamente, o seu Discípulo Amado, — realizar a cerimônia ritual da Páscoa em casa dessa pessoa. Os Doze, porém, é que nada sabiam de tais dispositivos.

Judas, o qual (sabia-o muito bem o Mestre, há muito já) haveria de o trair, havia ido à presença dos sacerdotes principais, a cuidar da sua sinistra transação com êles, muito embora ainda não fizesse idéia da maneira como iria cumprir a promessa feita àqueles sacerdotes, dado que desconhecia quais seriam os movimentos de Jesus.

De Betânia, foram mandados à capital dois dos discípulos. Diz Lucas que fôram, êsses, Pedro e João. Avisou-os Jesus de que lá lhes viria ao encontro um certo homem, carregando uma talha dágua. O que lhes competia fazer era acompanhar êsse homem até dentro da casa onde êle entrasse. Aí, deveriam dirigir algumas palavras ao dono da casa, que o homem reconheceria, e passaria a lhes mostrar, então, um aposento do andar de cima, já pronto e arrumado para recebê-los. Era aí que deveriam preparar os ritos pascais.

Tudo fôra já providenciado de antemão. O encontro com o homem da talha dágua, fácil, êste, de descobrir; pois tais objetos eram, de ordinário, transportados por mulheres. Dito encontro se realizaria junto à Fonte de Siloé. A destinação conservada sob segrêdo, para evitar-se a possibilidade de alguma emboscada, num qualquer bêco-sem-saída, onde fàcilmente seria morto Jesus. As palavras de passe combinadas, com a senha "Qual o aposento de hóspedes que me caberá ocupar, a fim de aí passar a páscoa com os meus discípulos?". Finalmente, o cômodo lá acima, para melhor garantir a intimidade do ágape.

A Última Ceia foi realizada na tarde de quinta-feira, sendo que os três primeiros Evangelhos dizem que se tratou, aí, duma celebração de Páscoa. Tem havido certas dúvidas sôbre se estariam informando com exatidão; pois João diz, por sua vez, que a véspera foi numa sexta-feira, isto é, no dia em que se teria verificado a crucificação.

O primeiro dia da Festa do Pão Ázimo, naquele ano, caiu num sábado, ou seja, num dia de *sabat*. Êsse fato nos permite conciliar o aparente conflito de informes. O cordeiro pascal deveria ser imolado no 14.° dia do mês de Nizam, do calendário judeu, — entre "uma tarde e a seguinte". Mas, sendo o 15.° dia dêsse mês um dia do *sabat*, essa eventualidade acarretaria profanação do dito *sabat*, o qual se iniciara ao pôr-do-sol anterior. Tal era a norma imutàvelmente seguida pelos judeus conservadores. Consideravam êstes a imolação do cordeiro pascal um sacrifício doméstico, visto como cada animal sacrificado representava os membros de tôda uma família. Em circunstâncias tão excepcionais, transfeririam para a quinta-feira o sacrifício pascal.

Diverso grupo opinativo, entendia, porém, que a Páscoa era, afinal, um rito sacrificial de caráter público, visto tratar-se, precìpuamente, de uma efeméride nacional; e que tais sacrifícios prescreviam até a lei sabática. Por conseguinte, não viam motivo justificável para transferência da data dos sacrifícios, ainda mesmo que o 14.° dia do mês coincidisse com uma sexta-feira.

Assim, sucedeu haver, nessa fatídica ocasião de Páscoa, matança de anhos e consumação de ceias pascais, tanto na quinta, quanto na sexta-feira, segundo a autoridade litúrgica que os seus promotores acatavam. Quanto a Jesus e seus descípulos, vimos que observaram a quinta-feira, como santa véspera da Páscoa. Novamente deparamos, aí, o seu atento cálculo, no fato de sua observância dos ritos pascais e da exposição que fêz aos seus discípulos, do simbolismo que criou e estabeleceu; bem assim, como na circunstância de se reservar a missão de padecer, sob o caráter de Cordeiro de Deus, no dia seguinte.

Os pormenores acêrca da Última Ceia, descritos nos Evangelhos, são plenamente conformes com os costumes coevos: o sôrvo do vinho nas taças, a refeição de pão ázimo, a molha de asseio, dos dedos, na água servida dentro do prato. Na bênção hebraica, formulada sôbre o vinho, o Senhor é mencionado como o "criador do fruto da vinha", e até essas mesmas palavras, "frutos da vinha", vêm aos lábios de Jesus, na fala que produziu, imediatamente depois de haver recitado aquela consagração. Trata-se aí, decerto, de uma coincidência não procurada, nem provocada.

Poderá, todavia, ter havido ainda outra, afetando a própria taça. As taças de vidro daquela época traziam inscritas, freqüentemente, frases gregas significando "Para que estás, então, aqui? Alegra-te!". Deissmann sugere que tais expressões podem muito bem haver figurado na taça de que se serviu Jesus. Faz-nos notar êsse erudito que, quando Judas apareceu à frente da tropa que vinha deter o Mestre, no jardim de Getsêmani, dirigiu-se-lhe nestes têrmos: "Salve, Rabi!" e lhe depôs na face o ósculo pérfido; e então Jesus, (louvamo-nos em Mateus), lhe respondeu com aquelas mesmíssimas palavras supracitadas: "Amigo, para que estás, então aqui?" Seriam elas uma recordação, fixada em sua mente, do dístico inscrito nas taças que êle e o seu traidor haviam partilhado ainda tão de pouco?

Prèviamente decidira Jesus que o apreendessem num sítio então muito apreciado, Judas conhecia muito bem, era o Jardim de Getsêmani. Nesse local dirigia êle suas últimas súplicas a Deus, das quais se ergueu de ânimo preparado para as provações que iam chegar.

Por fim, distinguiu, em meio à ramaria, o reluzir dos archotes, que se estendia como uma serpente de fogo pelo vale, lá abaixo. Era a guarda do sumo-sacerdote, mais alguns homens da polícia privativa do Templo, armados de simples varapaus, dado que o Santuário proibia aos seus serviçais porte de armas de guerra. Mais uma vez, em suma, deparamos nova demonstração de quão precisos em minúcias são os Evangelhos.

"Atendei!", exclamou Jesus, "a hora é chegada, em que o Filho do Homem será entregue às mãos de pecadores (*os romanos*)!"

CAPÍTULO DÉCIMO OITAVO

JESUS E OS SEUS JUÍZES

Quando Jesus foi prêso no Jardim de Getsêmani, tôda a sua preocupação se cingiu a que ninguém fôsse maltratado, além dêle, pelo que, pediu: deixassem partir, livres, os seus discípulos. Mas os Evangelhos, por amor à verdade, têm que frisar o fato de todos êles o haverem abandonado, então, e terem fugido.

As instruções recebidas pelos agentes da lei consistiam apenas em levarem Jesus ao palácio dos magnos-sacerdotes, na Cidade Alta. Era aí a residência de Anás, filho de Set, maioral duma das mais poderosas casas sacerdotais e um dos mais desabusados mandões. Êle e vários dos seus filhos detinham, a intervalos, o cargo de sumo-sacerdote, e o que estava naquele momento em exercício era o seu genro José Caifás.

Mas, de todo, de todo abandonado, não o fôra Jesus; porque Pedro arrepiou caminho, na sua fuga, e, tornando com um condiscípulo, acompanhou a distância o cortejo, com precaução para não serem pressentidos, até penetrarem no pátio do palácio. O outro discípulo que o acompanhava, sendo pessoa conhecida da casa, entrou sem dificuldades e, por fim, o próprio Pedro entrou também. Foi durante o tempo em que ficou só, do lado de fora, a esperar notícias do que estaria ocorrendo lá dentro, que, provocado, negou por três vêzes ao seu Mestre.

Achava-se, pois, Jesus de pé, diante do sumo-sacerdote. Estava apinhada a sala, de membros do Conselho, grandes-sacerdotes das casas de Anás, Boeto e Feabi, anciãos notáveis do partido saduceu e uns tantos fariseus autoconvidados ali. Quase tôda aquela gente estava comprometida com uma política de cooperação junto a Roma, condicionada a que permanecessem respeitadas e imunes as leis religiosas dos judeus.

Aquela assembléia não fôra, entretanto, convocada em caráter de côrte de justiça, fôsse esta civil ou religiosa; e se o tivera sido, estaria, então, se reunindo a hora ilegal e dentro de praxes igualmente ilegais e insólitas.

O único direito que assistia àquele Conselho era o de interrogar um suspeito.

A sessão iniciou-se com bastante correção legal, é verdade, tendo o sumo-sacerdote, na função de presidente da mesma, interrogado Jesus acêrca dos seus discípulos e dos seus ensinamentos. O prêso, que não era obrigado a se condenar por si mesmo, deu a clara resposta de haver falado, sim, e abertamente, na sinagoga e no Templo. Por que não inquirir, àqueles que o haviam escutado?

A isso, fêz o sumo-sacerdote virem as testemunhas da acusação ao tribunal e, dêsse momento em diante, a marcha do processo foi perdendo até a mais remota aparência de uma legítima ação jurídica. Encenou-se, é certo, um grotesco simulacro de tribunal, atento apenas a que os fins justificassem os meios. E o fim procurado era, tão-sòmente, engendrar um laudo qualquer de culpa confessa, em crime passível de pena capital. Estava Jesus plenamente dentro dos seus direitos, ao recusar reconhecer a judicatura daquela arbitrária côrte de justiça.

Pela lei judaica, o único crime capital, que poderia encontrar, ali, alguma probabilidade, seria o da prática de feitiçaria. Ora, as testemunhas depuseram no sentido de que Jesus houvera dito que destruiria o Templo e o reconstruiria, tudo isso, dentro de três dias. Mas, ainda mesmo deturpando maliciosamente as palavras que Jesus houvesse proferido, semelhante acusação era, palpàvelmente, tão absurda, que nem foi tomada em consideração.

O recurso que restava, agora, aos caricatos juízes, era conseguirem fazer com que Jesus, por si mesmo, se condenasse no terreno político. E, assim, convidou-o o sumo-sacerdote a declarar, sob o juramento mais solene, — se era o Messias; ao que Jesus respondeu: "Eu o sou".

Era o que bastava. "Êle há blasfemado!", declamou o sumo-sacerdote. "Para que havemos nós mister de mais testemunhos?" Ao que o Conselho foi unânime em concordar que, de fato, Jesus merecia a morte.

Mas qual blasfêmia era essa, de que se fizera culpado Jesus? Declarar-se Messias não constituía blasfêmia perante a fé nem a legislação judaica. Êle não havia proferido palavras contra o Deus de Israel: nem havia proferido, (sacrilégio que tal seria), o Santo Nome de Deus: tampouco induzira êle, com astúcias, quem quer que fôsse, a adorar outros deuses.

A tal blasfêmia, pois, não fôra atirada ao Deus de Israel; fôra, isso sim, contra o *deus* César, de Roma. Êstes juízes eram tão radicalmente *fiéis romanos*, que haviam condenado a um seu compatriota judeu pelo odioso crime de *lesa-majestade imperial*, um atentado contra a majestade de Tibério: porquanto havia o indiciado proclamado, de público, num ato de alta traição, sua pretensa qualidade de rei numa província romana!

Era caso, pois, para que a instância subisse à alçada de Pilatos, coisa para ser atendida com presteza e para acabar em lavratura, pelo governador quirite, da ordem de execução imediata. Tácito, historiador romano, confirma em seus *Anais* ter prevalecido, precisamente à época dêstes acontecimentos, um verdadeiro regime de terror em todo o império romano, devido à monstruosa política de Tibério César. A prisão e a morte, eis o que tinha a esperar todo o que fôsse apurado culpado de aviltar, direta ou indiretamente, o divino déspota.

Nos Evangelhos se nos oferecem os exatos têrmos em que foi configurada a acusação de "blasfêmia" pelo Conselho, para conhecimento de Pilatos. "Encontramos êste homem subvertendo a nossa nação (da sua lealdade em relação a Roma), proibindo o pagamento de tributo a César e declarando ser o Messias, e pois, um rei".

O Conselho se reunira durante a noite, de modo que, pouco depois de entrada a madrugada, já quase manhã de sexta-feira, foi Jesus levado, de mãos atadas, perante Pilatos, no Pretório. Fica evidenciado por êsses processos, (além de tudo aquilo que já constava anteriormente dos Evangelhos, a respeito da ansiedade, que afligia o Conselho, de evitar quaisquer riscos de levante popular), — que o povo judeu estava inteiramente inconsciente de tudo o que se estava passando e nada, absolutamente, tivera que ver com a detenção, nem com a pronúncia ou a condenação imposta a Jesus. A turba que apareceu na sessão do julgamento, como também no decorrer da sua marcha subseqüente, se compunha da famulagem dos próprios membros do Conselho, mais os seus adeptos, gentalha em quem aquêles grandes interessados podiam confiar que encenassem as demonstrações que lhe teriam sido insufladas.

A situação exata do local onde se erguia o Pretório não no-la fornecem os Evangelhos.

Diz-se aí, apenas, no texto de João, que havia lá um piso lajeado o que chamavam a *Gabbatha* (plataforma elevada). Sôbre êsse elevado átrio, à frente do edifício, instalava-se a curul da magistratura de Pilatos, de onde êle administrava justiça e à qual podia chegar, saído diretamente de sua residência.

Tem-se lembrado a possibilidade de dois lugares diferentes como os prováveis sítios onde se achava o Pretório. O primeiro dêsses era a Tôrre Antônia, ao noroeste da zona do Templo, onde se veio depois a desencavar uma calçada romana. Dita Tôrre era ocupada regularmente por uma guarnição romana, sendo que, numa parte do piso, ali, havia uns quadrados tôscamente produzidos para formarem um tabuleiro de jôgo. Essa descoberta foi feita na cripta do Convento das Irmãs de Sião, o qual atualmente recobre êsse terreno.

A segunda alternativa, e da minha preferência, aliás, aponta para o palácio herodiano que se levantava em uma subida de terreno próxima ao que é agora a Porta de Jafa, para o lado oeste da cidade. O edifício era franqueado e defendido por três tôrres, respectivamente denominadas Hipicus, Fasael e Mariane. A parte inferior da hoje pretendida Tôrre de Davi pertence a essa antiga tôrre Fasael. Além do mais, era o palácio dotado de altas muralhas com outras tôrres plantadas a regulares intervalos ao longo de tôda a sua extensão.

Em sua qualidade de Governador da Judéia, havia de ser servido Pilatos da mais bela residência oficial; e, achando-se ela nas vizinhanças da porta do poente, êle podia alcançá-la diretamente da sua outra instalação pessoal, em Cesaréia, no litoral, sem que lhe fôsse necessário atravessar as vias públicas de Jerusalém, sempre apinhadas de gente.

As mansões dos aristocratas ficavam lá para as ladeiras do lado norte do monte, das quais se formava a Cidade Alta; e bastava vencer-se curta distância, para se chegar ao palácio hasmoniano, que Herodes Antipas ocupava quando vinha a Jerusalém e para onde Pilatos enviou Jesus, ao ser informado de que êste era galileu e, portanto, afeto à jurisdição de Herodes.

Neste último bairro é que se localizava também o Mercado de Cima, para o qual a gente do campo e os mercadores traziam vitualhas e mercancias. Se Jesus marchasse para a sua crucificação passando pela Porta do Poente, isso estaria de acôrdo com a menção, que os Evangelhos fazem, de Simão de Cirene, — o cireneu, — o qual, "vindo dos campos", teve os seus serviços requisitados pelos soldados sob a forma de ordem de carregar o lenho do suplício.

As circunstâncias do julgamento sob Pilatos nos contam um episódio de lutas surdas entre os poderosos funcionários; dum lado o sumo-sacerdote, do outro, o governador romano, ambos os contendores porfiando em se mostrarem mais fiéis a Roma, do que o antagonista. Não havia muita afeição esbanjada entre as duas partes, muito embora se encontrassem ambas, tècnicamente ao menos, do mesmo lado.

O sumo-sacerdote se encarniçava em procurar salvaguardar os resquícios de autonomia nacional que ainda subsistiam, investidos sôbre a hierarquia; o governador, por sua vez, só se preocupava em firmar a autoridade da Potência Ocupante, que representava ali, sôbre um povo subjugado. Já tinha havido aquela trapalhada da mão baixa, que êle fizera, um dia, nos fundos públicos recolhidos ao Templo, operação que ousara, a bem da construção do aqueduto da cidade. Dessa vez, coubera à hierarquia do Sinedrim perder a partida. Agora, porém, surgia-lhe, a talho de foice, incomparável oportunidade de virar a situação ao avêsso. Bem que o percebeu Pilatos, de modo que, quanto mais o premiam para que condenasse a Jesus, mais êle resistia em aquiescer. Mas só até um certo ponto, que foi aquêle em que lhe lançaram em rosto a aleivosa e assustadora insinuação: "Se o deixas em liberdade, não és amigo de César. Pois, quem quer que se pretenda rei, aqui, está em oposição a César". Aí o governador cedeu.

Quem foi pôsto em liberdade foi Barrabás, que, segundo Marcos, estava na prisão juntamente com outros insurretos que haviam perpetrado assassínio durante o motim. O referido levante há-de ter sido, muito provàvelmente, o tal que se verificara em conseqüência do caso do aqueduto. Por essa razão é que Barrabás, embora tendo sido um amotinado, era preferível e aceitável pela hierarquia, num caso de opção.

Sem dúvida que fôra êsse mesmo negócio da apropriação dos dinheiros sagrados o que criara uma inimizade entre Antipas e Pilatos; porquanto, naquela ocasião, o governador abatera, em ação armada, muitos dos galileus, súditos daquele tetrarca. E agora, havendo também Herodes achado que Jesus era inocente de qualquer culpa, coincidindo em parecer com o romano, êste e o tetrarca passaram novamente à condição de amigos.

Pilatos lavou as mãos em sinal de isenção de culpa pela morte do Filho do Homem. Os acusadores dêste assumiram decididamente essa responsabilidade, tomando-a para si e seus filhos. Ambos, governador e Sinedrim, seriam castigados. Pilatos foi chamado a Roma, sob labéu de ignomínia. Quanto às famílias da hierarquia e seus adeptos, êsses foram todos massacrados pelos fanáticos nacionalistas, por ocasião da revolta contra Roma ocorrida no período de 66-70 D.C.

CAPÍTULO DÉCIMO NONO

O GÓLGOTA

Durante todo o transcorrer do seu julgamento, manteve sempre Jesus absoluto silêncio e inabalável compostura, recusando apresentar qualquer defesa.

Tècnicamente, pois, ficava sendo culpado do crime de que o acusavam, pois êle havia professado ser o rei messiânico; embora, consoante o fizera notar em ressalva, o seu reino pertencesse ao mundo futuro, à nova ordem mundial futura, — não à ordem vigente, a dos seus contemporâneos. Não fôra isso, os seus adeptos teriam tomado armas em prol dêle.

Disputando-se o seu humano corpo como prêsa, as fôrças de govêrno "deste mundo" tinham estado se digladiando em áspera batalha, — os senhoris sacerdotes do Templo, contra o governador estrangeiro; e, a julgar pelas aparências, o Sinedrim levara a melhor, dessa vez. Havia arrancado ao romano a sentença que queriam.

Mas êsse lupino romano, — o cruel e obstinado Pilatos, — ainda tinha fôrças para ao menos rosnar ameaçadoramente à cara dos seus atormentadores judeus. Tinham insistido tanto pela crucificação, não é? Pois, muito bem: ela mesma iria cobri-los de perpétuo opróbrio.

Era costume, então, pendurar-se ao pescoço do criminoso, condenado à pena máxima, um cartaz indicando a transgressão que o levava à morte; se essa morte era pela crucificação, o cartaz lhe era colocado no lenho, acima da sua cabeça. Pois Pilatos ordenou que escrevessem êsse *titulus,* nos três idiomas então falados na Palestina: o latino, o grego e o hebraico. Dizia assim: ÊSTE É JESUS DE NAZARÉ, REI DOS JUDEUS.

A isso protestaram, indignados, os sacerdotes: "Não escrevas 'Rei dos Judeus', mas, sim, que êle disse: 'Eu sou o Rei dos Judeus!' ".

Estalou-lhes, a resposta de Pilatos, como um sopapo: "O que escrevi, escrevi".

Mofino rei de farsa, o que convém para um povo humilhado! Era o que Roma lhes oferecia. E, ademais, os soldados romanos, por sua conta, acrescentaram ao ultraje o apropriado tributo da sua imaginosa contribuição de escárnios.

Jesus foi chicoteado e, depois, revestido, parodìsticamente, de sórdidos arremedos das pompas de um triunfador romano. À guisa de lauréis de vitória dum conquistador, puseram-lhe na cabeça uma coroa de espinhos.

Sôbre os ombros rorejados de sangue atiraram um manto escarlate como aquêles que os generais usavam; e lhe forçaram uma das mãos a segurar um caniço, como se fôra um cetro real.

"Ave, Rei dos Judeus!", berrava-lhe a guarda, escarninha.

Tal conduta era, então, típica da prevenção antijudaica, vigente no Império Romano, do que se depara confirmação na narrativa, constante do Evangelho, daquilo que veio a ocorrer em Alexandria, uns dez anos depois, durante a visita que fêz a essa cidade o príncipe judeu Agripa. A história no-la conta Plínio, que se achava lá, nessa ocasião.

Para escarnecer do príncipe, a turba agarrou um pobre coitado dum louco, enrolou-o em falsos atavios de rei, e lhe pôs na mão um canudo de papiro, a fingir de cetro.

Um grupo de rapazes pôs-se, então, a agir como se fôsse a sua guarda real, enquanto outros se lhe chegavam para saudá-lo com as devidas deferências, ou para pedir-lhe a real justiça. Aí, tôda a gente, na rua, gritava 'salve', ao mentecapto, chamando-o 'Marin', a palavra aramaica que quer dizer "Senhor".

Diz-se nos Evangelhos que Jesus foi crucificado à terceira hora. Essa divisão do tempo corresponde ao que tomamos por nove horas da manhã, já que o dia judaico começava às seis da manhã. Devia ser, então, pouco mais que oito horas, quando êle saiu de Jerusalém pela última vez.

Esta saída terá sido pela porta de Genath, próxima do local onde é hoje a Porta de Jafa, ponto em que se uniam a muralha antiga e a segunda muralha, ao lado ocidental da cidade. Era o lado oposto àquele por onde havia Jesus feito a sua entrada triunfal, ainda não era passada uma semana completa.

Dali ao Pretório não ia mais de um breve passo e por aquela via foi Jesus poupado ao acrescido ultraje e agravado sofrimento que teria sido uma longa jornada através das ruas, fervilhantes de gente. Também, incidentalmente, conveio para evitar que se tivesse, porventura, ensaiado alguma tentativa de o libertar. Uma vez fora da cidade, não havia probabilidades de que tal sucedesse, sem embargo de que a triste procissão dificilmente deixaria de atrair a atenção pública, naquela estação de festas e animação. Em todo o caso, sempre se provera à costumeira presença e quantidade de carpideiras mercenárias para os condenados, as quais infalìvelmente chamariam atenção com os seus esganiçados lamentos profissionais.

Debilitado pelas vergastadas, pela falta de alimento e os outros espantosos tormentos que tão estòicamente suportou, arriou Jesus sob o pêso da barra transversa do instrumento do seu próximo suplício. Diante disso, os soldados deitaram a mão num latagão robusto que vinha dos lados do campo, um tal Simão de Cirene, e o obrigaram a tomar aos ombros a pesada carga.

A peça transportada pelo paciente era só a barra transversa da cruz, isto é, um pedaço de madeira bruta, com o suficiente comprimento, o qual, em se chegando ao local da execução, seria fortemente ligado a um adequado entalhe na secção mais alta do poste, já erecto e fixo ao solo, no lugar da execução.

À medida que a dolorosa coluna avançava, aquêles uivos das carpideiras ainda mais agravavam a angústia de Jesus. Até que, por fim, êle se voltou para elas e, com a sua penetração profética, lhes gritou: "Filhas de Jerusalém, não choreis por mim, chorai antes por vós mesmas e pelos vossos filhos. Porque, se tais coisas fazem êstes homens a uma árvore verde, quais coisas não farão êles ao velho tronco ressequido?"

Poder-se-á querer atinar por onde andariam os discípulos de Jesus, nesses agros instantes. Por que não estavam ao pé do Mestre, assistindo-o com o consôlo da sua presença, naquela provação extrema? Vamos descobrir no Evangelho de João que, naquela hora, andavam êles todos se escondendo por detrás de portas sòlidamente trancadas, com mêdo de serem também presos. Certo evangelho apócrifo, dos primeiros dias do cristianismo, que se conhece por Evangelho de Pedro, e do qual se veio a descobrir um fragmento, em 1887, no lugar denominado Akhmin, no Egito, — nos informa completamente sôbre êsse pormenor. Diz êsse papiro que os discípulos se haviam homiziado, por estarem sendo procurados pelas autoridades, como criminosos, que se supunha estivessem decididos a incendiar o Templo. Seria provável, portanto, caso essa passagem tivesse qualquer fundamento histórico, que as palavras de Jesus sôbre a factível destruição do Templo, deturpadamente citadas em côrtes, tivessem sido tomadas muito a sério pelo Conselho, como revelando indício de que se tramava alguma conspiração, visando pôr-se fogo ao Santuário de Jeová.

A cena da crucificação, em aramaico denominada *Golgota*, (o lugar de uma caveira), e em latim *Calvárius* (monte sem vegetação), se passou sôbre uma penha não muito afastada dos muros da cidade. Será provável que tirasse a denominação do fato de lá se proceder, regulamentarmente, às execuções capitais. O sítio exato ainda não foi, até hoje, determinado com precisão. A opinião geral e tradicional se inclina por aceitar como local histórico do acontecimento o lugar onde se acha hoje a Igreja do Santo Sepulcro; ao passo que outros ainda há, que como tal consideram lugar existente mais para o norte, e indicado pelo General Gordon, como sendo o mais provável cenário da grande tragédia.

As minúcias, quanto à maneira de crucificar, vêm, amplas, nos autores romanos. Êstes indicam que o paciente era despojado das vestes que trazia e deitado, de costas, no chão, tendo o pescoço forçado contra a madeira da barra transversa. Quando os braços do desgraçado estavam já fortemente fixos a cada lado do madeiro, respectivamente, mediante amarras, além dos pregos com que lhe prendiam as mãos, atravessando-as cruelmente, em plena palma, a dita barra transversa era, então, içada como uma vela de navio, por meio de polias, poste acima, até se engatar na reentrância do soquete adrede escavado ao alto dessa haste. Agora, então, é que se pregavam com cravos os pés, diretamente à coluna vertical, quando não lhos deixavam pousados sôbre um suporte adequadamente apenso à dita haste. Os Evangelhos informam, mui explìcitamente, que Jesus foi cravado de pés e mãos. Juntamente com êle, crucificaram-se dois ladrões que, afinal, podem ter sido apenas dois exaltados patriotas judeus.

Bárbaro método de execução era aquêle, que, aliás, os judeus mesmos nunca usaram. Misericordiosamente, as torturas de Jesus não foram além de seis horas, pois, a êsse tempo, êle perdeu os sentidos e expirou. O Conselho estava aflitíssimo para que os cadáveres não ficassem expostos durante o *sabat*. Essa concessão granjearam os altos sacerdotes da displicência de Pilatos, pelo que se mandou que fôssem esmigalhadas as pernas aos dois ladrões, para se lhes abreviar o fim. Para Jesus, tal não foi preciso, pois já o encontraram morto.

CAPÍTULO VIGÉSIMO

FUNDAÇÃO DA IGREJA

No Novo Testamento, aos Evangelhos seguem-se os *Atos dos Apóstolos*, que constituem o segundo tratado redigido por S. Lucas. Por êsse livro, ficamos sabendo como se formou a Igreja Cristã em Jerusalém e como foi levada, desde a Cidade Santa, a Boa Nova de Jesus Cristo a terras distantes, a cada vez mais longínquas plagas, até chegar a penetrar no próprio coração do Império Romano.

Graças à História e à Literatura clássicas, bem como às pesquisas arqueológicas, estamos, hoje em dia, fartamente informados sôbre a vida no mundo romano do tempo dos Césares; e, seguindo, em especial, as viagens do Apóstolo Paulo e seus companheiros, vamos deparando numerosas comprovações da inteira verdade dos relatos bíblicos.

O propósito que nos move aqui será, pois, descrever algumas das interessantes coisas que pudermos desencavar, no trajeto que o desenvolvimento da história faz seguir, em demanda das regiões que, nos dias hodiernos, tão freqüentemente aparecem citadas no noticiário, como sejam, a Palestina, a Síria, Chipre, a Turquia, a Grécia, Malta e a Itália. Nutro, porém, a esperança de que nos emocionaremos diante das aventuras dos pioneiros cristãos; isso, porque a sua crônica é uma epopéia de denôdo, perigos e inimagináveis provações.

Eis como descreve Paulo as agruras por que passou, numa carta que escreveu aos cristãos existentes em Corinto: "Meus labores hão sido mais duros, mais longas as penas de prisão que cumpri, as flagelações que me foram impostas ultrapassaram todos os limites, os riscos de morte iminente, que corri, mais amiudados... De uma feita, fui lapidado, três vêzes naufraguei no mar, já passei uma noite e um dia, seguidos, abandonado ao turbilhão do profundo mar-oceano. Muita vez me fiz a caminho, arrostando perigos nos rios, perigo de bandoleiros, perigo entre os próprios patrícios, como perigo de gentios, perigo na cidade e perigo no campo, perigo sôbre as ondas do mar, como perigo sôbre a confiança em falsos irmãos, na labuta e nas privações, muitas vêzes indormido, em fome e sêde muita vez jejuando, além do frio e da nudez".

A leitura do Novo Testamento, no original grego, nos revela que empolgante leitura é êle, a tal ponto que se tem vontade de jamais depor o volume. Esforcei-me por transmitir adiante essa impressão, tal como a recebi, — na minha tradução, que intitulei *O Autêntico Novo Testamento,* — pelo que, estarei constantemente citando *de própria fonte,* devido à maior clareza e vivacidade que ela hauriu daquele original. É mister reconstituamos o realismo do texto, a fim de podermos penetrar no espírito da narrativa.

A história de que tratamos começa em certa casa de Jerusalém. Aí, às vésperas da festa judaica do Pentecoste, se achavam reunidos os homens e mulheres que constituíam o pequeno bando de seguidores de Jesus desde a Galiléia, encontrando-se entre êsses a mãe e os irmãos dêle. Estranhas coisas se tinham passado, depois do Calvário até então, por isso que aquela gente vinha recebendo muitas manifestações que lhe provavam andar Jesus ainda vivo, por êste mundo, um egresso de entre os mortos. Após quarenta dias, finalmente, se apartara dêles, no cimo do Monte das Oliveiras. Fôra-lhes dito que, em devida oportunidade, êle tornaria entre os seus; mas, por enquanto, deveriam aguardar a nova fôrça que iria descer sôbre êles e os capacitaria a sair pelo mundo, proclamando a sua mensagem.

Logo de início, havia que atender a uma tarefa imediata, qual fôsse o preenchimento do claro aberto nas fileiras dos Doze Apóstolos pela defecção e morte do traidor Judas. Para isso, foram propostos dois nomes, — o de José Bar-Saba e o de Matias, tendo sido escolhido êste último. Nós, hoje, passamos os olhos por cima dêsses nomes, sem maior interêsse, tal como sempre se tem feito, há tantas gerações. Mas ainda não há muitos anos, correu a notícia, (ainda restrita a reduzido grupo e ignorada pela maioria das gentes), — de que as tumbas da família Bar-Saba haviam sido localizadas em Jerusalém. As inscrições nelas encontradas tiravam tôda possibilidade de equívoco a respeito, ao passo que a estrutura dos sepulcros, escavados no penhasco, oferecia prova indiscutível de que os Bar-Sabas eram gente rica e de alta distinção social.

Responsável pelo notável achado foi o hoje falecido Doutor Sukenik, arqueólogo israelita a quem se deve também a aquisição, por compra, dalguns dos famosos Rolos de Papiro do Mar Morto. Eis que o Século Vinte acabava de estabelecer um elo de contato com o próprio comêço do Cristianismo!

Por ocasião do Pentecoste daquele ano, a comunidade cristã de Jerusalém não contava mais de 120 pessoas, se tanto.

Essa palavra, Pentecoste, é o têrmo grego que designa um numeral: cinqüenta; e a festa hebraica respectiva se celebrava, mesmo, ao quinquagésimo dia depois da oferenda das primeiras espigas do milho, ato que se cumpria no segundo dia de Páscoa. Por tradição, essa festividade se ligava à outorga da Lei, sôbre o Monte Sinai. Já agora ia ser assinalada pela dispensação do Santo Espírito, aos crentes congregados ali.

"Sùbitamente", é o que se nos conta, "desceu do firmamento tremendo silvo, qual se houvera baixado um furioso e dilacerante fragor de ventania, que encheu tôda a casa onde êles se achavam sentados; e chamas de fogo, semelhantes a bífidas línguas ígneas, foram por êles enxergadas, as quais vieram se postar sôbre as suas cabeças".

Essa referência se ajusta perfeitamente, ponto por ponto, ao *khamsin,* o cálido vento do deserto, que sopra durante essa estação do ano.

Os seus efeitos são vìvidamente descritos no Salmo XXIX, versículos 5-8, onde se declara que "*esta voz do Senhor* despede chamas de fogo".

A citada ventania foi seguida de certa manifestação de natureza psíquica entre os presentes, aos quais instruiu Pedro que se tratava do cumprimento da profecia de Joel, — de que, nos Últimos Dias, Deus desceria o seu Espírito sôbre os seus filhos e êstes seriam inspirados e animados. O povo de Jerusalém é que ficou espantado ao ver, depois, aquêles simples galileus proclamando a grandeza de Deus em tôdas as línguas faladas por tôda parte onde se dispersavam os filhos de Israel. A conseqüência primeira dêsse prodígio foi que nada menos de três mil almas se filiaram à comunidade cristã.

Prossegue Lucas, dizendo: "Todos os crentes viviam, ali, em coletividade, partilhando tôdas as coisas em comum. Vendiam seus haveres e suas mercancias e o montante auferido êles o distribuíam entre todos os da comunidade, segundo as necessidades de cada um".

Das páginas do historiador judeu Josefo haurimos o conhecimento de já ser êsse o modo de vida seguido pelos essênios, cuja comunidade principal tinha sede nas vizinhanças do Mar Morto.

E, mais, nos informa êle que "riquezas, desprezam-nas; e a comunidade de bens, que observam, é verdadeiramente admirável... Mantém uma lei, entre êles, segundo a qual, todos os novos membros admitidos à seita fazem, por si mesmos, confisco de seus próprios haveres, em favor da ordem; resultando, daí, que em parte alguma se verá ali, seja a miséria abjeta, seja a desordenada abastança. As posses do indivíduo se juntam ao existente cabedal comum e êles todos, como verdadeiros irmãos, se beneficiam, por igual, do coletivo patrimônio".

Era tão notável a parecença do modo como se governavam os primeiros cristãos, com o adotado pelos essênios, que alguns Pais (Padres) da Igreja sustentaram, outrora, terem sido os essênios, verdadeiramente, os primeiros cristãos, os da primeira origem. Desde a casual descoberta, feita em 1947, dos Rolos do Mar Morto, ficamos sabendo muito mais, no que toca ao modo de viver dos essênios, tanto que, já agora, podemos, com mais exatidão, discernir, tanto o que havia de similaridade, como de dessemelhança, entre as duas coletividades em tela. E até agora ainda não ficou assente que tivesse havido decisivo relacionamento entre os dois agrupamentos religiosos; mas, pelo menos, logramos impressionante confirmação da fidelidade fatual do quanto foi lançado nos papiros dos denominados *Atos dos Apóstolos*.

O fato de não terem dinheiro, de seu, os Apóstolos, pelo menos nos primeiros tempos do Cristianismo, é ilustrado por um exemplo contido na história da cura do aleijado, às portas do Templo.

Iam Pedro e João ao Templo, para os ofícios da tarde, e lá depararam êsse homem, aleijado de nascença, sentado, a pedinchar, do lado de fora da Porta de Ouro. O mendigo, esperançoso de uma espórtula, estendeu aos

Apóstolos a mão súplice. Mas Pedro lhe disse, apenas: "Não tenho ouro nem prata, mas o que tenho, eu te darei. Em nome de Jesus Cristo, Nazareno, anda!" Dizendo o que, tomou pelo braço o pedinte e o soergueu. Imediatamente se robusteceram os pés e os tornozelos do mendigo, o qual se desdobrou, sùbitamente erecto, e se pôs a andar por ali, depois do que, entrou no Templo com êles, sempre a andar e saltitar e a louvar a Deus.

Todos os circunstantes ficaram espantados e, como o homem se conservava junto a Pedro e João, correram em alvorôço para êles, no pórtico que tira o seu nome do rei Salomão. Aí lhes arengou Pedro, acêrca do caso.

A narrativa escrita, constante dos *Atos*, da qual venho fazendo breves citações, exibe um conhecimento preciso do edifício do Templo, pois menciona especìficamente duas características dêste. A porta, ao pé da qual estava sentado o pedinte aleijado, vem denominada, na Versão Autorizada, "a Bela Porta". Eu, porém, traduzi "Dourada", porque o adjetivo grego, nesse ponto, refere-se antes à coloração, que era a do milho maduro. Tratava-se da porta oriental do Templo, que, tanto Josefo, quanto os rabinos, descreveram. Era construída de bronze coríntio brunido, o que a fazia "cintilar como o ouro"; e era tão pesada, que se faziam precisos vinte homens para pô-la a girar nos gonzos, ao cerrar-se.

Os pórticos, ou claustros, do Templo, rodeavam o Adro dos Gentios. O mais vistoso era aquêle do lado oriental, a que a Porta Dourada abria acesso. Chamava-se Pórtico de Salomão, ou Pórtico Real, e consistia em uma central de uns 15 metros de largura, apoiada em pilares de mais de 30 metros de altura, tendo passagens laterais de 10 metros de largura, aproximadamente, marginadas por pilares de bem mais de 15 metros de altura. Assim sendo, fàcilmente abrigaria uma vasta multidão, pois seria mais longo e mais alto, do que o é a Catedral de York, como o fêz notar o Capitão Wilson, do Real Regimento de Engenharia, um dos escavadores da Jerusalém antiga, que lá foi mandado, nessa qualidade, aos primeiros tempos da vigência do Fundo de Exploração (Arqueológica) da Palestina.

A maior parte da Jerusalém dos tempos apostólicos jaz, ainda, soterrada, muito abaixo dos alicerces das edificações hodiernas da cidade sagrada e, assim sendo, não pode ser sistemàticamente desencavada, como se faria em terrenos isentos de construções atuais. Mas, o que já tem vindo à luz meridiana, sempre que se apresentou oportunidade para isso, pode adaptar-se, com exatidão, ao quadro que a Bíblia e outras autoridades nos legaram. Os resultados de tais reconstituições e confrontos poderão, até, às vêzes nos surpreender, por têrmos longamente cultivado, na nossa mente, uma idéia preconcebida, diversa do verdadeiro modo de ser, de muitas coisas dantanho.

CAPÍTULO VIGÉSIMO PRIMEIRO

O PRIMEIRO MÁRTIR

Os primeiros adeptos de Jesus, em Jerusalém, não eram conhecidos pela designação de "cristãos"; chamavam-lhes "os nazoreanos", ou "nazarenos". Tampouco se acreditavam, êles próprios, propagadores de uma nova religião. Eram judeus, simplesmente; apenas, ao seu ver, mais rigorosos do que os demais, uma vez que havia reconhecido o seu rei Messias, quando êle surgiu em seu meio. Os seus ajuntamentos, embora, de caráter religioso, assumiam simultâneamente os aspectos de partido político.

Sòmente quando nos apercebemos dêste fato é que podemos compreender devidamente os acontecimentos relatados nos capítulos iniciais dos *Atos dos Apóstolos*. Dum ponto de vista retrospectivo, parecerá legítimo falar-se em Igreja Cristã de Jerusalém; entretanto, temos que imaginá-la em função de Comunidade Mes-

O que resta do aqueduto de Pilatos. (Reprodução fotográfica de *The Story of the Bible*, Fleetway Press).

(Em cima): Um tribunal romano. (De *The Authentic New Testament*).

(À esquerda): Escrivaninhas e bancos, reconstruídos; eram usados por uma seita judaica, os "Essênios". (Reprodução fotográfica de *The Dead Sea Scrolls*, de J. M. Allegro; *data-venia* do Museu Arqueológico da Palestina).

siânica dos Nazarenos de Jerusalém. Os seus compartes continuavam a fazer culto no Templo e nas Sinagogas, ao passo que iam realizando adicionais reuniões, em caráter particular.

O que os nazarenos punham em destaque era a circunstância de haver o Messias, cumprindo a promessa dos profetas, ressurgido de entre os mortos e ascendido aos céus, donde tornaria entre os mortais, a reivindicar e instaurar o seu reino.

Vistas as coisas pelo ângulo político, semelhante doutrina era subversiva e, portanto, perigosa. E o que mais agravava a situação era a denúncia, abertamente vozeada, de que o Conselho de Justiça, o Sinedrim e o Governador romano eram réus de conluio e conspiração para a condenação assassina do referido Messias. O grito de "Haveis abatido de morte o Ungido do Senhor", era de tal natureza, que poderia prontamente encontrar eco entre as irritadas massas judias, avolumando-as com inúmeras adesões de descontentes assanhados.

Os *Atos* consignam o rápido desenvolvimento da Comunidade. De uma feita, acorreram-lhe três mil novos prosélitos; doutra vez, cinco mil; e, daí por diante, multidões enormes de homens e mulheres e até um grande contingente dos próprios sacerdotes da Lei. E assim foi que, em pouco tempo, uma parte não pequena da população normal de Jerusalém já se havia tornado adepta de Jesus.

Certa fonte informativa, contemporânea dos primórdios do cristianismo, afirma que os nazarenos, na verdade, até ultrapassavam em número os seus adversários, já ao fim dos seis primeiros anos do seu advento à arena social; e, vinte anos mais tarde, já podiam os seus anciãos comunicar isto ao apóstolo Paulo: "Vêde, ó irmão, quantas dezenas de milhares de judeus se hão tornado crentes, cada um dêles um zeloso cultor da Lei".

Não era sem razão que as autoridades receavam os prováveis efeitos da propaganda nazarena, tanto que nutriam as mais intranqüilas apreensões, diante do espetáculo de avultante poderio do movimento e de seu crescente domínio sôbre o povo. Por ocasião daquela cura operada sôbre o aleijado mendicante, após a qual, Pedro e João haviam arengado às gentes no adro do Templo, o capitão da guarda do sagrado procurara evitar perturbação da ordem, mediante o recurso de os pôr sob custódia policial, ao findarem os ofícios divinos do crepúsculo, momento êsse mais propício e menos arriscado. Os perigos pendentes bem que justificavam o convênio de uma sessão especial do Conselho, para interrogatório aos dois Apóstolos detidos. Por essa vez, contentaram-se as autoridades com ensaiar intimidá-los, empregando algumas ameaças e dando-lhes ordem peremptória de não tornarem a falar em Jesus, o que foi prontamente desdenhado, logo em seguida, pelos dois nazarenos.

Porque, êstes, logo foram novamente encontrados no Templo, a lançar, de entre as colunatas, a sua palavra perturbadora, tão desassombradamente como o tinham feito antes. Desta vez, foram levados, presos, para os calabouços subterrâneos. Uma sessão plenária do Sinedrim foi convocada para a manhã seguinte; e qual não foi a consternação, entre a hierarquia, quando os serventuários do Templo vieram participar à ilustre assembléia que os prisioneiros haviam fugido. Mas alguém reparou que os recalcitrantes fujões lá estavam, outra vez, em pleno Templo, a discursar ao povo, como se nada tivesse havido. Juntando sua gente, saiu o capitão da guarda a prendê-los mais uma vez, e o caso é que "os trouxeram sem fazer uso de fôrça: porque temiam o povo, pois se arriscavam a que êste os lapidasse", em defesa dos seus oradores.

Se a guarda tinha tanto receio de ser apedrejada por prender os Apóstolos, podemos avaliar bem em que estado de espírito se achava o populacho judeu e quão decididamente se pusera ao lado dos nazarenos. Os Apóstolos ainda desta vez foram salvos, agora graças à intervenção do porta-voz principal dos fariseus, o famoso Raban Gamaliel; e foram soltos com mais uma admoestação, além de uma sova para escarmento.

A realidade histórica, por detrás disso tudo, é que o surto montante do cristianismo coincidiu com uma crescente revolta popular contra a opressão dos sumos-sacerdotes, simultânea e aliada à dominação dos romanos. A situação piorava, incontìvelmente; organizavam-se, aqui e ali, movimentos de resistência, até que, por fim, estalou a guerra aberta.

Podemos hoje ler tôda a história dêsses fatos nas páginas de Josefo. Mas o conflito entre o povo e os arrogantes sumos-sacerdotes, consoante se reflete nos *Atos,* recebe confirmação também do *Talmud,* o qual resguardou, para nosso conhecimento atual, os gritos de guerra dos sublevados cidadãos de Jerusalém:

Abaixo os Betusianos!
Abaixo os seus chuços assassinos!
Abaixo os Ananitas!
Abaixo os seus sibilos de serpentes!
Abaixo os Canteritas!
Abaixo as suas calúnias!
Abaixo a oligarquia de Ismael-ben-Feabi e sua família!
Os quais são sumos-sacerdotes, todos êles;
Seus filhos são tesoureiros do Templo;
Seus genros são capitães da guarda do Templo;
E seus fâmulos bastonam o povo com varapaus.

Os que se acham nesse pelourinho verbal, acima, são as poderosas famílias pertencentes à camarilha do sumo-sacerdócio. Êsses Ananitas, aí zurzidos, eram a família de Anás; sogro de Caifás, ou Caiafás, o tal que presidira o tribunal responsável pela condenação de Jesus.

Do ponto de vista das autoridades, a entusiástica proclamação popular, dando de Jesus como o Messias esperado, estava deitando azeite na fogueira e fomentando lutas civis. Era preciso fazer alguma coisa, a bem de sustar-se o avanço daquela sinistra avalancha; até que aos seus interêsses deve ter parecido providencial o fato de lhes haver caído nas garras, em tal conjuntura, um dos nazarenos.

O indivíduo em questão era um judeu alienígena, isto é, da raça, porém não de nascimento na pátria-mãe, Judéia, — o qual, portanto, teria menor probabilidade de ter por si extremadas simpatias populares. Estêvão era o seu nome e a sua condição social era a de um dos sete administradores, ou, usando-se a palavra grega correspondente, *diáconos,* eleitos pela Comunidade Nazarena para zelar pela distribuição cotidiana de suprimentos.

Estêvão andara entretendo uma discussão, com outros judeus de fala helênica, nas sinagogas que freqüentavam. Havia muitas sinagogas em Jerusalém, algumas das quais, oferecendo a sua solicitude a muitos judeus provindos de diferentes partes do Império Romano, para que êsses pudessem sentir-se em sua própria casa, ao lado dos seus compatriotas metropolitanos. Os *Atos* mencionam duas dessas: a sinagoga dos judeus-egípcios (os provenientes da Líbia, de Cirene e de Alexandria), e a dos que chegavam das terras da Cilícia e da Ásia, que hoje conhecemos sob o nome de Turquia.

Ficamos inteirados de que "êles não logravam resistir ao valor axiomático e à fôrça de convicção dos arrazoados que expendia Estêvão". Pelo que, aliciaram e instigaram alguns homens a declarar, aleivosamente: "Nós o ouvimos usar de linguagem insultuosa contra Moisés e até contra Deus", com o que conseguiram agitar, numa unânime indignação, todo o mundo, ao mesmo tempo, — povo, anciãos e escribas. Então, caindo sôbre o indiciado, empolgaram-no e o arrastaram até os pés do Sinedrim reunido e formularam seus depoimentos caluniosos, assim vazados: "Êste homem não cessa de atacar, em suas alocuções, êste Santo Lugar e a Lei; pois certo é que, de sua bôca, ouvimos nós que Jesus, o Nazareno, destruirá êste Edifício e alterará as usanças que nos hão sido legadas por Moisés".

Estêvão se defendeu com eloqüencia, fazendo um breve repasse dos tratados havidos entre Deus e o Seu povo eleito. Falou dos prodígios que Deus obrara "no Egito e no Mar Vermelho e nas êrmas paragens do deserto, naqueles quarenta anos memoráveis".

Idênticas são as palavras, que aparecem num livro profético intitulado *O Testamento de Moisés,* o qual fôra escrito poucos anos, apenas, antes do julgamento.

Em sua peroração, veio Estêvão a zurzir o Sinedrim. tachando os seus membros de traidores e assassinos do Justo, cuja vinda haviam predito os Profetas. Esta última tirada selou-lhe o destino.

A locução "o Retilíneo", ou a outra, "o Justo", são ambas estreitamente correlatas da designação de "Mestre da Retidão", título êste, atribuído ao herói dos Rolos de Papiro do Mar Morto, cuja vida e paixão eram tidos como tópicos de profecia, da mesma forma como sucedia com Jesus. Inesperadamente, vinha a descobrir-se a gleba nativa em que tomou raízes o Cristianismo e aí vicejou.

Arrastaram Estêvão para fora dos muros da cidade e o lapidaram, até que morresse.

As testemunhas que haviam deposto contra êle e que, por dispositivo legal, eram obrigadas a atirar-lhe as primeiras pedras, depuseram seus mantos aos pés de um jovem por nome Saulo. Era êsse um ciliceu e fôra, precisamente, a sinagoga dos de Cilícia que movera a ação judiciária fatal a Estêvão. Informa-nos a Bíblia que a execução dêste recebera a inteira aprovação dêsse mencionado Saulo.

Mas, perguntar-se-á, por que não foi solicitado ao governador romano confirmar a sentença condenatória, tal como fôra feito no caso de Jesus?

É muito provável que, por ocasião da tragédia de Estêvão, já estivesse Pilatos em viagem para Roma, obedecendo às ordens nesse sentido, que lhe ditara o seu superior imediato, Vitélio, o legado imperial na Síria, e o mandavam responder, perante César, a respeito das acusações que pesavam contra êle, dos judeus e samaritanos. Dos judeus, tomara êle os fundos do erário sagrado, para construir um aqueduto; e, quanto aos samaritanos, havia o caso das coortes enviadas contra êles, pelo fato de acompanharem um impostor messiânico que havia prometido mostrar-lhes, no Monte Gerizim, as alfaias sagradas do Tabernáculo, que estavam nos Êrmos do Deserto, devidamente ocultas, segundo era crença geral. Enquanto não se deu a nomeação do sucessor de Pilatos, estêve temporàriamente regendo o govêrno da Judéia o sumo-sacerdote Caiafás, que podia, pois, agir a seu talante. Havendo Tibério falecido no mês de março do ano de 37 D.C., antes de haver Pilatos alcançado Roma, o martírio de Estêvão há-de ter-se verificado, por conseguinte, nos começos do referido ano.

"Naquele mesmo dia", dizem os *Atos*, "desencadeou-se uma violenta perseguição sôbre a comunidade hierosolimita, a qual, com exceção dos Apóstolos, se viu inteiramente dispersa por sôbre os territórios da Judéia e de Samaria".

Um conjunto, concomitante, de circunstâncias imprevistas e involuntárias, fizera o jôgo dos sumos-sacerdotes, que não perderam tempo em aproveitá-las, numa tentativa de aplicar um golpe mortal no movimento nazareno. Mas, a única coisa que conseguiram foi, paradoxalmente, fazer com que, espalhando-se a comunidade visada, se espalhasse também, e mais vastamente, a doutrina que aborreciam.

CAPÍTULO VIGÉSIMO SEGUNDO

SAMARIA RECEBE A PALAVRA

Quando de sua estada sôbre a Terra, disse Jesus aos seus discípulos que êles haviam de ser as suas testemunhas em Jerusalém e por todo o âmbito da Judéia e de Samaria e até os extremos confins do Orbe.

Jerusalém e a Judéia foram as primeiras a ouvir a Boa-Nova; tocava, agora, a vez de Samaria. Judéia e Samaria são, com razão, associadas na instância, porque eram limítrofes, dentro das lindes da província romana da Síria. Samaria fica imediatamente para o norte, entre a Judéia e a Galiléia e, do mesmo modo que a Judéia, estava sujeita à jurisdição do governador romano, que, durante dez anos já transcorridos, fôra Pôncio Pilatos.

Samaria, a cidade principal da região, vira o seu nome mudado em Sebasta, têrmo grego correspondente ao latino *augustus*, com o que se queria homenagear o imperador Augusto.

Em remotos tempos atrás, Samaria fôra a capital do reino setentrional de Israel, até ser tomada pelos assírios, no ano 721 A.C. Êsse acontecimento histórico, que a Bíblia menciona, foi confirmado por uma inscrição do rei assírio Sargão, na qual se lê que foram arrebatados dali 27.290 israelitas, sob cativeiro, sendo substituídos, na sua gleba e seus lares, por levas de colonos, trazidos de outras terras, para se instalarem ali.

Os samaritanos do tempo do Novo Testamento eram, portanto, descendentes mestiços de sangue israelita e estrangeiro. Sua religião era, sem dúvida, estreitamente aparentada com a dos israelitas judeus; mas o seu *Sanctum Sanctorum* era pôsto no Monte Gerizim, além do que, êles não aceitavam, como Sagradas Escrituras, livros nenhuns da Bíblia, que não fôssem os Cinco Livros de Moisés e o Livro de Josué.

Anteriormente à vinda de Jesus, os samaritanos, à semelhança dos judeus, tinham entretido uma esperança messiânica, que se focalizava em alguém que havia de vir e a quem davam o nome de *Taheb* (o Restaurador). Ùltimamente, andara entre êles um falso Taheb, que afogueadamente acompanharam; do que resultou que, receando uma revolta iminente, Pilatos lhes atirou em cima a sua cavalaria.

Êste contratempo, todavia, de maneira nenhuma esfriou o fervor messiânico dos samaritanos, os quais prestaram ouvidos ávidos a Filipe, quando êste lhes apareceu em meio, proclamando chegado o dia do Reino de Deus e, juntamente, Jesus, como o sonhado Messias.

Êsse anunciador, chamado Filipe, não era, todavia, o Filipe Apóstolo, um dos Doze, o qual havia permanecido em Jerusalém, durante a comoção política que se seguira à morte de Estêvão. Era um outro dos que haviam sido eleitos administradores internos, ou diáconos, que falavam a língua grega, e que passou à história religiosa com o nome de Filipe Evangelista. Mas adiante, lemos que êle se foi estabelecer em Cesaréia e tinha, aliás, quatro filhas, tôdas dotadas de poder de profetizar.

Havia forte corrente de hostilidade entre judeus e samaritanos, decorrente, em primeiro lugar, da disputa sôbre qual das duas nações era o autêntico centro do culto a Jeová; não obstante êsse ponto de atrito, pertenciam ambas à mesma fé. Os judeus apodavam os samaritanos de "Cutitas" e Prosélitos de Leões, em alusão à história contida em "Reis, 2" XVII, 24-26. Os samaritanos devolviam o golpe acusando os judeus de apostasia, pois haviam modificado a Lei de Moisés. O nome da cidade de Samaria em hebreu é *Shomron;* e os samaritanos se diziam *shamerinos,* o que quer dizer: "aquêles que observam fielmente a Palavra de Deus".

Coisa bastante curiosa é que a palavra *nazarenos,* em sua forma hebraica *notsrim,* também significa "Os Que Guardam", ou "Que Observam". Os primeiros cristãos se consideravam a Verdadeira Israel, isto é, "aquêles que *guardam os mandamentos de Deus* e dão testemunho de Jesus" (Rev. XII, 17).

Êste marginal jôgo de palavras sôbre cidades e doutrinas, de que se serviam tanto samaritanos como nazarenos, proporciona um esclarecimento paralelo acêrca da situação e pode até ter exercido uma influência, qualquer, na acolhida que os samaritanos deram ao Evangelho.

Antes de haver Filipe chegado a Samaria, já ali estivera uma certa outra pessoa. Aqui vai a tradução do que, a respeito, vem dito nos *Atos*:

"Ora, um homem chamado Simão estivera naquela cidade, anteriormente, praticando encantamentos de mágica e virando as cabeças das gentes de Samaria, querendo se fazer passar por alguém de muita importância... De tal modo êsse seduzira os filhos de Samaria, com as suas artes mágicas, que êles se lhe apegaram, por um período bem considerável. Mas, quando creram nos ensinamentos de Filipe... submeteram-se à imersão (batismal), tanto os homens, quanto as mulheres. Até o próprio Simão creu e, desde seu banho lustral, em diante, passou a seguir os passos de Filipe, como um cão, observando, com extremo espanto, os sinais e, ao mesmo tempo, os notáveis milagres, que se verificaram".

A notícia chegou até Jerusalém e Pedro e João foram mandados a Sebasta. Ao chegarem ali, impuseram as mãos sôbre os convertidos, os quais oraram, suplicando a graça de lhes ser permitido receber o Espírito Santo.

Prossegue a narrativa: "Quando viu Simão que o Espírito era outorgado, mediante a imposição das mãos, pelos apóstolos, ofereceu-lhes dinheiro, dizendo ao mesmo tempo: 'Dai-me êsse poder, a mim também, para que receba o Santo Espírito todo aquêle, quem quer que seja, sôbre o qual eu impuser as minhas mãos'. 'Perdido na danação eterna sejas tu e o seja também a tua prata!' retrucou-lhe Pedro, 'por imaginares que o dom divino pode ser conseguido a trôco de moeda. Nesta obra nada tens que ver e nada tens de comum com ela, porquanto o teu coração não está isento de impureza, aos olhos de Deus'."

Esta história acêrca de Simão, o Mago, — ou O Mágico Simão, — contribuiu com um novo têrmo para a língua inglêsa. *Simony* é o pecado que consiste em se extraírem lucros materiais das coisas espirituais e, nas leis canônicas, representa a ofensa de se aceitar dinheiro, ou outra compensação prática, como fator a considerar, na concessão ou prestação de qualquer benefício ou serviço eclesiástico. (*)

Nos *Atos dos Apóstolos* nada mais é relatado acêrca dêsse mago Simão; mas na literatura cristã dos primei-

---

(*) Em português "simonia", com a mesma definição do verbete na língua inglêsa, dado que a origem é comum para ambos os idiomas. — (N. do T.).

ros tempos consta um mar de informes a respeito de Simão o Mago. Êle acabou se tornando uma gigantesca figura de lenda e o oponente especial e exclusivo do apóstolo Pedro.

A mais antiga referência sôbre êle, fora das páginas da Bíblia, data do segundo século, e no-la transmite Justino Mártir, cristão samaritano, na sua *Primeira Apologia.* Informa-nos êsse autor que Simão Mago nasceu na aldeia samaritana de Gita e, no decorrer das suas atividades como mágico, chegou até Roma, quando aí imperava Cláudio (A. D. 41-54). Fêz-se acompanhar, em suas peregrinações e aventuras, por uma antiga prostituta por nome Helena; e foi venerado pelos romanos, como um deus.

Diz-nos, mais, Justino que os romanos até erigiram uma estátua a êsse mágico, em cujo pedestal cinzelaram a inscrição: "Simoni Deo Sancto" (A Simão, o Deus Santo). Isso, no entanto, tem-se como um equívoco de Justino, pois em 1574 ocorreu desenterrar-se, exatamente no local mencionado por Justino, um fragmento de estátua de mármore, trazendo a inscrição "Semoni Sanco Deo" (Ao Deus Semo Sancus). Êsse deus pagão, Semo Sanco, era um dos da mitologia cultuada pelos sabinos.

Ainda outros registos cristãos primitivos há, que nos contam haver sido Simão, primeiramente, discípulo de João Batista; e, mais, que adquirira as suas faculdades mágicas no Egito. A si próprio êle se dava o nome de *Stadios* ("O Que Se Tem em Pé"). Os escritos dos rabinos o mencionam sob o nome de Ben-Stada, tomado à palavra grega *stadios,* e são concordes em tôrno do fato de haver, aquela personagem, aprendido mágica no Egito.

O longamente arrastado conflito entre Simão Mago e Pedro Apóstolo foi ligado, por volta do quarto século, com a Vida de Clemente de Roma; do que resultou a primeira novela romântica do cristianismo. O que há de mais interessante, nisso, é que o enrêdo dêsse trabalho literário se assemelha cerradamente à fabulação engendrada por Shakespeare na sua peça teatral *"A Tempestade"*.

A imposição de mãos, como meio de comunicar o influxo da graça divina, havia-se tornado, entre os judeus, uma instituição consagrada, no que tangia à ordenação de anciãos e também como uma espécie de ritual de formatura, para estudantes, desempenhado pelos seus mestres de teologia.

Êsse gesto, cuja origem remonta a Moisés e Josué, era olhado como tendo o dom de transferir ao seu recipiendário certa dose dos podêres e faculdades do ordenador que lho aplicava.

No caso dos samaritanos, os apóstolos estavam suplicando à divindade fôsse servida permitir que um pouco do seu próprio cabedal de graças do Espírito Santo fôsse partilhado pelos neoconversos, mediante a imposição das suas mãos sôbre as cabeças dêsses neófitos. Era, portanto, uma excepcional mostra de honraria e beneplácito; bem como significava o encerramento, em Cristo, do velho conflito entre samaritano e judeu.

O desaparecimento da velhíssima pendenga tem mais uma ilustração nos Evangelhos, na passagem onde se vêem empreendidos esforços, minuciosos e extremos, para mostrar os samaritanos sob uma luz simpática e para fixar, definitivamente, as relações de Jesus com êles.

CAPÍTULO VIGÉSIMO TERCEIRO

FILIPE E O ETÍOPE

Quando caiu sôbre a Igreja nascente o corisco da perseguição, em Jerusalém, muitos dos seus prosélitos fugiram para o norte, para os lados da Judéia e Samaria, indo espalhar o Evangelho por essas bandas, com o que realizaram o mandamento deixado por Jesus. O autor dos *Atos dos Apóstolos* regista meticulosamente os acontecimentos, que descreve na mesma ordem daquelas palavras — "Jerusalém, Judéia, Samaria e a imensa maioria dos lugares da Terra" (I, 8).

Filipe evangelizara Samaria, a apenas dez léguas de Jerusalém. Mas, daí à "imensa maioria dos lugares da Terra", o pulo é de enorme fôlego. Como se conseguiu dá-lo?

Antes de mais nada, — onde ficavam êsses lugares da Terra, da tal "imensa maioria"? Para os localizarmos, valemo-nos de uma expressão usada por Jesus e transcrita, tanto por Mateus, como por Lucas. É que havia dito Jesus: "A rainha do sul se erguerá, no julgamento, com esta geração e a condenará: porquanto ela veio da imensa maioria das partes da Terra, para ouvir a sabedoria de Salomão: e, atentai, eis que aqui se encontra, entre vós, um que é maior que Salomão".

Estas palavras esclarecem que a região que buscamos se achava ao sul e se identificava com o reino da Soberana de Sabá.

Atendo-nos a essa indicação, vamos encontrar, entre os abissínios, velha e firme crença de que os reis etíopes descendem dum filho havido por Salomão à rainha de Sabá. Essa a razão pela qual o atual *negus*, Hailé Selassié, se intitula Leão de Judá.

Os geógrafos daquelas eras do Novo Testamento chamavam de Etiópia a região meridional do Sudão e daí para baixo, terras que classificavam de "limites do mundo conhecido". Êste modo de ver prevaleceu, a partir de Herôdoto (450 A.C.), até Cláudio Ptolomeu (150 D.C.).

Fica, assim, estabelecido que, quando nos falam os Evangelhos e os *Atos* na "imensa maioria dos lugares da Terra", estão se referindo àquelas terras da África, que, na época, se denominavam, de um modo geral, Etiópia. Em tal conformidade, impunha-se o estender à Etiópia a proclamação da Boa Nova, imediatamente após a sua difusão em Samaria de Palestina. Isso foi realizado, mediante a conversão dum alto dignitário etíope.

Filipe, o evangelista, que fôra o agente da divulgação da Palavra em Samaria, recebeu uma intimação do Alto: "Levanta-te daí e dirige-te para o sul, seguindo a estrada que vai de Jerusalém a Gaza". Uma nota esclarecedora explica que se tratava de estrada deserta de tráfego.

Até em coisa tão insignificante, como seja o simples traçado seguido por uma estrada, — é exata, a Bíblia. Hoje, podemos seguir êsse traçado, a partir de Jerusalém, até Eleuterópolis (Beit-Jibrin), donde o caminho se lança à travessia do deserto, na direção de Gaza, entroncando-se à Grande Estrada Meridional que liga o Egito à cidade de Tiro.

Prossegue a narrativa, nos *Atos*: "Então Filipe se ergueu e se fêz de viagem e foi assim que veio a dar com um eunuco etíope, ocupante de elevado cargo, às ordens de Candace, rainha dos etíopes. Porque era, na verdade, o seu Grande-Tesoureiro e estivera em Jerusalém, numa peregrinação devota, agora regressando de lá, refestelado em sua viatura, a ler o profeta Isaías. "Vai, corre ao encontro daquela viatura", instigou o Espírito a Filipe. Obedecendo-lhe, êste, ao chegar perto do viajante, ouviu-o que lia o Profeta Isaías; pelo que, o interpelou: 'Entendes o que agora lês?'

" 'Como poderei eu fazê-lo, a menos que alguém mo explique?' — respondeu o interpelado. E, assim dizendo, logo convidou Filipe a subir à sua carruagem e sentar-se ao seu lado.

Cá estamos nós, de novo, em condições de constatar a exatidão do que se expõe no Livro. Apuramos que, naqueles tempos, à beira do Nilo e ao norte da região da Etiópia, conhecida sob o nome de Núbia, havia um pequeno reino, cuja capital era Merowè. Governava êsse Estado uma dinastia matriárquica de rainhas, designadas pelo nome de Candace, tal como se chamavam de Ptolomeus os faraós da sucessão real dêsse nome, que reinou no Egito.

Quando os romanos empolgaram o govêrno dêste último país, uma das primeiras Candace firmou um tratado com Cornélio Gaulês, o primeiro Prefeito quírite, no ano 29 A.C. Mas, ao tempo da governação do Prefeito que se seguiu a êsse, de nome Aélio Gaulês (Aelius Gallus), aquela mesma Candace denunciou o tratado estabelecido e invadiu o Egito, matando tôda guarnição romana de cada uma das duas cidades de Philae e Syene.

Os romanos pagaram-lhe na mesma moeda, vindo a capitular o reino matriarcal de Merowè, sem ser, no entanto, extinto. Encontraram-se inscrições, na sua capital, Merowè, as quais se podem apreciar agora no Museu Britânico; e por elas, bem como pela presença de pirâmides na Núbia, se nos faz patente que a sua Real Côrte adotou a religião egípcia e até mesmo tudo o mais que caracterizava a cultura ao norte do seu territòriozinho. Êsse fato é importante para nós, porque, nessa época, fazia tempo, já, que o Egito se colocara sob a influência helênica; de modo que, Candace e os principais magnatas do séquito dela, haveriam de ter conhecimento e hábito do idioma grego.

Quando Filipe se encontrou com o Tesoureiro-Mor de Candace, estava êste empenhado na leitura de um manuscrito do Profeta Isaías, redigido em grego. Êste pormenor se destaca na citação colhida do famoso capítulo quinquagésimo-terceiro, lançado da maneira como vem na versão grega do Velho Testamento, vulgarmente conhecida como Septuaginta.

O próprio Filipe era helenista, era um judeu que falava o grego; e, portanto, não teria tido dificuldade em saber do que se tratava, ao ouvir a leitura declamada do etíope, assim como para discretear com êste.

Não se sabe, ao certo, quando foi feita a primeira tradução grega do Velho Testamento. A tradição situa o acontecimento na primeira metade do terceiro século D.C., pelo menos que tange ao Pentateuco, — os Cinco Livros de Moisés.

O trabalho, ao que consta, ter-se-ia executado a reclamos do rei Ptolomeu Filadelfo, do Egito, aquêle que construiu o Farol de Alexandria, o fanal marítimo que foi uma das sete maravilhas do mundo antigo. Êsse soberano contribuiu bastante para o enriquecimento da grande biblioteca de Alexandria.

MOEDA DE TARSO

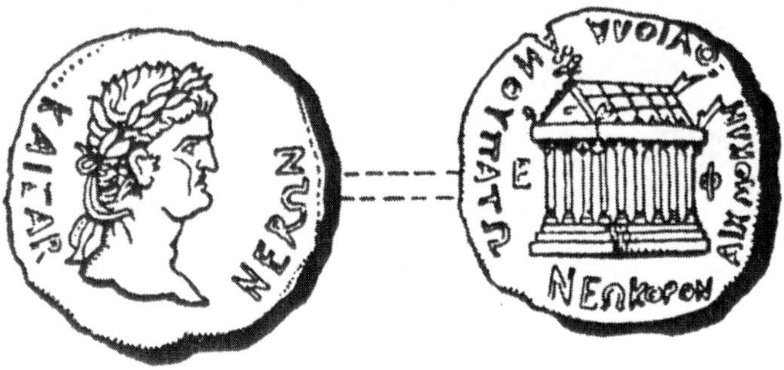

MOEDA DE ÉFESO

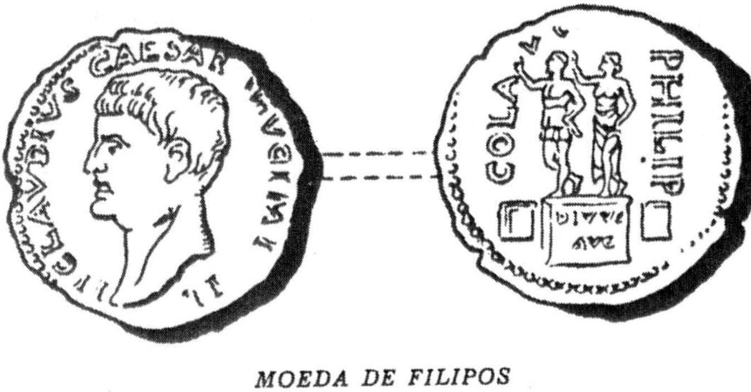

MOEDA DE FILIPOS

Moedas das cidades de Tarso, Éfeso e Filipos. (De: *The Authentic New Testament*).

(À esquerda): A fonte de Pirênio, em Corinto, que o Apóstolo Paulo sem dúvida terá visitado. (De: *The Story of the Bible*, Fleetway Press).

(Abaixo): Fragmentos dos Rolos de Papiro do Mar Morto, estendidos sôbre pranchas na "Sala dos Rolos", do Museu Arqueológico da Palestina. Entre êles, estão os Comentários Proféticos sôbre Livros do Velho Testamento. (Reprodução fotográfica de *The Dead Sea Scrolls*, de J. M. Allegro, Penguin Books, por gentileza do referido Museu).

Essa história é exarada num documento escrito um século, ou mais, antes de Cristo, e que hoje conhecemos pela designação de *A Carta de Aristeas*. Vem aí narrado que se mandou ao Sumo-Sacerdote Eliazar uma delegação, e que êle, em conseqüencia, despachou setenta e dois sábios de Israel, sendo seis de cada tribo. Bem acolhidos no Egito, puseram-se êles a trabalhar, havendo completado a tradução em setenta e dois dias.

Não se deve tomar muito ao pé da letra o apontado número de tradutores empenhados naquela tarefa; que fôssem setenta e dois, ou mesmo só setenta. O intuito latente era o de prestigiar-se o caráter de autoridade comportado pela versão em causa, bem como o aprêço em que era tida. A igreja dos primeiros tempos fêz largo uso dêsse documento, porque a maioria dos seus fiéis de fora da Palestina, judeus e gentios, sabia grego.

Propaganda mui largamente difundida foi a que os judeus do Egito encetaram, no afã de convencerem os seus vizinhos pagãos de que havia sòmente Um Deus, que fizera o céu e a terra, e que fôra por Êle marcado um Dia de Juízo Final, para todos os homens.

Não sòmente se utilizaram da Bíblia grega; como, a fim de garantirem à sua mensagem efetiva leitura, chegaram mesmo a lançar mão duma praxe usual naquela época, que era tirar cópias dos autores gregos, acrescentando-lhes trechos de *motu proprio*, em que veiculavam a sua fé pessoal. Foi o que se fêz no caso de Ésquilo, Hesíodo, Homero, Sófocles e muitos outros. Os primeiros cristãos, igualmente, inseriam passagens versando o Cristo, em obras judaicas.

Disso tudo, resultou expandir-se consideràvelmente o conhecimento do judaísmo, não sendo, de modo nenhum, coisa surpreendente, tenha êle chegado até paragens tão remotas, quanto o era a Etiópia.

Pode até ter acontecido isso, sob outra forma; porque, até o presente, existem na Abissínia uns chamados Falashas, que praticam uma variedade da religião judaica e cuja exata origem é desconhecida. Dão-se, êles próprios, a designação de "Casa de Israel" e pretendem descender de uns certos indivíduos, que partiram de Jerusalém incorporados ao séquito de Menelique, o filho de Salomão com a rainha de Sabá.

Fôsse qual fôsse a maneira como absorvera a sua fé, o certo é que o Tesoureiro-Mor da rainha Candace, de Merowè, havia ido a Jerusalém como adorador do Deus de Israel. Uma vez, porém, esclarecido por Filipe sôbre as decorrências da profecia de Isaías, com respeito ao Servo Sofredor, identificado como Cristo-Jesus, pediu-lhe que o batizasse sem detença. Filipe concordou e o etíope, após hipotecar-lhe a segurança da sua adesão, prosseguiu em sua jornada, cheio de júbilo.

Por êsse modo, foi a palavra de Jesus cumprida e, de Samaria, foi levada a Mensagem "à imensa maioria dos lugares da Terra", até o seio das negras gentes de África.

Tendo encerrado sua missão, regressou Filipe para o norte, retomando o curso da grande via de Gaza a Azotus, isto é, a antiga cidade de Ashdod, dos filisteus. "Ao atravessar cada um dos povoados", dizem os *Atos*, "ia proclamando aí a Grande Nova, até que, por fim, alcançou Cesaréia".

CAPÍTULO VIGÉSIMO QUARTO

CIDADÃO DE UMA URBE NADA MESQUINHA

A primeira perseguição sofrida pela Igreja veio pôr em cena um jovem que, depois de Jesus de Nazaré, é a mais eminente personalidade do Novo Testamento. Saulo era o nome dêsse mancebo, que mais tarde seria conhecido como Paulo, o Apóstolo dos gentios. De si mesmo dizia êle ser "um judeu de Tarso, na Cilícia; cidadão, pois, de uma urbe nada mesquinha (isto é, nada obscura)".

A êste homem podemos nós vir a conhecer tão bem, não só pelo fato de tratar, a maior parte dos *Atos dos Apóstolos,* das suas atividades, mas, também, porque dispomos de uma porção de cartas suas, que encerram numerosas passagens autobiográficas.

Juntando tudo o que podemos respigar da Bíblia, com o contingente de informes provindos doutras fontes, achamo-nos capacitados a recompor um satisfatório relato crônico da meninice e do ambiente doméstico de Saulo.

Tarso fica na costa meridional do que hoje é a Turquia, tendo diante dos olhos o rumo da ilha de Chipre. Ainda hoje é chamada Tersoos. A chegada à cidade, pelo lado do litoral mediterrâneo, não era lá grande coisa de admirar-se, a menos que se erguessem os olhos do navegante acima do nível da úmida planície cilicéia, acima dos montes lá atrás, na direção dos majestosos contornos das montanhas do Taurus, quase indistintas, a distância, no seu esbater-se contra o azulíneo firmamento. No primeiro plano imediato, a única coisa que se oferecia ao mareante, ocupado em vencer um difícil caminho, para o seu barco, dentro do estuário de Cidno, eram os desolados baixios alinhados sob as águas da barra.

Não passando, entretanto, de um modesto canal, precário abrigo para eventuais aguadas, o rio se abria para o exterior, em ampla e plácida laguna, congesta de naves, que lhe davam vida, para o lado da sua praia interior, a se comprimirem quase em cima dos abarrotados cais e trapiches de atracação da zona portuária. Por muito bonita que parecesse, a muitos dos seus quinhentos mil habitantes, — já meio milhão! — jazia acachapada e tôda espalhada, de todo desengraçada, tendo apenas, a comprovar a importância de sua categoria e das suas realizações, a arquitetura mais cuidada dos seus edifícios nacionais, culturais e religiosos.

Refere Filóstrato a opinião do sábio Apolônio de Tiana, que saboreou os encantos da vida em Tarso, nesse período:

"Êle achou o ambiente citadino áspero e estranho, bem como pouco conducente à vida de pensamento filosófico; porque, em nenhuma outra parte, quanto esta, vivem os homens entregues aos gozos. São, todos êles, uns insolentes trocistas; sua cidade é atravessada por um curso dágua chamado Cidno e, ao longo das margens dêsse rio, vivem êles sentados, a matracar, de jeito que até parecem mais um bando de aves aquáticas".

Para os tarsianos, no entanto, a cidade não era nada desprezível; tanto que, em muitas das suas moedas, cunhavam esta vanglória: "Tarso, a Primeira, a Mais Bela e a Melhor das Metrópoles".

A cidade se vira, outrora, envolvida, mui cerradamente, nas lutas que deram nascimento ao Império Romano. Cícero lá estivera, durante o seu período administrativo como procônsul e Júlio César fizera uma ligeira visita aí, no ano 47 A.C. Quatro anos depois, Cássio forçava os tarsianos a uma adesão nominal à sua perdida causa. No ano seguinte, aí aparecia Marco Antônio, que recompensou os habitantes de Tarso, fazendo, desta, uma cidade livre e autônoma.

Foi lá que se realizou o memorável encontro entre Antônio e Cleópatra, quando esta "Real Egípcia" singrou, rio acima, as águas do Cidno, que lhe balouçavam suavemente a luxuosa galera; e, subseqüentemente, veio Augusto a confirmar os privilégios e franquias outorgados à cidade, depois da fatal batalha naval de Ácio.

Um tarsiano, Atenódoro, filho de Sandon, filósofo estóico, que fôra o mestre de Augusto, deu à cidade uma nova lei básica, que começou a entrar em vigor bem pouco antes do nascimento daquele jovem, retro-mencionado, Saulo. Sob a vigência dêsse regime político, eram reservados assentos, no Conselho de Estado, para os homens agraciados com a honra de cidadania romana; como ocorria com o pai dêsse Saulo.

Tarso contava com uma população judaica considerável, a qual viera instalar-se aí, principalmente durante o segundo século A.C. Os judeus eram tidos pelos romanos em conta de elementos de estabilidade, pelo que, se viam por êles amparados, na conformidade dêsse conceito. Gozavam da permissão de observarem as suas próprias leis, usos e costumes; de guardar o sábado, como dia santificado e de enviar oblatas, em dinheiro, ao Templo de Jerusalém. Eram, além disso, isentos de serviço militar.

A família de Saulo há-de ter vivido em Tarso já havia então, bastante tempo, para que êle pudesse ter herdado a cidadania romana. Ao se verificar êste importante evento, o novo cidadão romano assumia o cognome da tribo, ou *gens,* que o patrocinava; êle há-de ter nascido, pois, como Paulus, ou Paullus. Quando partiu, daí de Tarso, para Jerusalém, abandonou o seu nome romano, só o retomando mais tarde, quando começou as suas peregrinações proselitísticas, como apóstolo, e em seguida ao encontro que teve com o procônsul de Chipre, L. Sérgio Paulo.

Do lado judeu da sua personalidade, era o pai de Saulo estritamente um ortodoxo fariseu; e do lado romano, um distinto cidadão, em situação de razoável abastança. A julgar-se pela proficiência do filho, na tecelagem de lona de barraca, habilidade que lhe viria servir, tempos depois, de meio de vida e ganha-pão em suas andaças missionárias, é bem provável que a família vivesse do negócio de *cilicium,* a apreciada estamenha, ciliciana, tecida com pêlo de cabras. Dêsse material, faziam-se as mais variadas coisas, como fôssem: barracas militares, cortinados, cobertores, roupa de cima, cintos e mantas de montaria.

Vamos encontrar, tempos andados, uma filha da família, já casada e vivendo em Jerusalém, onde até Saulo houve ocasião, certa vez, de ter a vida salva pelo sobrinho. Uma tradição, registrada por Jerônimo, insinua que a família viera, originàriamente, de Giscala, localidade da Alta Galiléia, e que essa gente sustentava pertencer à tribo de Benjamim.

E, quanto às origens de Saulo, é só isso o que sabemos. Depreendemos dos escritos de seu próprio punho, que era pessoa extremamente devota e altamente sensível. Era também um tanto quanto poeta e sonhador. Podemos, aliás, fazer também uma idéia da sua aparência pessoal.

Era costume, naqueles tempos, usar-se um *eikon*, ou retrato verbal escrito, assim como se fôsse uma fotografia de passaporte, sendo que se há conservado, até os nossos dias, um tal *eikon* referente a Saulo na sua meia-idade, o que consta dum livro intitulado *Atos de Paulo e Thekla*. Por aí, ficamos habilitados a figurar-nos a imagem de Saulo ainda menino. Não era bonito, de resto, diga-se; era um pouco reduzido de estrutura, magricela; e tinha, ademais, pernas arqueadas; quanto à fisionomia, o nariz era em bico de águia e os olhos, escuros, chamejavam, ferozes, por sob carregadas sobrancelhas.

Saulo estava ansioso por estudar em Jerusalém. Não lhe era difícil ser mandado para lá; tanto, que êle mesmo conta como lhe adveio tornar-se discípulo do maior e mais tolerante mestre judeu do seu tempo, o famoso Raban Gamaliel. Quando êste morreu, foi voz corrente que, desde então, cessou "o respeito à Lei, bem como se extinguiram a pureza e a piedade religiosa".

As cartas, ou "Epístolas", de Paulo Apóstolo, contêm diversas referências a êsse período. Escrevendo aos gálatas, diz êle:

"Avantajava-me no judaísmo a muitos estudantes da minha idade; porque ninguém era mais zeloso entusiástico do que eu das tradições de meus pais".

A preparação especializada, que recebeu, compreendia muitos ramos do saber, incluindo vários métodos de exposição e interpretação das Escrituras. Tais disciplinas eram fundamentais para todo aquêle que se quisesse formar no grau de rabino, ou seja, doutor em teologia. Em suas cartas emprega Paulo tais métodos, muitas vêzes, sendo que êles parecem mui estranhos e rebarbativos, para quem não esteja familiarizado com as técnicas rabínicas. E, não obstante, é aí que está a irrecusável marca do verídico, o sêlo da autenticidade, em tais escritos.

Nunca, jamais, houve nada de irresoluto, de meiotêrmo, nesse homem; e, pelo visto, nos seus tempos de estudante, tanto quanto mais tarde, na sua vida pública, essa característica fazia dêle uma espécie de lôbo solitário.

Relembrando sua juventude, em correspondência com o seu jovem assistente Tito, êle assinala o contraste entre as qualidades de um cristão e a sua própria condição pessoal anterior. Aquêle deveria ser uma criatura "isenta de pugnacidade, eqüânime, mostrando, constantemente, maneiras brandas para com todos". E ajunta, ainda: "Eu próprio fui, outrora, insensato, ingovernável, erradio, escravizado a várias paixões e prazeres, passando o tempo a consumir-me em amargos sentimentos, em ciúmes, soturna disposição e até ódio, para com os demais".

Saulo, estudante, parece ter buscado escapar de si mesmo, refugiando-se nos aspectos místicos do judaísmo farisaico. Dois ramos principais de estudos ocultistas eram, então, seguidos: aquêle que entendia com o Mistério da Criação, e o que dizia respeito à Celestial Carreta de Ezequiel. O Paraíso (de "pardes", — o Jardim), integrava-se no Mistério da Criação, e foi a êste que Saulo se dedicou. Era uma empreitada de natureza psíquica, perigosa para a integridade da razão do imprudente estudioso. O Talmud fala em quatro grandes sábios que tentaram penetrar no Paraíso. Um morreu, outro ficou louco, o terceiro decaiu na heresia e apenas um regressou salvo.

Aí é que talvez tenhamos um indício, que nos explique a louca e furiosa *vendetta* de Saulo contra os nazarenos, a qual só cessou, quando êle teve a visão de Jesus, na estrada de Damasco.

CAPÍTULO VIGÉSIMO QUINTO

A ESTRADA DE DAMASCO

Uma súbita metamorfose foi a que se operou na vida de Saulo, o de Tarso. Até um certo momento, vemo-lo empenhado, febrilmente, furiosamente, no propósito de aniquilar tôda a Comunidade Nazarena; e, sem tir-te nem guar-te, sem transição aparente, ei-lo campeão daquela causa mesma, que até ali atacara, implacável.

Que seria, o que tornava Saulo tão hostil aos nazarenos e, por outro lado, qual teria sido a mola que desfechou nêle tão imprevisível transformação mental? Acercando-se-lhe o fim da vida, escreveu a Timóteo, seu afilhado na fé: "Sinto profunda gratidão a Cristo-Jesus, Senhor Nosso, por haver-me considerado suficientemente fidedigno, para que me tomasse a seu serviço, a mim, que outrora fui seu caluniador, seu perseguidor e violento maltratador de seus rebanhos. Mas logrei sua misericórdia, por isso que agia inconscientemente e como o incréu que era".

O homem que vamos conhecer naquelas "cartas de Paulo" é um árduo pelejador contra a sua própria consciência, que afinal dobrou. Luta incessantemente por disciplinar-se, por suprimir, dentro de si, o homem que fôra outrora, e para manifestar, em câmbio, o novo homem achegado a Cristo. Nem sempre leva a melhor, nesse infindo combate. Às vêzes, tangido pelos acontecimentos, reponta-lhe a velha tendência ditatorial; e uma inata rudeza de temperamento, parcialmente dominada, encontra desabafo em objurgatórias amargas e cortantes invectivas.

De seu natural, êle não tem nada de mansuetude: antes, é autocrático, prepotente, não tolera que o contrariem. É de gênio arredio, meditabundo, místico, implìcitamente convicto de ter tido a graça especial de uma revelação divina exclusiva, como também muito certo de que, por divina eleição foi-lhe reservado o papel de instrumento do Destino. E, com tudo isso, dá-lhe para ser, às vêzes, em extremo humilde e desinteressado: eis um homem que passou, percebe-se claramente, pelos cadinhos depuradores, que há, numa profunda experiência espiritual. Paulo nada é, sendo, todavia, e positivamente, algo de relevante; não deseja vangloriar-se jamais; e, sem embargo, se vangloriará. O seu perpétuo dilema se patenteia, nítido, em suas cartas.

Como explicar-nos, pois, a nós mesmos, semelhante dualidade de caráter num só homem? Só negativamente, mediante uma comparação inversamente analógica. Havia em Roma certa festa do calendário, chamada de "Saturnália", ocasião, essa, em que aos escravos era permitido asumirem o lugar de seus senhores. Durante algumas horas, era-lhes lícito viver à maneira das classes privilegiadas, permitindo-se tôdas as satisfações que a fantasia ou a inclinação pessoal lhes fizesse cobiçar.

O resultado de tal inversão de papéis era, muita vez, alguma sórdida caricatura dos seus amos; não uma substituição.

Com êste escravo, auto-entregue a Jesus Cristo, Paulo de Tarso, tal não se dava. Porque, para êle, o empenho em emular com o seu amo e senhor e seu Mestre, — não por um dia só, porém por todos os dias da sua vida, — não representava mera satisfação dum recalcado apetite de poderio: era, isso sim, um dever sagrado, imperioso e premente, quase uma penitência; pois que êle vivia contìnuamente a remorder-se da sua anterior repulsa a Jesus e do imenso mal que fizera, outrora, aos nazarenos, movido pelo seu orgulho e egoísmo. Vivia convencido de haver sido julgado e condenado a revestir-se de uma identidade nova, — a de homem-Cristo, a qual carregaria sôbre si, tanto tempo quanto lhe restasse viver.

Sob certos respeitos, como que foi Paulo o modêlo original do lendário Judeu-Errante. Assim o exprimiu êle: "Mediante a lei, no sentido jurídico, morri a fim de viver no sentido divino. Estou crucificado com Cristo. Eu vivo, é verdade, mas, falando a rigor, não sou eu quem vive, mas Cristo vive em mim" (Gal., II, 19-20).

Pode-se vislumbrar por trás dêsse empenho de Paulo em se adaptar, com sincera humildade, à semelhança com outrem, a certeza de que o antigo Saulo de Tarso afagara, outrora, os seus próprios sonhos messiânicos. A sua posição, como adepto da escola farisaica, cidadão simultâneamente tarsiano e romano, — tudo isso, por junto, lhe conferia categorização especial e, em verdade, mesmo providencial. Seria antinatural, pois, que êsse homem chegasse a embalar devaneios de vir a ser o escolhido instrumento, para a proclamação do nome de Deus entre os idólatras e para promover o advento da era da paz sôbre a Terra?

Não seria nada de surpreender que Saulo houvesse dado guarida, no íntimo de seu coração, a uma tal recôndita crença em seu destino. Naquela melindrosa época, não foram poucos os que (sinceramente, uns, ou até tocados por intenções pouco dignas, outros), assim reagiram à intensidade do anseio popular por um caudilho messiânico. Josefo, falando dêles de um modo geral, os dá como — "enganadores e impostores, sob a capa de pretensa inspiração divina, a fomentar alterações revolucionárias".

Dado que seja correta esta interpretação, e Saulo tenha, de fato, entretido tais convicções, a proclamação de Jesus como o Messias há-de, forçosamente, tê-lo golpeado na mola principal da sua existência; e bastará para explicar plenamente a sua conduta.

No turbilhão emocional que o abalou até as raízes do seu ser, êle se assemelhou ao seu homônimo, o antigo rei Saul, de Israel, naquele episódio em que o Espírito das Trevas se assenhoreou do soberano e o impeliu a atirar um dardo contra a pessoa de Davi.

Só um Shakespeare estaria devidamente à altura de versar, com a apropriada grandiloqüência, esta tragédia ímpar, infundindo-nos um sentimento de piedade por êste desgraçado, repentinamente despojado de tôdas as galas dos seus mais acariciados devaneios, privado das recompensas dos seus indormidos estudos e de sua febril devoção, gelado, até a alma, pela dúvida, que agora deve lhe assombrar os seus restantes dias de vida.

Ficou-lhe a sêde de vingança, ávida de destroçar, esmagar, arrastar aos tribunais e destruir aquilo que tinha transformado a sua ardorosa fé numa politiquice. Uma cólera temível e devastadora se apossou de Saulo. A Jesus já não podem mais catrafilar, porém, aí estavam os seus seguidores; e eis que os *Atos* nos dão conta de como "esquadrinhou, feroz, tôda a comunidade, de casa em casa, invadindo-as, para arrancar de lá de dentro e arrastá-los à prisão, fôssem quem fôssem, homens ou mulheres".

O sumo-sacerdote Caifas, ou Caifás, provisòriamente na chefia do govêrno, poderia ter hesitado em proceder contra os nazarenos por iniciativa própria, receando provocar um levante popular. Mas aconteceu que, no momento psicológico, um ataque foi desfechado sôbre êles, por uns homens de fora, chefiados por Saulo de Tarso.

Tornava-se, pois, perfeitamente simples, a Caifás, caso surgisse necessidade, informar a Vitélio, o legado romano da Síria, que tivera de tratar os nazarenos como perturbadores da ordem e inimigos de Roma; ao mesmo tempo em que, perante as massas, poderia justificar-se, atirando a culpa dos acontecimentos num certo fariseu, e estrangeiro, além disso. O fato de não haver Caifás se livrado inteiramente da responsabilidade do incidente transparece da circunstância de tê-lo deposto do cargo, pouco tempo depois, o governador romano, Vitélio.

Quanto ao mísero Saulo, êsse já se tinha afundado demasiado na ignomínia, em seu afã de levar a cabo a vingança pessoal que o empeçonhava. Mas, conquanto ainda "bufando ameaças e matanças", e inteiramente desvairado, não era êle pessoa desprovida de certa dose de agudeza intelectual. Só uma comissão outorgada pelo sumo-sacerdote lhe conferiria o direito de deter transgressores judeus, que pudessem haver-se refugiado na Síria.

Saulo era ainda moço, ao tempo em que empreendeu aquela sua fatídica jornada a Damasco; mas, dado o seu desvantajoso físico, tal viagem, a pé, era árdua façanha para êle. Mesmo apesar do frenesi que o requeimava e lhe esporeava os passos, deve ter escoado uma semana inteira, antes de se haver aproximado êle do seu destino.

Foi num ponto qualquer, perto, já da cidade, (diz a tradição que foi em Cochaba, umas três léguas ao sudoeste de Damasco), que o conflito de consciência de Saulo foi decidido por uma aventura que lhe ocorreu e pode ser relatada, mais fidedignamente, pelas palavras dêle mesmo:

"De repente, por volta do meio-dia, fulgurou ao meu redor uma ofuscante luz celestial. Tombei, prostrado, no solo, ouvindo uma voz que me interpelava assim: 'Saulo, Saulo, por que me persegues?' 'Quem sois vós, Senhor?', contraperguntei eu. 'Sou Jesus, o Nazareno, a quem tu persegues', respondeu-me a Voz. Os que me acompanhavam viram, também, aquela luz; mas não ouviram a Voz d'Aquêle que me falava. Então, eu disse mais: 'Que me cabe fazer, Senhor?' E o Mestre me ordenou: 'Levanta-te e vai a Damasco; lá serás instruído com precisão sôbre as tarefas que te foram assinadas'.

Visto achar-me eu totalmente ofuscado pelo desmedido fulgor daquela luz, tive que ser guiado pela mão até dentro da cidade de Damasco, pelos meus companheiros de viagem. Ali, porém, veio ao meu encontro Ananias, homem meticuloso na observância da Lei e altamente respeitado por todos os judeus do lugar; e êsse, postando-se diante de mim, disse: 'Irmão Saulo, recupera a tua vista!' E já me pus, eu, a olhar para êle, enxergando-o, naquele mesmo instante".

Conta-se-nos, nos *Atos,* que Ananias recebera indicações de que encontraria Saulo em Damasco, na casa de um certo Judas, na rua chamada Direita.

Era essa a rua principal de Damasco, comprida de mais de quilômetro e meio e que se atingia, entrando pela Porta do Nascente da cidade. No tempo de Saulo, o logradouro público que dava para as portas de uma cidade costumava ser imponente e Riscado a Régua, como poderíamos dizer hoje; além de ornado por um renque bilateral de colunas, de ponta a ponta. Hoje em dia, tudo isso está grandemente subtraído à nossa vista, pelas massas de terra acumuladas; todavia, uma parte das portadas e pedaços das colunatas ainda subsistem de pé.

Mas por que teria ido Saulo a Damasco e não a outra qualquer parte; e como foi que aconteceu, de já ser Ananias um crente no "Justo"? São essas as interrogações a que não podemos, ainda hoje, dar resposta certa. Uma primitiva tradição, encontrada entre os textos das *Confissões Clementinas,* diz que Saulo acreditava tivesse

Pedro se homiziado em Damasco. Possuímos, também, um livro achado no Egito e incluso nos Rolos de Papiro do Mar Morto, que conta como os fundadores da seita judaica que escreveram ditos Rolos emigraram para a terra de Damasco, onde firmaram um Novo Testamento, ou Convênio. Eram conduzidos por um certo "Estudante da Lei", aliás "A Estrêla" (Kochab); e eram sequazes do "Mestre da Retidão".

É tentador pensar-se que Ananias pertenceria a êsses do Novo Convênio; os quais, sendo simpatizantes dos nazarenos, estavam prontos a lhes dar asilo. Disso, porém, não há nenhuma prova. A única coisa que sabemos é que Saulo, o perseguidor, pôs-se, daí em diante, a proclamar a fé que, até então, viera tentando suprimir.

CAPÍTULO VIGÉSIMO SEXTO

A CASA DO TANOEIRO SIMÃO

Nos seus mais ou menos dez primeiros anos de existência, consistiu a Comunidade Nazarena, ou Igreja Cristã, inteiramente de judeus. Coisa natural, dado que a expectativa de um messias era uma atitude peculiar aos judeus. Êsse "esperado" haveria de ser o seu rei e libertador, tanto que a crônica da vida de Jesus o tem, do princípio ao fim, como "Rei dos Judeus".

Foi causa de intensa e geral surprêsa e de controvérsias nada ligeiras, entre os seus fiéis, o novo ensinamento de que "a porta da fé devesse estar aberta aos gentios". Importava isso em facultar a êstes a possibilidade de se tornarem também súditos do Messias, pelo ato da conversão, automàticamente cessando de ser gentios. E, na verdade, não existe, segundo o Novo Testamento, coisa tal, como seja: um "gentio cristão".

A expansão da Igreja, visando à inclusão de não-judeus, foi iniciada pelo Apóstolo Pedro, sendo a história do acontecimento narrada no Capítulo X, dos *Atos*.

Há aí uma espécie de Introdução histórica, explicando os movimentos de Pedro. No trajeto das suas visitas aos vários agrupamentos de nazarenos, viera êle descendo, de Jerusalém até Lida, na planície litorânea, sítio êsse onde se localiza hoje em dia, o aeroporto israelense de Lod.

Nesse lugar, teve o apóstolo ensejo de curar um paralítico por nome Enéas, projetando-se a notícia do caso até Jope, outra localidade praieira não mui distante. Segundo as tradições, fôra Jope o teatro de famosa lenda mitológica helênica: — aí, o herói Perseu arrebatou ao monstro marinho a aflita donzela Andrômeda, que ia ser devorada. Era, também, o pôrto donde Jonas se fizera ao mar, para esquivar-se de dar parte, a Nínive, da mensagem divina. Modernamente, é a cidade de Jafa, notável pelos seus laranjais. Um recife, ao largo, impede os navios de se lhe acercarem do cais de atracação, tanto que bem me lembro das pilhas de destroços dêles, amontoadas sôbre as pedras, quando lá desembarquei, há alguns anos.

A confraria nazarena de Jope enviara a Pedro urgente recado de vir visitá-la, porque um dos seus componentes acabara de falecer. Tratava-se de uma mulher chamada Tabita, ou, em grego Dorcas, — (ambas as versões significando Gazela); e era, a referida matrona, grandemente respeitada ali, pelas suas obras de caridade.

Pedro anuiu imediatamente; e o que se seguiu, aqui o exponho, nos têrmos da minha própria tradução do relato de Lucas:

"Quando Pedro chegou (a Jope), levaram-no aos altos da casa, onde se encontravam tôdas as viúvas do lugar, debulhadas em pranto e exibindo as túnicas e os mantos que Dorcas tecera, enquanto estivera ao seu lado. Afastando-as tôdas, Pedro se prostrou de joelhos e orou. Em seguida, dirigindo-se ao cadáver, disse: "Tabita, ergue-te!" A morta abriu os olhos e, vendo Pedro, ergueu-se no leito. Após havê-la, afinal, ajudado a levantar-se dali, convocou êle os santos e as viúvas e lhes apresentou, viva, aquela mulher. O caso espalhou-se por tôda Jope e muitos foram os que creram no Mestre. Pedro ainda se demorou por lá algum tempo, em casa de um certo Simão Tanoeiro".

Mais adiante se nos informa que a casa dêsse tanoeiro Simão estava plantada à beira do mar. Eis aí um interessante pormenor objetivo, por isso que os tanoeiros aproveitavam a água do mar, no processo de transformação das peles de animais em couro curtido. A matéria-prima era, primeiramente, encharcada em água salgada e, depois, curtida com sal, antes de ser raspada dos pêlos naturais.

Trabalhos dêsse gênero já se vinham realizando, em Jope, desde eras remotas, instaladas as tanoarias na parte sul da cidade, devido ao cheiro nauseabundo de tal mister. Êste era, em geral, considerado ofício sujo, a tal ponto que, se um tanoeiro contraísse matrimônio antes de revelar à desposada qual a ocupação em que se empregava, a espôsa, uma vez inteirada de qual o ganha-pão do marido, podia divorciar-se dêle. Era voz corrente que "o mundo não pode existir sem tanoeiros; mas, triste de quem é tanoeiro!"

A despeito dêstes senões, o pescador Simão haveria de ter gostado de se alojar em casa do seu homônimo tanoeiro, à beira-mar.

Terá sido esta, mui provàvelmente, a sua primeira estada na orla marítima; e, de cima do teto achatado, que lhe proporcionava um mirante, teria êle gozado vista maravilhosa do mar e do pôrto. Aí, precisamente, estava êle certa vez, à espera da refeição do meio do dia, quando lhe sucedeu cair em transe, no qual se lhe combinaram, numa visão misturada, a fome, que trazia, e o espetáculo dos trabalhos de carga e descarga dos navios, que vinha contemplando.

Conta-o Lucas: "Então, êle viu abrir-se o céu, de onde foi deixado cair um enorme alforje feito enorme tela de velame, que foi descendo para o solo segura pelos quatro cantos. Aí havia grande variedade de animais: quadrúpedes, bicharia que roja pela terra e aves que esvoaçam no ar. 'Anda, aí tens, Pedro; mata e come!' foi o que lhe falou uma Voz. 'De modo nenhum, Senhor!' retrucou Pedro, 'jamais comi coisa alguma impura ou desasseada'. Pela segunda vez lhe falou a Voz: 'Aquilo que Deus limpou, não chamarás, tu, de impuro'. Isto ocorreu três vêzes e, logo em seguida, foi o imenso farnel recolhido, de volta, ao céu".

Pedro ficou muito intrigado com o caso, mas a visão lhe foi explicada por uns visitantes, que chegaram procurando por êle. Vinham das bandas de Cesaréia, mais adiante, costa acima, da parte de Cornélio, um centurião romano pertencente à côrte itálica, ali aquartelada.

É claro que se tratava de um gentio; mas, tanto êle, como a família, haviam abandonado, já, a idolatria e se tornado adoradores do Deus de Israel. Êsse romano é dado como tendo sido um homem caridoso e muito respeitado por tôda a nação hebréia. Também êle estando a orar, tivera uma visão, a qual lhe comunicou instruções no sentido de mandar procurar, em Jope, um certo Simão, que atendia pelo sobrenome de Pedro.

O Pescador deu guarida, por aquela noite, aos mensageiros e, no dia seguinte, acompanhado de alguns dos irmãos do credo, residentes em Jope, pôs-se a caminho de Cesaréia, guiado pelos visitantes.

Cesaréia, então, era quase que a segunda capital da Palestina, sendo a residência oficial do governador romano. Tivera, antes, o nome de *Tôrre de Strato;* Herodes, porém, mudara-lhe o nome, em homenagem a César Augusto, reconstruindo-a e ornamentando-a à moda grega, pois a cidade era, em grande parte, uma urbe pagã.

A nova Cesaréia era coisa excomungada, para os judeus, que a seu respeito, davam curso a um dito:

"Se alguém te disser que Cesaréia e Jerusalém foram, ambas, destruídas, não lhe dês crédito. Se te disser que ambas são habitadas, não lhe dês crédito. Se te disser, porém, que Cesaréia foi destruída e Jerusalém subsiste, habitada, ou que Jerusalém foi destruída e Cesaréia continua habitada, — então, dá-lhe crédito: porque está escrito (Ezequiel, XXVI, 2): "Eis que me saciarei eu, agora que ela foi posta à margem, como refugo".

Quando Pedro e seus acompanhantes alcançaram Cesaréia, já estava à sua espera o centurião, rodeado de sua parentela e amigos íntimos, que havia convidado para a ocasião. Naqueles tempos de idolatria, os judeus não visitavam as casas dos gentios, por isso que boa parte dos atos de sociabilidade dêstes compreendia usanças idólatras; de modo que, depois desta visita de que aqui se trata, Pedro teve que se haver com os cristãos de Jerusalém, que o chamaram a contas por violação dos preceitos.

Mas Pedro lhes explicou as circunstâncias contidas na visão que tivera, bem como, que havendo êle pregado a Cornélio e todos os que se achavam sob o teto dêste a Palavra de Deus, os seus novos catecúmenos haviam recebido a graça do Espírito Santo e, portanto, êle determinara fôssem todos batizados.

Contentaram-se os Apóstolos e a Comunidade de Jerusalém com essa explicação e entoaram louvores a Deus, dizendo: "Assim, pois, também aos gentios Deus há concedido a mercê do arrependimento, a fim de que lhes seja dado viver". Queria isto dizer que êles, os pagãos, agora irmãos, iam compartilhar da ressurreição e da vida eterna, do Mundo Porvindouro e da Era Messiânica; o que, tudo, confere com o dizer dos rabinos: "Os justos de tôdas as nações têm a sua parte no Mundo Porvindouro".

Para se poder merecer a qualificação de "justo", era vedado ser-se um idólatra; porquanto a idolatria era um dos piores pecados de quantos há. Da virtude de Cornélio, centurião romano, um justo, era já uma parte o fato de sua veneração a Deus. Conquanto não houvesse adotado o judaísmo, cessara, pelo menos, de ser um pagão. Era, pois, um daqueles que então se designavam por Prosélitos da Porta.

A categoria adjudicável a tais prosélitos não-judeus, no seio da Igreja, dependia, ainda, de deliberação subseqüente, em mui considerável parte devendo-se, isso, à iniciativa de Paulo. Mas, desde que os Evangelhos começaram a ser pregados aos gentios, introduziu-se, na "mensagem", uma sutil diferenciação, consistindo em já não ser mais iniciada com a proclamação de Jesus como Messias, — porém, agora, pelo novo exórdio, proclamando o "Deus Uno".

Vê-se-o, numa obra cristã dos primeiros tempos, intitulada *A Pregação de Pedro,* na qual vem declarado que Jesus disse aos seus discípulos: "Eu vos destaquei, doze entre vós... Mandando-vos sair pelo mundo, a pregar o Evangelho aos homens de tôda parte, para que êles saibam que só há um Deus; e para declarar, pela fé em mim, o que virá, para que, aquêles que ouviram e creram, possam salvar-se".

A diferença entre gentio e judeu, no que tangia à fé em Cristo, era que o gentio teria, preliminarmente, de abandonar os seus deuses. Em conseqüência disso, a universalização do Evangelho acarretou uma nova afirmação, juntando, num postulado só, uma declaração da Unidade Divina, com a aceitação de Jesus como Messias.

O lema da Igreja universal, ou católica, então, segundo no-lo mostram antigas inscrições conservadas até os nossos dias, ficou sendo: EIS THEOS KAI CHRISTOS, "Um Deus e Um Messias"; e, por fidelidade a êle, milhares de homens e mulheres, que não haviam nascidos judeus, enfrentaram animosamente o martírio e a morte.

CAPÍTULO VIGÉSIMO SÉTIMO

A ORGULHOSA ANTIOQUIA

A cada ano que passa, acontecem coisas, visìvelmente desprovidas de correlação umas com as outras, mas, subseqüentemente, revelando-se elementos componentes de um traçado coerente, que se predeterminasse a afetar os destinos dos homens e das nações.

Alguns anos da História da Humanidade, como que mais se destacam sob esta consideração, e êste foi o caso do ano 40-41 D.C., o qual, para os judeus, fôra um ano sagrado, ou sétimo-sabático. Nesse ano, as três grandes cidades do Império, Roma, Alexandria e Antioquia, estiveram às voltas com assuntos judaicos.

Em Alexandria, aparecera, entre os intelectuais conhecidamente anti-semitas, a mania de humilhar e atormentar os judeus, mediante a instalação de estátuas de Caio Calígula, nas sinagogas. Ora, a recusa dos judeus a admitir essas representações humanas nos seus templos era muito capaz de enfurecer, contra êles, o semilouco imperador. De Alexandria, o costume passou para Roma, onde Caio, instigado pelos aduladores cortesãos, andava agora se proclamando um igual de Júpiter Olímpico. Uma embaixada judaica, de Alexandria, chefiada pelo filósofo Filo, dirigiu-se a Roma, na esperança de acomodar as coisas, só conseguindo, ali, ficar sabendo que César tinha a intenção de erigir um colosso de ouro, representando a sua augusta pessoa, em pleno Santo-dos-Santos, no grande Templo de Jerusalém.

Assim é que partiu de Roma a ordem ao legado Petrônio, em Antioquia de Síria, no sentido de fazer esculpir e erigir a referida estátua, empregando até fôrça militar, se necessário. Dando ouvidos às súplicas dos judeus, Petrônio foi contemporizando, terminando por não levar avante o projeto imperial. O príncipe hebreu Agripa, tocando-se às pressas para Roma, pôs em ação, igualmente, a influência que tinha junto a Caio Calígula. Tanto, que, finalmente, logrou persuadi-lo a abandonar o esdrúxulo projeto. Ao saber, porém, mais tarde, por notícias do próprio Petrônio, de tudo o que houvera, o soberano se tomou de tal fúria, que lhe enviou a clássica intimação imperial, de suicidar-se, por lhe haver desobedecido.

A carta fatal, com essa ordem, ficou retida no trajeto, todavia; e só veio a chegar às mãos de Petrônio 27 dias após haver êste tido a informação de que Caio Calígula fôra assassinado. O novo imperador, Cláudio, recompensou Agripa, fazendo-o rei da Judéia e Samaria e de uma parte da Síria.

Em razão dêstes acontecimentos, vários tópicos assumiram maior proeminência entre judeus e gentios, a saber: a completa divinização de César, em vida; a restauração do título de realeza, na pessoa de um príncipe judeu; a distinção espiritual entre judaísmo e paganismo; e a alforria do povo hebreu, sob a divina proteção.

Nenhum outro imperador romano atingira, jamais, os extremos que se permitira Caio Calígula, no propósito de impor aos povos a sua pretensa divindade. Semelhante blasfêmia, sem precedentes, só podia significar, para as consciências judaica ou nazarenas, por igual, — que os Tempos do Fim eram chegados.

Surgiu uma horrenda e monstruosa figura apocalíptica, — "o Condenado, que afronta e contrapõe e se sobreleva a tudo aquilo que se considera divino ou digno de adoração, para que êle próprio, e só êle, se sente no Trono de Deus, no Templo, declarando-se Deus" (2 Tessal., II, 3-4), em suma, a Bêsta, cuja estátua todos devem adorar, sob pena de morte, se não o fizerem (Rev. XIII).

Por outro lado, a elevação de um novo rei judeu vinha trazer novo alento às esperanças messiânicas. Não que se depositassem quaisquer esperanças na pessoa do próprio Agripa, a êsse respeito; é que, simplesmente, representava o acontecimento confortadora surprêsa, pelo fato, apenas, de Roma consentir, assim, na existência de um rei dos judeus.

Muita gente, entre gregos e romanos, se deixara impressionar pela dedicação dos judeus à sua religião; de modo que, diante da conclusão que teve o caso da estátua sacrílega, a ilação, que se tirou, foi que os hebreus, na verdade, gozavam do favor dalguma especial Providência. Resultou daí que, naquele período, e particularmente em Antioquia, sede do govêrno do Legado Imperial na Síria, muitos gentios afluíram, em massa, para as sinagogas, sendo que, não poucos dêles, se converteram ao judaísmo.

Aquela Antioquia, à margem do Oronte, na Síria, via-se agora a terceira metrópole do Império Romano. Com os seus tesouros artísticos e suas riquezas, seus templos, seus palácios, e a ampla avenida que ostentava, de quase duas léguas de extensão, ladeada de estatuária, e pavimentada, em cêrca de metade dêsse comprimento, de refulgente mármore branco, — era uma altaneira cidade, de bem meio milhão de habitantes.

Filóstrato diz, dêsse povo, que "exibia habitualmente aquela sua conhecida insolência e não tinha interêsse nenhum em coisa alguma dos helenos"; e refere o caso do seu personagem, Apolônio de Tiana, o qual, conquanto maravilhado à vista do famoso templo de Apolo de Dafne, se mostrava enojado quanto aos naturais do lugar, "gente semibárbara e sem cultura". Dêle se diz que teria exclamado: "Ó Apolo, transforma em árvores êstes estúpidos cães, para que, ao menos, à maneira dos ciprestes, êles se possam exprimir farfalhando sons harmoniosos, modulados pela brisa".

Tal queixa equivale a revelar-nos que Antioquia se interessava mais em comerciar, do que em filosofar. Mas, o que nos interessa é apreciar a forma como os acontecimentos do ano 40-41 D.C. estabeleceram as condições determinantes da avultada onda de adesões dos gentios à Causa Nazarena.

Neste fenômeno se distinguiu um fator contributivo importante: a existência de considerável coletividade judaica na cidade de Antioquia; fértil terreno, pois, para que medrasse ali a propaganda dos nazarenos. Escreve Josefo que foi em Antioquia que se agruparam, em especial, os judeus da Síria, uma das razões para isso residindo em que, lá, êles podiam sentir-se em segurança, para viver. "A colônia judia foi crescendo de número; as suas ricas e belamente elaboradas oferendas, de alto preço, constituíam magnificente ornamentação para o seu Templo. Além de tudo, estavam os judeus constantemente a atrair, às suas cerimônias rituais, inteiras multidões de gregos, que, de algum modo e em certa medida, incorporaram à sua grei!"

Essa atração de gentios seria a conseqüência natural das circunstâncias em que tomara parte, tão flagrante, Petrônio, o legado na Síria, que residia em Antioquia.

O comum das pessoas se mostra sempre inclinado a acompanhar o tom da conduta oficial; e, como sopravam os ventos, então, em favor dos judeus, havia muita gente ávida de se misturar a tal povo que, pelo visto, se achava sob a égide e proteção simultânea de Deus e do Govêrno.

Podemos, então, correr a cortina da cena histórica em que se desenrola o que nos relatam os *Atos*:

Conta Lucas: "Aquêles que se haviam dispersado, em conseqüência da perseguição começada com o martírio de Estêvão, se foram até a Fenícia, a Chipre e a Antioquia, proclamando a Mensagem; porém apenas a judeus e a ninguém mais. Alguns eram cipriotas e cireneus, os quais, vindos a Antioquia, anunciaram a Mensagem, igualmente aos gregos, proclamando o Senhor Jesus. A mão do Senhor estava com êles e um grande número creu, e veio ao Mestre".

As novas chegaram, devidamente, a Jerusalém, de onde Barnabé, eminente nazareno e, aliás, natural de Chipre, foi despachado com a missão de investigar como iam as coisas. Êsse observador ficou encantado com o que apurou e percebeu, desde logo, que acabara de deparar enchança ímpar, para um certo e inconfundível batalhador, — Saulo de Tarso.

Êste vinha de regressar à Cilícia; pelo que, Barnabé para lá se tocou, à sua procura. Encontrando-o, trouxe-o a Antioquia. Aí, trabalharam os dois, numa feliz parceria, durante um ano inteiro.

Evidencia-se o fato de haverem os pagãos tomado conhecimento da existência do movimento judeu em Antioquia, por um indício revelador: a cunhagem da palavra *Christiani*, surgida na sua linguagem de então, com referência aos nazarenos locais. A própria híbrida etimologia do vocábulo com uma raiz grega e desinência latina, caracteriza-o como têrmo nato numa cidade onde se confundiam diversas nacionalidades e idiomas vários.

Aliás, trata-se, no caso, de uma expressão de índole satírica, semelhantemente à designação de "Quakers", ou "Shakers", (Tremeliques, ou Sacolejos),* aplicada, por

(*) Alusão ao balanceio, ou agitação do corpo, que os crentes da seita "Quaker" se impunham, nas rituais recitações de suas preces. — N. do T

ironia, à chamada "Sociedade dos Amigos", (entre os Protestantes do século dezoito); e, da mesma forma que a designação de quacres, aquela antonomásia pejorativa passou a ser usada tão comumente que, afinal, acabou pegando e sendo aceita, em definitivo, por aquêles mesmos a quem ela visava diminuir.

O têrmo tirava uma parte da sua origem da palavra *Christos*, forma corrente pela qual os gregos traduziam, então, o hebraico *"Messiah"*. Os fiéis da nova crença, em Antioquia, naturalmente empregavam êsse têrmo, *Christos*, ao proclamarem a Jesus perante os seus ouvintes de língua grega. O mais relevante e constante assunto das prédicas nazarenas era um convite ao arrependimento, para subtrair-se à Ira-Que-Ia-Descer. "Ainda que sejam as vossas almas tão rubras como o sangue, de pecado: elas se tornarão alvas como a neve" (Isa., I, 18). E a maneira de escapar à Cólera Divina era aceitar Jesus como *Christos* e lavar-se nas águas lustrais do batismo para a remissão dos pecados. Ocorre que, em grego, a palavra que designa o caiador de paredes é *CHRISTES;* do que ressalta poder também conter a palavra "cristãos" (de CHRISTOS), motejo disfarçado à inquinada propaganda e àqueles, dos quais diziam os nazarenos, que se haviam "lavado e alvejado de novo" (Rev., VII, 14).

Mas só o simples fato de se ter inventado êsse nome, fôsse ou não fôsse apôdo, basta para comprovar o êxito que logrou a campanha nazarena. Não podia, pois, haver momento, outro, mais propício, para um Judeu da Dispersão, como Saulo (o qual, ainda por cima, era cidadão romano), iniciar a obra da sua vida, que foi a disseminação da mensagem do Deus Uno e de Jesus, o seu Ungido, — através o Império Romano inteiro. Cidade alguma teria sido mais adequada para o feito do que Antioquia: para servir de base de operações a um tal denodado campeão.

CAPÍTULO VIGÉSIMO OITAVO

A PRIMEIRA MISSÃO DE PAULO

Em Antioquia, da Síria, onde os discípulos foram, pela primeira vez, denominados *cristãos,* Barnabé e Saulo, (êste último, agora, fervoroso crente), trabalhando em conjunto, verificaram quão bem acolhiam as suas pregações os pagãos locais. Transbordantes de fé, sentiram-se animados e impelidos a empreender uma jornada experimental à Ásia Menor, para proclamar a Boa Nova naquelas paragens.

Sob as bênçãos da sua comunidade, viram-se os dois Apóstolos investidos da autoridade missionária, mediante a solene imposição de mãos sôbre suas cabeças; e logo partiram para Selêucia, o pôrto de Antioquia, onde se embarcaram, com rumo a Chipre.

Era natural desejasse Barnabé ver incluída a sua ilha natal no itinerário a seguir; pelo que, estabeleceu-se ali um comêço de ação. Mas em breve se faziam para o norte, tomando um navio que se botava para o litoral do continente, para aquelas terras que são, agora, a Turquia; e ali desembarcaram, na costa do sul, em Atalia, o pôrto de mar da importante cidade de Perga, na Panfília.

Avançando terra a dentro, viajaram até Antioquia de Pisídia e, daí, para o sudeste, para Icônio, umas vinte léguas adiante; e, por fim, atingiram Listra e Derbe, na Licaônia. Ao que parece, o giro inteiro teria gasto, ao todo, uns dois anos de peregrinações.

Até o século passado, muitos dos lugares por onde Paulo andou já se haviam completamente desvanecido da face da Terra. Não se tinha certeza sôbre a antiga situação topográfica de qualquer dêles, de nenhuma dessas cidades. Mas, graças a pacientes e penosas explorações arqueológicas, foram sendo desencavados e definidos, um a um. Os funcionários locais se mostravam desconfiados, inçavam de empecilhos os trabalhos; as condições de vida eram sórdidas e duríssimas. As regiões montanhosas viviam infestadas de salteadores.

Mas, também, que compensação alentadora, tôda vez que ressurgiam à luz meridiana, finalmente, as passadas glórias da antiga Antioquia! Quanto alvorôço, ao compulsar-se o testemunho oferecido por uma inscrição, decifrada nalguma laje, ao pé de destroçado altar de sacrifícios, escavado lá pelos montes, que ali é que fôra — Listra!

Quando, por fim, os Apóstolos alcançaram Derbe, achavam-se agora nos confins levantinos do território até onde sobrevoava a senhoril águia romana; mas, por uma razão qualquer até hoje inexplicada, resolveram êles arrepiar caminho, daí para trás. Iríamos esperar que êles tivessem prosseguido no seu avanço pelo país de Antíoco, rei de Comágena. Ao invés, voltaram as sandálias na direção de Perga, de onde, afinal, regressaram a penates.

Teria prevalecido contra êles um qualquer entrave político, que lhes tornasse desaconselhável penetrar nos domínios do Rei Antíoco, e recomendável penetrar nos território romano, nas suas santas operações?

Sabemos bem que o govêrno de Roma trazia de ôlho os seus aliados, trêfegos potentados orientais; e que tinha em má conta quaisquer sinais nos seus súditos, de mancomunação com êles, a qual poderia desembocar, cedo ou tarde, na formação dalgum bloco anti-romano. Precisamente um caso dêstes se havia dado, pouco antes, — quando o rei judeu Agripa convidara um punhado dêsses reis levantinos; entre êles o próprio Antíoco de Comágena, para se lhe juntarem em Tiberíades.

Marcus, legado da Síria em Antioquia, teve ocasião de ser informado dêsse encontro de vários soberanos. Relata Josefo que "o assaltaram suspeitas sôbre o que quereria dizer tal convívio, tão chegado e tão amistoso entre êsses reis todos, vindo a concluir, de si para consigo, que tanta concórdia e aconchêgo, entre tantos potentados de análogo estôfo, difìcilmente seria benéfico aos interêsses do lábaro imperial". Para grande pesar de Agripa, portanto, fêz o legado romano discretamente saber, a cada um dos tais régulos, que eram convidados a reenfardar imediatamente os seus trens e regressar aos seus palàciozinhos.

Dado que Barnabé e Saulo eram emissários judeus, provindos da província romana da Síria, podem ter julgado melhor não se aventurarem pelo reino de Antíoco, não fôsse Roma interpretar mal as pacíficas intenções que os guiavam; donde, possíveis conseqüências desastrosas, tanto para a obra que empreendiam, como para a sua piedosa comunidade, que lá ficara em Antioquia.

Os pormenores dessa viagem expõem-se nos capítulos 13 e 14 dos *Atos*, bastando, para os nossos objetivos, que mencionemos, apenas, uns tantos tópicos salientes da narrativa, mui em especial aquêles que se podem ver confirmados por evidências externas.

Os apóstolos visitaram Chipre, proferindo a sua mensagem nas sinagogas de Salamina e, em seguida, atravessaram a ilha até Pafos, onde tiveram a oportunidade de fazer profissão de fé perante o procônsul romano, Sergio Paulo. Era, mais ou menos, o ano 47.º, do Senhor; e, em uma inscrição achada em Pafos, trazendo data de cêrca de 55 D.C., um certo Apolônio regista que "êle corrigiu o Senado, por intermédio de assessôres, ao tempo do Procônsul Paulo".

Bem andado o ano de 1912, Sir William Ramsay, ao efetuar escavações na Antioquia Pisidiana (que os Apóstolos visitaram subseqüentemente aos fatos narrados supra), veio a descobrir outra inscrição, esta em honra do filho daquele procônsul, um tal Lúcio Sérgio Paulo, o Moço.

Depois disto, no relato de Lucas, vem que Saulo de Tarso muda o prenome para Paulo e assume a direção dos encargos evangélicos. Percebe-se isso do fato de que, anteriormente, viam-se os dois consócios mencionados como "Barnabé e Saulo", enquanto que, já agora, seus nomes são citados na ordem: "Paulo e Barnabé". A modificação é significativa; porquanto representa, conjuntamente, uma mudança de diretrizes. Paulo se achava pronto a levar as suas pregações aos não-judeus que ainda fôssem pagãos. João Marcos, de Jerusalém, que os viera acompanhando na qualidade de serviçal, evidentemente se opunha a tal política; e, em vista disso, recusou-se a continuar a peregrinação com o novo gestor. Assim, quando os Apóstolos chegaram em Perga, na Panfília, êsse seu assistente se despediu dêles e regressou a Jerusalém.

Não obstante, em cada cidade onde houvesse uma sinagoga, era a Boa Nova proclamada, primeiramente aos judeus e aos gentios tementes a Deus, que estivessem assistindo aos ofícios religiosos. Tal foi o que se deu em Antioquia de Pisídia e em Icônio. Depois disso, Paulo se sentiu à vontade para pregar aos gentios pagãos e, positivamente, alegava mesmo possuir um mandato divino para tal fazer, citando, em abono dessa justificação, as palavras de Isaías: "Eu te dispus a te tornares um fanal para os gentios, a fim de que fôsses levar a palavra de salvação até os confins da Terra".

Como é natural, tanto os judeus quanto os gentios (os quais, uns e outros, viam suas crenças contraditadas), se moveram a empreender ação hostil contra os temerários apóstolos. Por isto, foram êstes expulsos de Antioquia e forçados a fugir de Icônio, recomeçando sua pregação em Licaônia, para benefício do semibárbaro povo de Listra e Derbe. Eram êstes os tais *gálatas*, aos quais Paulo veio a dedicar, tempos depois, uma das suas Epístolas.

As aventuras por que passaram Paulo e Barnabé, em Listra, se revestem de um particular interêsse. Paulo havia feito sarar um paralítico de nascença. Ora, eis como prossegue a história, conforme a tradução que dela fiz: "Quando o populacho viu o que fizera Paulo, pôs-se a berrar na língua licaônia: 'Os deuses desceram até nós sob forma humana!' A Barnabé chamaram Zeus e a Paulo, Hermes, visto que era êle o que fazia uso da palavra, pelos dois. Em virtude disso tudo, o sacerdote do serviço de Zeus-mais-antigo-do-que-a-cidade trouxe bois e guirlandas às portas da cidade, e propôs-se realizar ali mesmo, sacrifícios votivos aos "deuses" recém-vindos, no que foi secundado pelo poviléu".

Zeus e Hermes, deuses que na mitologia latina tinham os nomes, respectivos, de Júpiter e Mercúrio, se emparelhavam na qualidade de deuses-máximos de Listra. Esta circunstância ficou esclarecida por uma inscrição deparada por William Ramsay, em 1909. Hermes, — ou Mercúrio, — era, como se sabe, o mensageiro dos deuses; e Paulo foi identificado com êle, pelo povo, porque era, dos dois estrangeiros, o que mais cuidava das comunicações verbais.

Mas aquelas palavras 'Os deuses desceram a nós sob forma humana' recebem, também, justificação numa velha lenda que se acreditava ter tido por cenário esta mesma região aqui tratada. A história, no-la conta em suas Metamorfoses, Ovídio, poeta latino nascido em 43 A.C. Êsse poema refere como Júpiter e Mercúrio desceram à Terra, disfarçados de viandantes, mas ninguém lhes quis dar guarida, a não ser um casal de velhos, Filêmon e Baucis. Os numes se vingaram da intratabilidade que teve para com êles o resto da população, afogando numa inundação tôda ela e a sua cidade inteira; mas pouparam os dois hospitaleiros anciãos, transformando-os em árvores.

Portanto, o povo de Listra estava muito decidido a evitar que sua terra caísse prêsa de punições semelhantes e se apressou a "aplacar" os "deuses", desta vez, com sacrifícios propiciatórios e oferendas, segundo os ritos costumeiros.

Aventou Lord Ramsay que a expressão "Júpiter, — o-qual-já-era-antes-da-sua-cidade", que consta da versão Autorizada, quer dizer que o templo de Zeus já existia, lá, anteriormente à fundação da cidade. De qualquer modo, o certo é que o deus era mais antigo do que a cidade.

Horrorizados, Paulo e Barnabé atiraram-se contra a multidão idólatra, a gritar-lhe: "Que fazeis?! Nós dois somos apenas sêres humanos, tanto quanto vós, que aqui vimos vos conjurar a que vos aparteis dêsses erros e vos volteis para o Deus Vivo, o qual fêz o céu e a terra, e o mar, e tôdas as coisas que nêles se contêm!".

Relutantemente, a princípio, foi o povo, depois, cedendo nos equívocos propósitos; mas, por fim, não se conformando, apedrejou Paulo. Arrastando-o para fora da cidade, lá o deixaram, como morto. Êle, porém, ainda pôde reerguer-se e prosseguir viagem para Derbe.

Nessa cidade realizou uma porção de conversões; e, em seguida, os dois apóstolos retomaram o caminho de volta; e, de torna-viagem, iam "confirmando os discípulos, animando-os a manter a sua fidelidade à causa e lhes dizendo 'Todos temos que entrar no Reino dos Céus pela estrada mais áspera' ".

Paulo e Barnabé puderam, afinal, regressar aos seus lares em Antioquia da Síria, de coração contente, e lá expor o êxito que obtiveram. Haviam-se estabelecido novas comunidades, sob a gestão de outros tantos anciãos; e as fronteiras do Reino, essas haviam-nas dilatado êles, até a Ásia Menor.

CAPÍTULO VIGÉSIMO NONO

A FUGA DE PEDRO

Quando Cláudio sucedeu a Calígula como imperador, no ano 41 D.C., Herodes-Agripa, o "amigo de César e dos romanos", conforme se o designa, foi feito rei da Judéia. E assim, um representante da detestada família herodiana substituía, temporàriamente embora, o ainda mais detestado governador romano.

Aos extremistas judeus, pouca diferença havia entre uma e outra situação; donde ter Agripa atravessado todo o tempo que durou o seu reinado, com êsse espinho espetado em sua carne. Numerosos foram, porém, os moderados, que se bandearam para a facção do rei, de maneira que êle veio a conquistar o apoio partidário, não sòmente dos aristocráticos saduceus, como também o de muitos dentre os democráticos fariseus.

Em conseqüência da sua advinda popularidade, Agripa ia chegando, por um triz, a conseguir subjugar o crescente poderio dos nazarenos, logrando êxito onde quase completamente falhara o Sinedrim.

O novo rei começara muito bem, visto haver intervindo, pessoalmente, intercedendo pelos judeus, com algum risco para si próprio, num último e ingente esfôrço de persuadir Caio Calígula a abrir mão dos desassisados planos de erguer-se, a si mesmo, uma estátua no sagrado recinto do Templo de Salomão. Só isto já lhe garantia a simpatia do povo judeu. E, ainda mais, êle havia sofrido até encarceramento, sob a tirania de Tibério e, um tanto ostensivamente, fizera com que se dependurassem das paredes do Templo, a dar testemunho de que Deus soergue os que tombaram sob a opressão — as correntes de ouro que lhe havia presenteado Calígula, as quais tinham pêso igual àquelas outras, de ferro, com que o havia algemado o César antecessor.

No entanto, a causa principal da sua conquista do favor público estava em que êle próprio se determinara a agradar; e, mais, na escrupulosa observância, que demonstrava dedicar aos preceitos da religião judaica. Era inefàvelmente grato aos seus súditos, após a experiência que tiveram com os governadores romanos, ter novamente um rei integrado na sua própria fé religiosa, a ponto que se sentiam dispostos a relegar ao esquecimento amargos resíduos da passada tirania herodiana, se se evidenciasse, pelos fatos, que êste Herodes de agora era animado de intenções diferentes das daquele.

Agripa, ao contrário dos governadores romanos, elegeu Jerusalém para sua residência oficial, rejeitando a mal-afamada Cesaréia. Em seguida, aliviou o seu povo dos impostos de propriedade, bem como transferiu a dignidade de sumos-sacerdotes, da casa de Anás, para a de Boeto.

Na literatura rabínica muito se fala a respeito da piedade religiosa do rei. Um exemplo: era costume que um cortejo fúnebre cedesse o passo a um nupcial; e, ambos, davam primazia de passagem a um séquito real;

porém Agripa, certo dia, cedeu a vez de passar a um cortejo de casamento. Sendo-lhe perguntado porque rendia tal homenagem à noiva, esclareceu: "É que eu trago a minha coroa à cabeça todos os dias, enquanto que ela só usará a sua por uma hora". Outro: na festa nacional da colheita dos primeiros frutos dos campos, Agripa carregou aos ombros um cêsto dêles, para levá-lo ao Templo, como o faziam os mais humildes dos seus súditos.

Usando de análogas mostras de aprêço pelo seu povo, soube o rei cortejar e arrebatar a adesão até dos elementos mais conservadores. Havia em Jerusalém um certo Simão, que, estando Agripa ausente da cidade, arengava a um ajuntamento de gente, deblaterando acusações contra o rei porque, no seu entender, êste não levava uma vida de santidade ritual e, portanto, devia ser excluído dos ofícios divinos no Templo, como um intruso que era. Agripa, de regresso à cidade, mandou chamar o orador e o convidou a acompanhá-lo ao teatro. Depois de tudo, perguntou-lhe brandamente: "Que se fêz neste lugar, que fôsse contrário à Lei?" Simão não encontrou nada de inquinável e pediu perdão; foi despachado em paz, e agraciado, ainda, com um presente real.

Já com os nazarenos, a coisa era outra. Começa que êles não reconheciam no rei o seu senhor. Para êles, o Filho de Davi já fôra vindo ao seu Reino, de modo que consideravam Agripa meramente um usurpador. Contra êles, pois, havia mister agir-se com rigor.

O rei se sentiu suficientemente fortalecido para ordenar a prisão e execução de Tiago, filho de Zebedeu, — (um dos dois, de uma incendiária parelha de irmãos), — para escarmento e exemplo. Conta a tradição que o homem que montava guarda ao prêso, na audiência do seu julgamento, acabou virando nazareno também, só de ouvir a profissão de fé apresentada por Tiago, vindo a serem, ambos, condenados à morte. Em caminho para o suplício, rogou êle a Tiago que lhe perdoasse; ao que lhe respondeu o Apóstolo: "Que a paz seja contigo!" — e beijou-o. Foram decapitados juntos.

Ganhando fôlego, Agripa ordenou mais prisões; e ousou ir tão longe quanto prender até Pedro. Êste prisioneiro, porém, era figura tão notável, que se temeu pela ordem pública; daí, o dar-se-lhe uma guarda reforçada e severa. Não só foi Pedro encadeado por ferros que o prendiam a dois soldados, como ainda se lhe punham dois outros guardas à vista, sendo os quatro rendidos em turnos de três horas de vigia, pelo menos na parte de serviço da noite. Além de tôdas essas precauções, havia ainda as sentinelas do lado de fora dos portões do calabouço. De acôrdo com os *Atos*, era intenção do rei levar Pedro à barra do tribunal depois de passada a estação da Páscoa. Seria, essa, a Páscoa do ano 43 D.C.

A despeito de tudo isso, deu-se miraculosamente a fuga do prisioneiro, na véspera, mesma, do julgamento. Estando os soldados adormecidos, foi Pedro despertado com vivacidade por alguém que se lhe acercou; e suas algemas simplesmente escorregaram dos seus pulsos. "Cinge teu cinturão e calça as tuas sandálias", exortou o visitante. Crendo-se dormente e a sonhar, Pedro obedeceu, a modo de sonâmbulo. "Agora, enrola o teu manto em tôrno de ti e segue-me".

Acompanhando o seu guia, Pedro atravessou a prisão interna, depois a exterior e, logo mais, se achou do lado de fora dos portões de ferro, que davam para as bandas da cidade. Aquêle que o conduzia continuou junto dêle, enquanto enveredavam ambos por uma certa rua, a fim de garantir segurança; e, tão logo o sentiu livre, silenciosamente o deixou entregue a si mesmo.

Reassenhoreando-se dos seus sentidos, Pedro se tocou daí para a casa de Maria, a mãe de João Marcos, onde se realizava, naquele instante, uma reunião de correligionários, para orarem por êle. Quando uma serva, por nome Roda, veio dizer aos circunstantes que Pedro estava à porta da casa, foi difícil fazer àquela gente acreditar que se tratasse efetivamente dêle. Até que, enfim, pasmos e espantados, trouxeram-no para dentro. Êle, porém, não quis ficar ali. Deixando um recado para que Tiago, o irmão de Jesus, e os demais, dali ausentes, fôssem informados do que se passara, foi procurar esconderijo noutro lugar qualquer.

A notícia da sensacional escapula encheu de pânico a Agripa. Os guardas foram interrogados; e o rei ordenou que lhes fôsse dada morte. Depois, retirou-se às pressas para Cesaréia.

Todo êsse episódio vem relatado com uma notável economia de palavras; e não é querer desfazer do relato bíblico insinuar-se que chega a lembrar à gente as façanhas romanescas de Pimpinela Escarlate. Porque, com efeito, certas reminiscências do Terror, na Revolução Francesa, serviriam bem como têrmo de confronto com a situação acima descrita, à maneira como a concebemos. A História revela mui claramente, em quanta conta de poderoso e temível se tinha, naquela época, o Movimento Nazareno, para que se tomassem tantas cautelas contra êle e seus sequazes; e para que o rei usasse de ação tão drástica, quando ditas cautelas se revelaram inoperantes.

No ano seguinte, faleceu Agripa, de morte súbita. Conquanto se houvesse mostrado, sob certos respeitos, pessoa modesta, nem por isso êle fôra isento da herodiana mania de grandeza, que lhe estava no sangue. Andou querendo, entre outras coisas, transformar Jerusalém numa praça forte inexpugnável, mediante reparos a que procedeu nas suas muralhas e adição de mais uma outra, no lado mais exposto da cidade, o do norte, para lá do subúrbio de Bezeta.

O fim que teve o rei é considerado, tanto por Josefo, como pelo autor dos *Atos*, um castigo divino; e há que se levar em conta que os dois pareceres, coincidentes, são independentes entre si.

Conta Josefo que Agripa compareceu a uma festa em Cesaréia, trajando vestidos de argênteo tecido que faiscava ao sol; e que os convivas pagãos presentes o tinham saudado com exclamações, que o davam como um deus. "Sê misericordioso para conosco", bradavam-lhe, "porquanto, ainda que te tenhamos reverenciado, até agora, como homem apenas, dêste momento em diante te reconheceremos superior à natureza mortal da humana criatura!" Agripa deixou de reprimir, como lhe assentaria fazer, semelhante adoração, sacrílega que era ela; mas foi então que, olhando para cima, viu uma coruja, empoleirada sôbre uma corda que lhe passava, estendida, por cima da real cabeça; e reconheceu nisso um presságio funesto. De fato, logo se sentiu atacado de violentas dores internas e, poucos dias depois, morria.

O acontecimento vem relatado com mais minudências nos *Atos*: "Herodes andava muito zangado com os tírios e os sidônios. Assim sendo, êles se concertaram para servi-lo e, havendo angariado os bons ofícios de Blasto, camareiro-mor do soberano, demandaram a paz, dado que as suas terras dependiam dos domínios reais para a obtenção de víveres. Por forma que, em certo dia marcado por Herodes, êste se instalou em seu trono, revestido de tôda a sua pompa real e arengou aos suplicantes uma fala especial.

"A delegação impetrante saudou-o com exclamações dêste jaez: 'É a voz de um deus que fala, não de homem! Ao que, instantâneamente, um anjo do Senhor o abateu ali mesmo, porque êle omitira os louvores devidos a Deus".

Assim morreu Herodes Agripa, último soberano titular dos judeus. Por sua morte, reverteu a Judéia ao domínio direto de Roma, sendo Cúspio Fado nomeado seu governador, por Cláudio César.

CAPÍTULO TRIGÉSIMO

AS LEIS DE NOE'

Uma das características que mais se destacam na Bíblia e a distinguem é a sua honestidade. Ela não evade verdades desagradáveis e nos oferece uma crônica meticulosamente planejada e censurada de antemão. Os pecados e fraquezas dos antigos israelitas e dos primeiros cristãos, ela os expõe abertamente, francamente. Os santos e heróis da Bíblia jamais nos são apresentados como paradigmas de virtudes. Nada de caiações para retoques convenientes, nada de suprimir fatos reais constrangedores.

Por ela se nos faz saber, com tôda sinceridade, que surgiram conflitos na Igreja originária, em tôrno da questão da categoria adjudicável aos convertidos dentre os gentios, a qual fomentou amarguras e hostilidades em tal grau, que por pouco não bipartia a nascente Comunidade Cristã em facções belicosas. Paulo e os que o seguiam se achavam dum lado; do outro, se encontravam alguns dos restantes nazarenos mais preeminentes.

Os *Atos* nos dizem de como a controvérsia foi levada à suprema decisão dos Apóstolos e dos Anciãos, em Jerusalém, e de como se estabeleceu um acôrdo, temporário, pelo menos, visto que ambas as escolas de doutrina litigantes temiam, tanto uma quanto a outra, as conseqüências de um rompimento declarado.

Essa questão sôbre se os fiéis do cristianismo deveriam, ou não, observar as leis de Moisés, poderá, hoje em dia, nos parecer destituída de um interêsse profundamente vital. Mas, naquele tempo e para os interessados, era matéria fundamental; de sorte que nos cabe procurar ver as coisas do ponto de vista dêles.

Paulo, apesar de tôda a sua independência de caráter, não queria se arriscar a que o desautorasse o corpo principal da Igreja, do qual era dependente. Israel era o povo eleito de Deus. Não poderia haver um outro em tais condições. A menos de se admitir que os seus convertidos gentios eram parte integrante de Israel, não lhes assistiria credencial, nenhuma que fôsse, apta a permitir-lhes compartilhar, em pé de igualdade com a nação eleita, as promessas messiânicas: não lhes restava, portanto, qualquer esperança ao seu futuro. Se fôra êle, Paulo, que estivesse fundando uma nova religião, tudo isso deixaria de ter o mínimo valor e importância.

Mas não era nada disso o que êle estava fazendo: o que êle estava era construindo sôbre o alicerçado pelos Profetas e Apóstolos, estendendo a cidadania israelita a crentes não-judeus, para tapar os claros deixados por judeus autênticos, caídos em apostasia. Se aquela Israel, pela regeneração da qual morrera Jesus; aquela Israel, que os Doze representavam, acima de qualquer sofisma; se aquela Israel, em suma, o anatematizasse, e aos seus convertidos; se iria colocá-los todos, a si e a êles, numa posição absurda.

Por sua vez, os maiorais dos nazarenos se viam também perplexos diante de um dilema. Se expulsassem

Paulo, cometeriam um pecado contra o Espírito Santo, pois, para tanto, teriam que negar — e não podiam fazê-lo! — a evidência da sua divina obra, no caso dos convertidos gentios. Doutra parte, em não se estabelecendo distinção entre Israel e os gentios, para que os crentes não-judeus não fôssem obrigados a observar as leis de Moisés, então se reduzia a nada, anulava-se, a vontade revelada, de Deus; perdia-se a herança messiânica; e a comunidade cristã cessaria de ser o remanescente fiel da nação eleita.

Mas havia um terreno de comum concordância. Ambos os partidos eram acordes em que Israel de Deus, que ali existia, não era mais que uma parte, uma fração, do todo. Porque um grande retalho de Israel linear se havia desligado da filiação, em razão de descrença. Aos Apóstolos fôra outorgada a incumbência de estender oportunidades, — através da fé em Cristo, — a essas ovelhas desgarradas, de se recolherem novamente ao aprisco. Mas, uma vez que muitas perseveravam na descrença, o número ideal de almas do povo de Deus, conforme fôra revelado a Abraão (Gên., XV, 5-6), tinha que ser recomposto, mediante a inclusão de não-judeus.

Êsse número ideal é dado, simbòlicamente, nas *Revelações,* como sendo composto de 144.000 das tribos de Israel, mais 100.000.000 de não-judeus, — aquela "multidão que homem nenhum pode avaliar em números". A numeração mais alta, que, à notação alfabética do grego era possível representar, era 99.999.999. Dessa forma, a adição de uma unidade dava uma quantidade "que homem nenhum podia exprimir em números" (dez mil vêzes dez mil).

A questão a ser debatida, era, pois, se os crentes dentre os gentios podiam-se tornar filhos de Abraão, sem passarem pela formalidade ritual da circuncisão. Entendia Paulo que sim, podiam-no, por fôrça da fé. Os seus antagonistas sustentavam que não, — só mediante a obediência. Ambas as hostes estavam habilitadas a alegar autoridade com base nas Escrituras e, por isso, a discussão esbarrou num impasse.

Mas, finalmente, encontrou-se uma saída. No que dizia respeito aos judeus, — a sementeira natural de Abraão, — não cabia a mínima dúvida de que se achavam obrigados a guardar os mandamentos de Deus. E, quanto aos gentios, — que se lhes concedesse uma categoria e condição equivalentes àquela que tinha Abraão, ao tempo em que ainda não havia pactuado com o convênio referente à circuncisão. Não seria preciso que se fizessem circuncidar; mas lhes ficaria, sempre, o ônus de comprovar a sua fé, mediante o recurso da obediência às Leis Primevas, atribuídas a Noé.

Havia sete Leis de Noé. Há uma lista em que elas se expõem, pela ordem seguinte: (1) Não adorar ídolos, (2) Não blasfemar o nome de Deus, (3) Estabelecer tribunais de justiça, (4) Não matar, (5) Não cometer adultério, (6) Não furtar, e (7) Não comer carne cortada de um animal vivo.

Se um gentio não desejasse tornar-se, sob todos os respeitos, um filho de Israel, poderia, mediante declaração formal perante três autoridades judaicas, confessar a sua renúncia à idolatria e o seu compromisso de passar a guiar-se pelas Leis de Noé. Sua condição na comunidade ficava sendo, então, a de um associado, o "estranho acolhido intraportas", um próximo e um companheiro. Propunha-se, agora, que tal dispositivo fôsse aplicado no caso dos gentios crentes em Jesus. Era uma solução de resguardo das aparências, que de maneira nenhuma contentou a Paulo; mas, também, o fato era que não lhe restava outra alternativa, senão aceitá-la.

Tiago, funcionando como Presidente do Conselho, declarou que as conclusões a que se chegara estavam em concordância com as Escrituras e indicou o Profeta Amós, para se promover a necessária orientação processual.

Estava escrito em Amós IX, que Deus destruiria "o reino pecaminoso" (que, correntemente, se compreendia ser alusão a Roma) e que Israel se dispersaria entre as nações. Os fiéis, que houvesse em seu seio, sobreviveriam; os demais, porém, pereceriam pela espada. Assim falava a profecia. Mas prosseguia, vaticinando que, nesses dias por vir, Deus restabeleceria a Comunidade Messiânica; Êle "reergueria a desfeita tenda-de-guerra de Davi", e supriria os claros das suas hostes, mediante a introdução de novos conversos. A fim de que a "bôrra do gênero humano" corresse à procura do Senhor, bem como todos os gentios, sôbre os quais fôsse proferido o Seu santo Nome.

Temos o direito de achar que tal seja uma curiosa maneira de interpretar profecia; mas a descoberta recente dos Rolos de Papiro do Mar Morto veio mostrar que semelhante método era costumeiro entre os Eleitos. Recuperados nas cavernas de Qumran, estão ao nosso alcance, atualmente, fragmentos, que restaram, de uma porção de comentários sôbre os livros proféticos do Velho Testamento, os quais se cingem exatamente a êste método de aplicar as profecias a acontecimentos e fatos passados posteriormente.

Um dos Rolos é um *Comentário sôbre Habacuque,* livro, êsse, onde a locução "bôrra dos povos" vem interpretada como se referindo aos romanos. Isso muito se aproxima da explicação dada por Tiago nos *Atos,* na passagem em que "a bôrra de *Edom*" (uma das contemporâneas designações de Roma) se converte em "a bôrra dos homens (*Adão*)". Essa descoberta afortunada veio revelar como haveriam entendido os primitivos cristãos que Deus retiraria, dentre os gentios, um povo para reverenciar o Seu nome.

Conseguintemente, ficou resolvido pelo Conselho de Jerusalém enviar-se uma carta aos irmãos dentre os gentios de Antioquia, Síria e Cilícia, contendo o veredicto segundo o qual se limitavam as suas obrigações ao irredutível mínimo das Leis de Noé. Foram, também, investidos da missão de confirmar, de viva voz, essa decisão, dois dos Anciãos, — Judas e Silas.

Em tôdas as circunstâncias, saíra-se Paulo muito bem. Foi alvo de inexcedível reconhecimento dos méritos da sua obra, a qual, no que tocava aos gentios, lhe deixava a liberdade de continuar à sua melhor maneira. Sua condição, na qualidade de apóstolo, emparelhado com Pedro, foi-lhe confirmada, cada um dos dois tendo delimitada a sua particular esfera de ação, entre os gentios e os judeus, respectivamente.

Paulo obteve, também, um documento oficial, firmado por todo o Conselho nazareno e ratificado por declaração pessoal de duas testemunhas, na forma da Lei, o qual eximia os conversos, provindos dos gentios, de qualquer imposição de obedecerem às Leis de Moisés e Israel. A crise estava, pois, superada, com felicidade e segurança.

Em Antioquia, quando da leitura dessa epístola, "houve regozijo pelas confortadoras e gratas notícias". Judas e Silas, deitando azeite às águas revôltas, "grandemente animaram os irmãos e lhes incutiram confiança, com o bálsamo das suas palavras".

CAPÍTULO TRIGÉSIMO PRIMEIRO

A PALAVRA CHEGA À EUROPA

Paulo se achou pronto a lançar-se à sua segunda jornada, na primavera do ano 50 D.C., provàvelmente. Sua intenção primeira era seguirem os dois, êle e Barnabé, o itinerário anteriormente empreendido, visitando, de passagem, as comunidades que haviam então fundado, a fim de verificar como iam elas passando. Barnabé estava plenamente disposto e mui desejoso, outra vez, de que Marcos os acompanhasse. Mas Paulo não assentiu, e peremptòriamente, nesta última parte dos propósitos do companheiro. É que êle considerava o jovem desertor responsável, e em não pequena proporção, por se terem de tal modo agravado as coisas em Jerusalém, levando-as quase ao ponto de destroçar a sua obra apostólica, já realizada.

Adveio dêsse dissídio um rompimento franco: e Paulo se separou do seu melhor amigo. Levando Marcos consigo, Barnabé fêz-se à vela para Chipre. Paulo tomou à sua conta Silas e se tocaram, ambos, por terra, palmilhando estrada até a Síria e a Cilícia.

Ainda bem não iam êles muito andados na nova estirada, ou seja, ao chegarem a Derbe e Listra, na Licaônia, provou Paulo quanto estava decidido a honrar os seus compromissos com os principais dos nazarenos. Havia um jovem discípulo, de nome Timóteo, do qual Paulo manifestou precisar, para substituir Marcos, na função de seu assistente. O pai dêsse moço era grego e a mãe judia; de modo que, segundo o critério judeu, que define as linhas de descendência pelo lado materno, Timóteo era legalmente um judeu, embora não circuncidado.

Por conseguinte, não se aplicaria ao caso de Timóteo o que decretara Jerusalém, liberando os crentes gentios da obrigação de observância estrita às Leis de Moisés, nesse pormenor; por forma que se tornou um imperioso dever, como o entendia Paulo, fazer circuncidarem o rapaz, antes de carregar com êle na missão, em cujo desenrolar iam-se visitar sinagogas, estando-se em situação sacrílega, com o que se poderiam levantar dúvidas sôbre a própria situação do apóstolo.

Os três viandantes prosseguiram a jornada pelo trajeto anteriormente escolhido por Paulo, deixando entregues às várias comunidades correligionárias, por aí disseminadas, cópias do decreto dos seus Anciãos de Jerusalém. No entanto, de Antioquia, em Pisídia, enveredaram pelo norte acima, através do país que é hoje a Turquia, até chegarem aos confins com a Mísia.

Havia-lhes proibido o Espírito Santo pregar na Ásia; bem como foram impedidos de avançar, além, para a Bitínia, para o norte e o nordeste, às margens do Mar Negro. Os obstáculos, fôssem quais fôssem, forçaram-nos a infletir para o oeste, vindo êles ter ao pôrto de Alexandria-Troas (Alexandria Troiana). As ruínas dêsse outrora florescente pôrto marítimo jazem algumas milhas ao sul da bôca dos Dardanelos, defronte da ilhota de Tenedos.

Em Tróia, teve Paulo uma visão. A Bíblia diz que lhe apareceu ali, uma noite, um certo *Homem de Macedônia*, que se plantou, de pé, diante dêle, articulando este apêlo: "Passa por Macedônia e ajuda-nos".

Quer-me parecer que se nos depara aqui mais um pedacinho de comprovação de quanto a Bíblia estava certa. Paulo teve essa visão em Alexandria-Troas, cidade que devia o seu nome a um tributo a Alexandre Magno, cujo pai fôra o famoso Filipe de Macedônia. A imagem que se lhe antepôs, em sua versão, era nìtidamente identificável. O semblante de Filipe teria sido do conhecimento de Paulo, através da iconografia numismática e da estatuária, suas contemporâneas; e logo lhe viriam à mente, achando-se êle em Alexandria-Troiana. Mas as próprias palavras da referência, "Homem de Macedônia", se aplicavam especialmente a Filipe e vêm empregadas, mesmo, nas *Odes* do poeta Horácio (65-8 A.C.). E, a propósito: Horácio havia tomado parte na batalha de Filipos, que os nossos colegiais tão bem conhecem, através da tragédia *Julius Caesar*, de Shakespeare.

Dou aqui, segundo a minha própria tradução do grego,(*) a passagem dos *Atos dos Apóstolos*, que se segue imediatamente ao incidente supra:

"Conformando-nos com o formulado pela visão que Paulo tivera, imediatamente nos esforçamos por alcançar a Macedônia, deduzindo que Deus nos houvera conclamado para lhes trazer a Boa Nova. E, fazendo-nos ao mar, desde Troas, portanto, velejamos em linha reta até Samotrácia e, ao dia seguinte, a Neápolis (Nápoles) e daí a Filipos, a qual é cidade de maior vulto e importância da Macedônia, hoje colônia romana".

(*) The Authentic New Testament, edição de Dennis Dobson. (Do Autor).

Eis como Paulo e seus acompanhantes puseram pés na Europa.

Mas a passagem de onde eu extraí as linhas introdutórias, que cito, comporta um interêsse algo mais do que transitório. É a primeira das tais que passaram a ser conhecidas como as do "nós", em *Atos dos Apóstolos;* isto é, trechos exarados sob primeira pessoa do plural. Tem-se afirmado que o autor delas foi Lucas, o qual se reunira a Paulo, por essa época. Há, porém, outros que acham haver sido Timóteo, senão Silas, o redator dêsse diário.

Quem quer que tenha sido o autor, períodos há, nos quais êle figura, inequìvocamente, como participante do grupo de viajantes de Paulo. No relato desta segunda viagem, êle só por breve instante se põe em evidência, desde o momento em que o pequeno bando velejou de Troas, até a sua chegada e curta permanência em Filipos. Passado isso, já não se deparam mais *trechos do "nós"*, até um ror de anos mais tarde, lá para o fim da terceira viagem de Paulo; ocasião, essa, em que êles tornam a aparecer, de novo em Filipos.

Daí para diante, continuam a repontar, intermitentes, revelando que o diarista teria acompanhado o apóstolo pelo resto daquela sua jornada de retôrno a Jerusalém e, subseqüentemente, durante sua viagem a Roma.

Não se tem que inferir, necessàriamente, que êsses relatos de primeira-mão constituam a única contribuição do respectivo escriba. Muitíssimo mais se pode depreender dos seus registos. E, sem embargo, é da maior importância que, no que entende com a subseqüente carreira de Paulo, estejamos hoje de posse de um fidedigno manancial, seu contemporâneo, de informes provindos de autêntica experiência pessoal.

Oferece-se, amiúde, oportunidade de se comprovar a exatidão do diarista, como no caso de Filipos, na citação acima. A essa cidade classifica êle como "a de maior vulto e importância da Macedônia, hoje colônia romana". Filipos, na verdade, fôra feita colônia romana por César Augusto e disso se vangloriava em suas cunhagens. Aliás, ocupava uma bela situação, elevada; e se fêz rica pela indústria da mineração do ouro. Conquanto não fôsse a capital da província da Macedônia, o bairrismo local reivindicava para ela o título de Cidade Suprema.

"Passamos algum tempo na cidade", prossegue relatando o cronista; "e, no dia do "sábado", fomos fora de portas, até a margem do rio, onde tínhamos razão para crer que existia, por ali, um Oratório judeu. Lá chegados, sentamo-nos e dirigimos a palavra à mulher que zelava pela casa.

"Havia uma mulher chamada Lídia, pessoa crente em Deus e procedente da cidade de Tiatira, a qual se entregava ao comércio de tecidos de púrpura. O Senhor lhe abriu o entendimento para acolher o que dizia Paulo; e, estando ela imersa no govêrno da sua casa, rogou-lhe: 'Se estais convencidos da minha dedicação ao Mestre, deveis vir pousar em minha casa'. Vimo-nos absolutamente forçados a aceitar".

Essa pequena frase final é um tanto quanto jocosa. A senhora Lídia deve ter sido, evidentemente, uma dama formidável e decidida, que se constituíra uma situação vantajosa no negócio do procuradíssimo tecido tingido em púrpura, artigo que representava rendosa exportação do país da Lídia. Insinua-se-nos, portanto, que não temos, hoje, o verdadeiro nome por que atenderia a hospedeira de Paulo, mas apenas o que fôra, sem dúvida, o seu "nome comercial", a sua "firma", que seria Madame Lídia, como convinha às suas especiais mercancias. Ser conhecida pela antonomásia de Senhora Lídia era proveitoso para as suas atividades comerciais.

Paulo encontrou essa senhora no centro israelita, local de oração, casa que se situava perto do Rio Gangites, pela conveniência de servir às abluções rituais, correlacionadas com a fé judaica, especialmente no que dizia respeito às mulheres. Todos os convertidos ao judaísmo, fôssem homens ou mulheres, tinham de ser batizados. A cerimônia foi preservada, no tempo, e se lhe emprestou, depois, significado adicional, na Igreja Cristã, de integração com Jesus, em sua morte e sua ressurreição.

Outro ponto de interêsse, na história, encontra-se no fato de se achar Lídia "imersa *no govêrno da sua casa*", significando isso *o corpo de pessoal* da casa. Várias vêzes, no Novo Testamento, se faz referência ao batismo coletivo de todo o pessoal de uma casa, o que reflete um costume da época. O ato de fé, professado pela pessoa que chefiava todo um lar, abrangia, nas suas conseqüências e inferências, tanto a família, como os serviçais da casa; os quais, família e famulagem, participavam automàticamente do dito ato; salvo algum caso de exclusão positivada.

Têm-se achado numerosas inscrições pagãs atestando essa forma corporativa de vida familiar, em coisas religiosas.

Tomam a forma de votos a Zeus, ou a Apolo, ou outros deuses quaisquer, "para bem da salvação da família tôda". Essa salvação compreendia a conservação da saúde, do bem-estar e da segurança, de todos em geral. Assim, uma das palavras-chave da Mensagem Cristã já vinha, por êsse modo, tendo curso e aceitação entre aquêles a quem Paulo vinha proclamar a salvação em Jesus-Cristo, a qual lhes daria entrada "no lar da família da fé".

CAPÍTULO TRIGÉSIMO SEGUNDO

O CARCEREIRO DE FILIPOS

As pessoas destituídas de esclarecida fé em Deus, especialmente quando carecem, também de instrução, muita vez caem prêsas da superstição mais grosseira. No mundo greco-latino em que viveu Paulo, não havia meio de vida mais cômodo, rendoso e fácil, do que a prática das artes divinatórias e leitura da sorte. Os centros de culto e os santuários dos oráculos nunca estiveram a míngua de devotos visitantes; e os provedores de sonhos e predições viviam a viajar de um sítio a outro, sempre encontrando, em qualquer dêles, ávida procura para o seu peculiar tráfico.

Entre as muitas formas de traficância com o Incognoscível havia uma que se relacionava com ataques epilépticos, genuínos ou simulados, nos quais se produziam estranhos rumores articulados, parecendo surgir das profundezas do ventre do indivíduo em convulsões. Tal ventriloquismo era tido como manifestação do Além, atribuída a um espírito pitônico.

Segundo reza a lenda, Píton era o nome da serpente que vigiava perpètuamente o oráculo do santuário de Delfos. O monstro foi abatido de morte pelo deus Apolo que, por êsse feito, ganhou o título de *Pítios* e o direito de assumir a função do oráculo ali e ser investido dos seus dons de profetizar. Daí que, os que possuíam o dom oracular, eram tidos como inspirados por Apolo Pitiano.

Uma jovem escrava que era, aliás, pitonisa conhecida, deu de cara com Paulo e os seus companheiros, certo dia em que êstes se encaminhavam ao centro judaico de Filipos, a casa de orações dos da sua nação. Escreve o diarista, segundo os *Atos*: "Ela teimou em nos seguir os passos, a Paulo e a nós outros, sempre a exclamar, 'Êsses homens são servos do Altíssimo, que vos ensinarão o caminho da salvação!' E manteve êsse procedimento por vários dias, até que, já desesperado de impaciência, Paulo rodou sôbre os calcanhares e assim falou ao espírito, 'Em nome de Jesus-Cristo, eu te conjuro a deixares em paz essa mulher!' E naquele instante, lá se foi embora o duende".

Cessaram abruptamente os clamores da rapariga; porém os seus amos, raivosos por haverem, com isso, perdido o seu mais rendoso artigo de negócio, deitaram mãos a Paulo e Silas e os arrastaram até o tribunal de polícia, onde os acusaram perante os magistrados.

"Êstes homens", vociferavam êles, "judeus, naturalmente! — estão provocando sérias perturbações nesta nossa cidade, a advogar umas práticas que nós, romanos, não temos permissão de entreter e, muito menos, exercitar!"

Devido a terem os judeus sua religião exclusiva e seus costumes próprios, por isso sempre se conservando à parte num ambiente pagão, era sempre muito fácil, como ocorreu neste caso em aprêço, invocar-se o infalível argumento do geral preconceito antijudaico. "A multidão foi unânimemente contra os apóstolos", dizem os *Atos*. "Portanto, deram os pretores ordens para que fôssem êles inteiramente despojados de seus vestidos e vergastados com varas".

As minúcias da administração aqui mencionadas, bem como no resto da história, são claramente romanas, o que, mais uma vez, serve a mostrar a fidelidade do relato; porquanto Filipos, ainda que na Macedônia, era uma colônia romana. Os magistrados, ou pretores, tinham autoridade para mandar surrar pelos seus litores, uns serventuários que conduziam os *fasces*, isto é, feixes de varas rodeando o cabo de um machado de decapitação, que lhes sobressaía.

Em seguida a êsses tratos, atiraram os apóstolos numa enxovia, dando-se instruções ao carcereiro no sentido de os conservar bem presos aos ferros. Decidido a não se arriscar a quaisquer surprêsas, o homem fê-los jogar para dentro da prisão interior, onde lhes encadeou os pés ao muro, com os grilhões.

Triunfando, no entanto, sôbre as suas provações, Paulo e Silas puseram-se a entoar preces e hinos, com entusiasmo, tendo por auditório os espantados prisioneiros, outros, que partilhavam da sua cela.

De repente, por volta da meia-noite, ruiu a prisão, sob a ação de um terremoto consideràvelmente violento. Portas, fortemente aferrolhadas, escancararam-se; e os grilhões se soltaram das paredes fendidas. Passado o choque e quando o carcereiro viu as portas abertas de par em par, ficou certo de que os prisioneiros haviam fugido e, portanto, a sua própria vida estava em perigo. Já ia consumando um gesto de suicídio, quando Paulo lhe bradou: "Não te faças mal! Aqui estamos, todos nós!".

Reclamando archotes, acorreu até êles o carcereiro que, todo a tremer, se atirou aos pés de Paulo e Silas, implorando-lhes: "O' meus senhores! Que devo eu fazer para garantir a minha segurança?!"

As palavras, embora, no linguajar da Versão Autorizada — "Que devo eu fazer para ser salvo?" — sejam freqüentemente empregadas em sermões, para sugerir a preocupação do carcereiro com o seu bem-estar na vida eterna, — devem, ao invés, se interpretadas no seu sentido explícito e patente, pois o carcereiro esperava ter de ser executado, em castigo do que se lhe acusaria de negligência de sua parte, com ou sem terremoto. E foi no mesmo sentido chão e claro, que lhe responderam os Apóstolos: "Põe tua confiança no Senhor Jesus", disseram êles, "e, não só tu, como tôda a tua família, sereis preservados do mal".

Só depois dêsse incidente, é que êles passaram a transmitir-lhe a Mensagem Divina da salvação em Deus. Assim prossegue a narrativa: "Êle tomou imediato cuidado dêles, àquela hora da noite, lavou-lhes os lanhaços das vergastas e, por sua vez, foi também imerso na água do batismo e, com êle, todos os que se lhe ligavam. Por fim, conduzindo-os à sua casa, pôs-lhes diante o que comer e se regozijou, com tôda a sua família, na nova fé que acabavam de deparar em Deus".

Na manhã seguinte, já os magistrados se levantaram ruminando diverso pensamento. Sentiram que haviam agido rude e precipitadamente, por uma coisa de somenos, a trôco de delgadíssimos elementos de prova, só para cederem ao clamor popular. A narração inteira proporciona, claramente, a impressão de uns burocratazinhos açodados, empenhadíssimos em parecer, e até ser, importantes. Eis que, agora, já a si próprios lhes parecia a sua conduta mui discutível; e a severa justiça romana poderia bem instaurar alguns desagradáveis inquéritos, em instância superior. Agindo em benefício próprio, enviaram à prisão os seus litores, portando uma ordem simples: "Soltar aquêles homens!"

Feliz, veio o carcereiro dar a notícia a Paulo. "Os pretores mandaram dizer que vós deveis ser postos em liberdade. Portanto, sois perfeitamente livres de partir, desde já!"

Paulo, porém, é que não quis saber disso. Não lhe saía da cabeça aquêle duro golpe anti-semítico "Judeus, naturalmente!". Era assim! Atirar sempre a culpa sôbre os judeus! Mandou, então, dizer aos magistrados: "Depois de nos haverem injustamente vergastado em público, sem culpa formada, nem sentença passada, a nós, que somos *'Romanos, naturalmente!'* atiraram-nos ao cárcere. Agora nos tiram de lá, muito em segrêdo... Ah! Não! Que venham até cá, oficialmente, buscar-nos onde estamos, na devida forma!"

Sabemos que Paulo tinha a cidadania romana; e é evidente que Silas também gozava dessa privilegiada condição. (*Cives romani sumus!*). O nome dêste, *Silas,* é mesmo abreviação de *Silvanus,* pelo qual, aliás, êle é tratado, às vêzes.

Sabedores os magistrados de que aquêles seus prisioneiros tinham a cidadania romana, o pavor de que se deixaram tomar foi simplesmente cômico. Saíram a correr para a prisão e lá, com as maneiras mais subservientes, rogaram às suas vítimas da véspera que tivessem a bondade de se dignar sair em liberdade!

A situação era, pois, completamente reversa! Os apóstolos remancharam, remancharam... até que, por fim, consentiram em se deixar persuadir e se dispuseram a retirar-se; mas fizeram uma saída cheia de dignidade, formal, solene; e, ainda mais, escoltados, humildemente, pelos seus ex-juízes.

O episódio do carcereiro de Filipos, não obstante os seus tons dramáticos, é uma das passagens que, para refrigério das nossas almas, contém uma certa dose de comedido humorismo. O seu escritor se dava, plenamente, conta do pitoresco da situação, nela relatada, e, como que quase nos induz, um tanto às escondidas, a distinguir um mal disfarçado brilho de ironia, divertida, nos olhos dos apóstolos, no instante em que fizeram, de tal modo, baixar a grimpa os indiscretos funcionários.

Mas, ainda mesmo em questão tal, como essa de presunção oficial em funcionários provincianos, vem confirmada a verdade, — apanágio da Bíblia, — por testemunhas estranhas ao seu escopo, — de notar-se, neste caso, o famoso Cícero, em seu trabalho sôbre as Leis Agrárias. Êsse autor chama a atenção para a gula, que êles evidenciavam, de títulos altissonantes e de prerrogativas de dignidade imperial, tal como se, em vez de nalguma província, estivessem funcionando dentro da própria Roma.

De modo que Paulo e sua gente deixaram, afinal, Filipos e a hospitaleira pousada de Madame Lídia; e seguiram no rumo do poente, em direção a Tessalônica, percorrendo a grande estrada-tronco imperial, a de nome *Via Ignatia.* A lembrança mais pertinaz, que Paulo levou consigo, foi a de um povo afável e generoso, que já não sabia mais o que fazer para lhe agradar.

Passado muito tempo, depois dêste episódio, escrevia o Apóstolo aos crentes deixados em Filipos: "Tenho aprendido a me haver como melhor seja possível em quaisquer circunstâncias em que me tenho encontrado. Tenho passado por momentos de escassez e privações; e momentos, outros, de fartura e largueza. Já experimentei tôda a gama de situações, entre a repleção e a fome, entre a liberalidade a poupança... Vós outros tivestes, para comigo, um gesto, nada menos que de bondade, associando-vos a mim, nas minhas provações. Deixai-me dizer-vos, ó gentes de Filipos, que nos primeiros dias da Boa Nova, aí, quando eu parti de Macedônia, não houve uma única comunidade, além de vós outros, que se associasse comigo nesta questão de dar e tomar; tanto que, até a Tessalônica haveis mandado, de vez em quando, o confôrto da vossa contribuição, com que acudir às minhas necessidades".

CAPITULO TRIGÉSIMO TERCEIRO

CONSPIRAÇÃO MESSIÂNICA

Reinava o imperador Cláudio, quando os romanos obtiveram, enfim, provas dos desígnios que animavam os Fanáticos da Judéia, extremistas-nacionalistas, de aliciarem o apoio de todos os judeus existentes nos vários territórios do Império, para promoverem um levante geral, visando atirar para o lado, duma vez por tôdas, o jugo romano.

Os agentes dêsses Fanáticos saíam por tôda parte, às terras mais distantes, por todos os pontos cardeais, a espalhar a sua propaganda messiânica, — até dentro da própria Roma! Suetônio nos conta que Cláudio "expulsou de Roma os judeus, que viviam incessantemente a provocar desordens, por instigação dum tal Chrestus". Por êsse dito, devemos entender que os judeus da Metrópole do Império estavam sendo fortemente afetados por incitamentos messiânicos. Um outro historiador, Dio Cássio, nega a expulsão total dos judeus de Roma; porém diz que Cláudio mandou fechar as sinagogas.

Existe, bem conservada no Museu Britânico, uma carta do Imperador aos Alexandrinos, prevenindo aos judeus que não dessem gasalhado a viandantes procedentes da Síria e do Alto Egito, se não quisessem vir a ser tratados como acoitadores "duma peste que está ameaçando o Mundo inteiro".

Quanto aos conspiradores messiânicos, o que lhes importava era que levavam a vantagem de um mecanismo social milenarmente instituído e estabelecido, que se prestava maravilhosamente aos seus fins. Êsse mecanismo era o sistema apostólico.

Os apóstolos judeus, no sentido comum, eram os agentes despachados de Jerusalém pelo Sinedrim, às comunidades hebréias, estabelecidas no estrangeiro, para recolherem as suas contribuições, do meio-sequim devido ao Templo de Salomão, como dízimo. Essa organizaação estava protegida pela sanção romana; e pode-se dizer que os próprios romanos, com as suas mundiais construções de estradas, haviam grandemente facilitado os deslocamentos dêsses apóstolos, circunstância que há-de ter sido considerada, pelos retro-referidos Fanáticos, como providencial desígnio da divina justiça. Os apóstolos oficiais conduziam consigo, também, missivas, versando pontos de doutrina e disposições sôbre calendários, referentes à devida observância dos dias santificados judaicos.

Os agentes dos fanáticos, pondo o sistema apostólico ao serviço da sua causa, não lograram tanto êxito quanto esperavam; visto como, por essa altura, tanto em Roma, como nas províncias, geralmente, o grosso dos contingentes judaicos era, todo êle, inteiramente fiel ao regime latino. Era sob a proteção da lei romana que êles viviam; e era ela, ainda, que os defendia das explosões vulcânicas do anti-semitismo dos seus vizinhos gentios.

Já na Palestina, a situação era mui diversa, dado que lá se olhava Roma como uma tirânica potência ocupante. Por conseguinte, enquanto na Galiléia e na Judéia os Fanáticos faziam progressos, nas províncias campeava grande hostilidade, da parte dos judeus naturais da terra, contra os agentes messianistas, que se metiam entre êles, ameaçando a segurança das comunidades com a sua propaganda sediciosa.

As comunidades judaicas locais, cujos privilégios e cuja tranqüilidade se viam ameaçados pelos agentes daqueles patriotas exaltados, achavam, portanto, que era um precípuo dever, não sòmente impedir a sua gente de dar ouvidos aos agitadores e se enfileirarem com êles, mas, também, se possível, entregar os perturbadores aos magistrados; ou senão, pelo menos, tocá-los, enèrgicamente, para fora da sua cidade.

De um só relance, pois, à luz dêste conhecimento sôbre as atividades dos "apóstolos" dos Fanáticos, se torna claro o porquê de haverem Paulo e Silas, ao proclamarem Jesus como Messias, nas sinagogas provincianas, encontrado aí tanta e tão forte oposição e tratamento tão hostil, por parte dos judeus, nas cidades-chave que continham substancialmente numerosa população judia. É que os tomavam por agentes dos Fanáticos messianistas.

Tal foi o que sucedeu em Tessalônica (hoje denominada Salônica), então capital da Província da Macedônia.

O equívoco era muito fácil de dar-se. Aos judeus, dessa cidade, que falavam o grego, Paulo anunciava a *anastasis Christou*, — a "ressurreição de Cristo". Tal locução, porém, pode-se igualmente traduzir por "o levante messiânico"! . . .

A situação, tal que movera o imperador Cláudio a adotar providências drásticas nessa mesma ocasião, era grave demais, para permitir quaisquer esmiuçamentos delicados, de distinções entre nocivos e inocentes. Os apóstolos cristãos foram confundidos com os "apóstolos" dos Fanáticos, como sendo, todos, idênticos agitadores messiânicos.

Quase a ecoar os têrmos da *Carta de Cláudio aos Alexandrinos*, onde aquela se referia a "uma peste que está ameaçando o Mundo inteiro", foi Paulo, tempos depois, acusado perante o governador romano da Judéia, de ser "um portador de contágios pestilentos, um fomentador de revoltas entre todos os judeus do Império, um chefete regional da seita dos nazarenos".

Quando Paulo e Silas atingiram Tessalônica, era a primeira vez que os judeus dali tinham contato dessa espécie, fôsse com a Mensagem dos nazarenos, ou fôsse com a dos Patriotas Fanáticos. Até então, só lhes haviam chegado aos ouvidos alarmantes informes, que os faziam se agruparem em cauteloso bloco defensivo, desconfiados, não querendo se arriscarem a ser acusados de ligações condenáveis contra o govêrno.

Semelhante situação apresenta tonalidade de extraordinária consonância com as conjunturas hodiernas, a tal ponto que nos achamos na melhor das condições para sentir, ao vivo, o pânico que os judeus tessalonicenses experimentariam diante de organizações possìvelmente subversivas. Não haverá nenhum mal em lembrar-se que a Igreja Cristã já estêve, outrora, na lista negra.

A história contada no *Atos* diz como foi que, depois de haverem Paulo e Silas explicado as Escrituras, durante três sucessivos *sabats*, para provar que Jesus era o Messias, alguns judeus se declararam convencidos e, com êles, "um grande número de prosélitos gregos, entre os quais, não poucas damas influentes".

O autor atribui os fatos, que se seguiram, à inveja dos judeus, diante dêste sucesso; mas nós nos achamos, hoje em dia, capacitados a vislumbrar, nos fatos, motivos muito mais fortes, também, dos quais o próprio Paulo não tinha, provàvelmente, consciência, àquele tempo.

O pensamento de Paulo vivia tão distante de estratagemas e enredos, tão integrado na grande revelação que recebera, que jamais lhe entraria na cabeça houvesse alguma causa mais profunda para os contratempos que sofria. Aliás, êle esperava mesmo, decididamente, a glória de sofrer pelo nome de Jesus.

Mas tão certa está a Bíblia, que chega, até, a expor fatos que, àquela época, não foram claramente entendidos pelo próprio autor da narrativa. Por virtude da pesquisa histórica, achamo-nos habilitados, agora, a enxergar mais do que podia êle fazê-lo, então; inclusive, o quão correto era o seu depoimento sôbre o que se havia passado.

Produziu-se uma celeuma tão grande, que pôs Tessalônica num pandemônio. "Êles, os arruaceiros, se concentraram na casa de Jasão, com o intuito de arrastar os apóstolos ao tribunal; mas, não havendo conseguido encontrá-los ali, arrastaram o próprio Jasão e mais alguns outros irmãos nossos até a presença dos politarcas, bradando que 'êstes subversores do Império, afinal chegaram até aqui e Jasão os acoitou. Todos êles são violadores dos decretos de César e andam dizendo que há um outro imperador, por nome Jesus'. Causaram, os amotinados, alarma ao povo em geral, e aos politarcas, quando êstes lhes ouviram tais ditos; mas, depois de receber garantias de segurança, prestadas por Jasão e os seus, deixaram-nos ir embora".

Politarcas eram os prefeitos da cidade. O título é excepcional. Mas, para mais uma confirmação do contexto dos *Atos*, ainda até o século passado sobreviveu um arco de triunfo romano em Tessalônica, logo depois destruído; mas os fragmentos da inscrição, que encimava o dito arco, foram levados para o Museu Britânico, já em 1876. Viam-se, nêles, enumerados sete "politarcas" da cidade, entre êsses, constando nomes que hoje nos são familiares, através do Novo Testamento, a saber: Sosipater, Gaio e Secundo.

Na noite seguinte às arruaças, os irmãos das comunidades de Tessalônica, aproveitando o escuro da hora, mandaram Paulo e Silas para Beréia. Aí chegados e, de modo nenhum escarmentados, os apóstolos foram direito para a sinagoga judaica, onde recomeçaram a fazer as suas prédicas.

Na pequena comunidade judia dessa encantadora Beréia, lograram êles diferente espécie de recepção: aquilo não era localidade interessante para as atividades dos Fanáticos. Dizem os relatos: "Os judeus daí foram mais corteses, do que os de Tessalônica. Acolheram a Mensagem com tôda a consideração, examinando diàriamente as Escrituras, para se certificarem de que tudo conferia. Conseqüentemente, muitos dêles creram; e, dêstes, não poucas damas e varões de qualidade".

CAPÍTULO TRIGÉSIMO QUARTO

PAULO EM ATENAS

Há uma certa magia no nome — Atenas. Nesta única palavra, parece conter-se tudo o que se há acumulado na memória dos homens, com respeito a uma aventura humana maravilhosa, de uma resplandecente beleza e amavios de forma, quais os alcançados pelos artistas gregos e de um desassombrado esmiuçar, em busca da verdade e da sabedoria, qual o que foi o apanágio dos sábios da Grécia.

Mas quando por lá andou Paulo, já os grandes dias de glória nada mais eram que um remoto passado: apagara-se a sagrada flama de inspiração, da Hélade. Esta Atenas, de então, já não era mais a cidade de Sócrates e Praxíteles, Aristóteles e Fídias. As obras dêsses e doutros mestres ainda lá estavam, eternas; porém o seu espírito, não mais!

O glorioso Pártenon, da Acrópole, ainda dominava, do seu nobre cômoro, todo o augusto cenário, mirando, sobranceiro, o seu irmão menor, a colina de Ares, onde tinha sede uma ilustre companhia: a Côrte do Areópago, o Teatro de Dionísio, o Templo de Júpiter Olímpico e o fôro popular da praça do mercado, — a Ágora. Mas, eis que aí se instalara a corrosão de um rebaixamento gradual dos valores espirituais. A religião degenerara em fútil religiosidade, senão ceticismo; a filosofia, em mero hábito de polemizar. Vivia aí, agora, uma sociedade ociosa, escrava do luxo e da luxúria, do facciosismo e da murmuração; sórdida caricatura, em suma, daquela passada elegância moral que, ali, outrora pompeara.

A indicação, que nos dá o Evangelho, é a de que Paulo não tinha nenhum especial desejo de ir a Atenas. Levaram-no lá, isso sim, os seus amigos de Beréia, devido à oposição azêda que contra êle se havia eriçado. Seus companheiros, Silas e Timóteo, ficaram para trás, devendo chegar mais tarde. A cidade das mil estátuas não oferecia nenhum atrativo a um judeu a quem infundiam apenas revolta tôdas aquelas imagens humanas esculpidas, corpos-de-delito idolátricos, pois. Êle se sentia, aí, fortemente constrangido, pouquìssimamente à vontade; e os seus pensamentos, êsses, lá ficaram retidos junto à jovem comunidade tessalonicense, dos seus irmãos de credo, que ora gemiam sob o látego da perseguição.

Bem quisera o Apóstolo, agora, estar ao lado dêles; pois, quando Timóteo o alcançou, em Atenas, logo o fêz arrepiar caminho para Tessalônica, a ver em que pé paravam as coisas e como estariam os confrades enfrentando as suas provações.

O próprio Paulo é quem nos descreve os sentimentos que o agitavam, em sua primeira epístola aos tessalonicenses. Vou citá-lo, segundo a minha tradução das suas palavras (*):

(*) The Authentic New Testament. (Do Autor).

> "Quando me vi num estado de tensão de não mais suportar, cheguei a alegrar-me de que me deixassem sòzinho em Atenas, enquanto mandava Timóteo... a vos confortar e animar em vossa fé, a fim de que nenhum de vós viesse a esmorecer, sob tais tratos... Como eu vos digo, tendo chegado a um estado de não poder suportar mais semelhante tensão, mandei saber de como andava, sob tais durezas, vossa fé; não fôsse o caso, que vos tivesse enleado o Tentador em seus ardis e, então, teria sido vã tôda a minha labuta. Mas agora, que regressou Timóteo da visita que vos fêz e me trouxe bons recados da vossa fidelidade e do vosso amor... sinto-me reconfortado de tôda a minha angústia e de todo o meu penar. Eis que, na verdade, eu vivo novamente, de uma nova vida, pois que vós permaneceis firmes no Senhor".

Embora, porém, andasse alheada a mente de Paulo, nem por isso negligenciou êle, jamais, a sua missão. Em Atenas, "o seu fogoso ânimo se incendiou todo, ao reparar em como aquela cidade era um fervilhante covil de idolatria. Por conseguinte, zurzia e vergastava, com palavras, aos judeus e prosélitos, nos *sabats*, dentro das sinagogas; e a quem estivesse por perto, todos os dias, na praça do mercado".

Uma parte dessa praça, a famosa Ágora ateniense, se acha hoje consideràvelmente restaurada, graças à munificência de fundos americanos de auxílio; e, tanto quanto possível, segundo as linhas da sua aparência naqueles tempos. Acharam-se até os buracos de onde outrora surgiam árvores e arbustos, que foram, aliás, replantados aí, segundo os tipos e espécies originais, louvando-se os empresários dessa reconstituição em fidedignas descrições de antanho.

Entre os ouvintes ocasionais das prédicas de Paulo, encontravam-se representantes de duas das mais reputadas correntes filosóficas de então, — os epicuristas e os estóicos.

Êstes últimos derivavam o seu nome da palavra *stoa*, designação dada à colunata de fustes pintados, existente ao lado da Ágora, local onde, em seus primeiros tempos, efetuava suas reuniões de debate essa escola de pensamento. O fundador do estoicismo foi o filósofo Zenão; e o seu ensinamento impunha ao homem austera e condigna aceitação do seu destino, encarando, com fortaleza de ânimo, o que quer que lhe estivesse reservado pelos fados e escolhendo, quanto quer que lhe fôsse dado ter de escolher, o roteiro da disciplina e da virtude.

Já os epicuristas, tiravam a sua designação do nome de Epicuro, filósofo para quem se adquirira em Atenas um jardim, especialmente para servir como centro de estudos da sua comunidade. O pensar desta escola não divergia fundamentalmente da teoria dos estóicos; entretanto, Epicuro ensinava a repulsa ao mêdo, inclusive mêdo aos deuses; e que se haurisse prazer das coisas da vida e do universo, conquanto sempre se conservando atreito à senda da virtude. Em suma: o homem devia ser, de todo, um ente feliz, bem-aventurado.

Para êsse filosófico auditório de Paulo, o ensino de que êle era portador continha estranhos e extravagantes elementos. "Que dianhos pretende impingir êsse paroleiro?" — perguntavam uns, ao que respondiam outros: "Pelos modos, é algum propagador de estranhos deuses". Resolveram, então, levá-lo à presença do Areópago, o Tribunal Ateniense de Moral e Bem-Estar Públicos, o qual tinha, a seu cargo, exercer uma espécie de censura sôbre ideologias religiosas. "Pois, que nos ofereceis à atenção idéias assaz excêntricas", falaram os conselheiros, "gostaríamos, bastante, de atinar, com o que, precisamente, significam tais exotismos".

Erecto diante daquele Tribunal de Princípios e do povo reunido, numa ânsia de curiosidade, sôbre o monte de Ares, deus da Guerra (o Monte de Marte), Paulo se valeu, como tema do que ia dizer, de uma inscrição que vira num altar dedicado "Ao Deus Desconhecido".

Ora, todos os pormenores citados em tôrno da vida corriqueira de Atenas, até mesmo no que se refere a êsse altar, — estão absolutamente corretos. O sábio Apolônio de Tiana empregara estas palavras: "Falar bem de todos os deuses, especialmente em Atenas, é dar de si a melhor prova de tino e comedimento; pois aí se erigem altares em honra dêles e até mesmo de deuses desconhecidos".

Embora não conste, até agora, achado algum, de semelhantes altares a um deus ignoto, em Atenas mesmo, o fato é que em cidades outras, como Pérgamo, na Ásia Menor, e, em Roma, — nesta, sôbre o Monte Palatino, — foram descobertos espécimes que denotavam a mesma inspiração fundamental. Naquela, primeira, no entanto, a dedicatória se apresenta numa versão pluralística: "Aos Ignotos Deuses".

Paulo se aproveitou dessa ânsia dos atenienses, por propiciar até uma divindade desconhecida, para fazê-los travar conhecimento com o Deus Uno, criador do céu e da terra, tal que jamais poderia ser concretamente representado sob forma alguma, "modelada pela arte e pelo engenho humanos". No entanto, êsse Deus poderia ser encontrado por todos aquêles que O procurassem, "porque, em verdade, Êle não está longe de cada um de nós".

"Em verdade, 'por Sua mercê vivemos e nos movemos e dispomos de nós mesmos', como também já o expressou um dos vossos poetas", prosseguiu Paulo, em seu discurso, citando ainda, do mesmo grego: 'porque somos, verdadeiramente, brotados da Sua semente' ".

Teria, mesmo, dito essas coisas o poeta helênico? Sim, foi o primeiro a dizê-lo e, por sinal, que era também um ciliceu, como Paulo, o poeta Arato; disse-as nos primeiros versos do seu poema *Phenomena.* Mas, ainda houve um outro, a dizer o mesmo, — Cleano, — em seu *Hino a Zeus.* De modo que Paulo falava a verdade; e está certa a Bíblia.

Essa parte da oração do tarsiano, os atenienses puderam acompanhar e apreciar. Mas, logo depois, Paulo entrou a falar no Cristo, por quem o mundo havia de ser julgado na hora marcada; e em como Deus havia dado testemunho disso, levantando-o dentre os mortos.

Semelhante doutrina não se coadunava, de modo nenhum, com qualquer das filosofias acatadas na Grécia, muito embora a idéia de ressurreição não fôsse inteiramente incompatível com as noções religiosas dos gregos. Pois não recuperara Orfeu a sua Eurídice, das entranhas do Mundo Subterrâneo? E não tinha Perséfone regressado do sombrio reino de Plutão, a renovar o mundo?

Isso, porém, eram antigos mitos; e Paulo lhes falava, ali, era de uma ressurreição real, positiva e recente. Assim, quando a assembléia ouviu essa referência a uma efetiva ressurreição dentre os mortos, alguns se puseram a rir, escarninhos; enquanto outros se afastavam, exprimindo mais polidamente, todavia, a sua incredulidade, no dizer: "Acêrca destas coisas nós te ouviremos depois, noutra ocasião".

"Qualquer dia dêstes..." — formula cortês, de entediada e distraída desconversa. O autor dos *Atos* escreve que "todo mundo, em Atenas, tanto os naturais, como os residentes estrangeiros, gosta, — e não há nada de que mais goste, — de boquejar, ou dar ouvidos a boquejos, sôbre 'a última' novidade". Mas, esta última "novidade" — os conceitos dos cristãos — era inconveniente e perturbadora. Já era tempo de mudar de assunto.

Mui poucos foram os que aceitaram a Mensagem do Evangelho, incluso, entre êles, no entanto, Dionísio, o Areopagita. A cidade da sabedoria e da cultura rejeitava o Cristo; pelo que, não vamos encontrar, em página alguma do Novo Testamento, uma Epístola de São Paulo aos Atenienses.

CAPÍTULO TRIGÉSIMO QUINTO

A SINGAPURA DA GRÉCIA

Depois das aventuras por que passou, entre os novidadeiros atenienses, Paulo se passou a Corinto, capital da província romana da Acaia. Aí, foi êle deparar ambiente em geral mui diverso. Também Corinto já fôra, dantes, metrópole altiva e culta, famosa por suas artes e artefatos; tanto, que legou o seu nome ao multifólio capitel de coluna, "coríntio", bem como a lavôres artísticos em bronze batido.

Esta nova Corinto, porém, contemporânea de Paulo, se achava reduzida, antes a uma feira, do que a um centro de criação intelectual; visto como traficava com quase tudo, de quase tôda parte. Contava, em seu seio, ricos comerciantes e humildes vendedores ambulantes; suas vielas sórdidas, e seus aviltados escravos e alcouces. Era o valhacouto dos mareantes de todos os ventos e de todos os mares, — *mutatis-mutandis,* a Singapura da Grécia.

Para podermos visualizar Corinto, tal qual a viu Paulo com seus próprios olhos, basta-nos ler as Cartas do apóstolo aos Coríntios, — talvez que o mais doloroso documento de quantos nos patenteiam os Evangelhos.

Hoje em dia, o turista pode visitar as ruínas de Corinto, atravessando o delgado istmo entre ela e Atenas, pelo Canal chamado "de Corinto". Essa passagem líquida, porém, não fôra ainda rasgada, ao tempo de Paulo, se bem que Nero já tivesse tentado fazê-lo, no ano de 63 D.C., ocasião, essa, em que Paulo era prisioneiro em Roma. A cidade está plantada imediatamente ao oeste do istmo, ao sul do Gôlfo de Corinto; e tem sido vastamente escavada, desde o albor do século passado. Encontrou-se o grande mercado, com os adutores dágua, principais, que carreavam a água fresca às lojas, canalizando-a das nascentes e córregos, dos montes que lhe ficavam detrás; e uma inscrição, datada do reinado de Augusto, até menciona o mesmo mercado da carne, a que se refere Paulo em "Coríntios, 1, X, 25", trecho onde êle diz: "Comei seja o que fôr, que se venda no mercado da carne, sem fazer maiores inquirições".

Em Corinto, os cristãos podiam aceitar convites dos incréus para jantar, e comer o que se lhes pusesse diante. Mas, se lhes dissessem que aquilo era "carne dos sacrifícios", que fôra "ofertada aos ídolos", — então, não deveriam comer. Pois, como o disse Paulo, "Não podeis sorver da taça do Senhor e da taça de demônios. Tampouco vos será dado compartir da mesa do Senhor e da mesa de demônios".

Os papiros encontrados em Oxirrinco, no Egito, revelam que, naquele tempo, as refeições de carnes sacrificiais pagãs eram tidas no conceito de manjar dos deuses; tanto, que até podemos ler um autêntico convite "para um jantar à mesa do Senhor (deus) Serápis".

Paulo veio a Corinto, como êle mesmo o diz, "em (estado de) fraqueza, e de temor, e de grande trepidação". Sondara os sabedores de Atenas e descobrira quão pouco profunda era a sua sabedoria. "Não tornou Deus louca a sabedoria do mundo? Visto como, na sabedoria de Deus, o mundo não O conheceu por sua própria sabedoria, aprouve a Deus salvar os que crêem, pela loucura da pregação. Porque todos os judeus pedem um sinal, e os gregos exigem sabedoria, mas nós pregamos a Cristo crucificado, que é obstáculo para os judeus e loucura para os gentios; mas para os que são escolhidos — tanto judeus como gregos — êsse é o Cristo, que é o poder de Deus e a sabedoria de Deus" (*).

Agora cabia a Paulo adaptar-se a um diverso nível social. "Não se contam entre vós muitos sábios, no sentido mundano; não muitas pessoas de importância, nem muitos de nobre nascimento. Pelo contrário, há escolhido o Senhor aquêle que é insensato aos olhos do mundo, para confundir os sábios; assim também os que são fracos, para envergonhar os fortes; aquêle que é nada na pocilga e tratado com desprêzo, a êsse, Deus o escolheu; e até aquêle que é uma simples inexistência" (o escravo, que era considerado "não ser", era olhado uma como literal não — entidade) "para pôr fim à ordem existente, para que nem um só ser humano se vangloriasse na presença de Deus".

Segundo seu costume, Paulo estabelecia, desde logo, o seu primeiro contato com a comunidade judaica local. Teve aqui a boa sorte de conhecer um casal, — Áquila e sua mulher, Priscila, — que chegara, há pouco, de Roma, tocado pelo decreto de expulsão, que o imperador Claudio baixara, contra a propaganda messiânica, que lavrara na capital. Áquila era natural do Ponto, na Ásia Menor; e, tal como Paulo, era, de seu mister, fazedor de barracas. O apóstolo tomou pousada em casa dêle e pôs-se a trabalhar com o casal. Estabeleceu-se,

---

(*) As citações, extraio-as da minha tradução dos Evangelhos, em **The Autentic New Testament** (edição Dennis Dobson). — (Do Autor).

aí, uma duradoura amizade, vindo Áquila e sua consorte a se tornarem fervorosos cristãos.

Todos os sábados, predicava Paulo na sinagoga, acêrca do Messias; e, entre os ouvintes a quem logrou convencer, achava-se um certo Crispo, presidente da congregação, que entrou para a comunidade cristã com tôda a família. Excepcionalmente, Crispo teve o privilégio do batismo às mãos do próprio Paulo.

Nos começos do nosso atual século, uns arqueólogos americanos desencavaram uma lápide, ora encontrada no Museu de Corinto, a qual traz curiosa inscrição. Tôscamente entalhados, os seus caracteres dizem, simplesmente, em grego: "Sinagoga dos Hebreus". Os eruditos sustentam que essa inscrição pertence ao período imperial, e pode muito bem provir daquela mesma sinagoga onde dissertava Paulo. Deissmann observa que "a mísera aparência da inscrição, desnuda de ornatos de qualquer espécie, é típica da condição social da gente que São Paulo tinha diante de si, na sinagoga".

Quando encontrava embargos à sua pregação aí, Paulo se transferia para a casa vizinha, de um prosélito do judaísmo, chamado Tito Justo, e lá continuava o seu labor. A reação dos seus gentios, dali, à Mensagem, foi o que se podia esperar de melhor. O Evangelho tocou as almas dos sem-esperanças, dos banidos, do escravo sem direitos nenhuns, da prostituta e do pervertido, do jogador e do desajustado social.

Mas, efetiva e radical mudança de hábitos não era coisa fácil como os bons propósitos; e, em breve, irrompiam no seio da comunidade manifestações de desregramento moral e de facciosismo. Blasonando que, agora, todos os pecados lhes seriam perdoados, e que todos eram livres em Cristo, alguns pretenderam, então, que poderiam fazer o que lhes agradasse: "Eu sou livre de fazer tudo o que eu quiser".

As epístolas de Paulo aos coríntios demonstram o escandaloso estado em que se achavam as coisas, depois da sua saída dessa cidade. A tal ponto, que êle se viu obrigado a prevenir aos fiéis "a não andarem em companhia de ninguém que, embora trazendo nome de irmão, no credo, seja um imoral, ou um usurário, ou um desbocado, ou um ébrio contumaz, ou um extorsionário. Não deveis, nem mesmo, fazer vossas refeições com tais pessoas".

Lá pelos últimos dias da presença de Paulo em Corinto, foi iniciada ação de repulsa contra êle, pela assustada comunidade judia. A Lei de Moisés era inflexível, em matéria de conduta social; e Paulo se viu acusado de "desencaminhar o povo, arrebanhando prosélitos à revelia da Lei Judaica".

Conforme o dizem os *Atos*, o libelo acusatório foi proferido perante Gálio, o procônsul romano em Acaia, sendo hoje possível, em virtude dêsse dado referencial, fixar-se o ano exato em que aconteceram essas coisas; bem como determinar certa data, que assume relêvo especial na vida de Paulo.

Gálio, — ou, dando-lhe o nome por extenso, — Lucius Junius Annaeus Gallio, — era irmão do filósofo estóico Sêneca, o tutor de Nero. Entre as inscrições descobertas nas cercanias de Corinto, há uma, que não sòmente se refere a êle, dando-o como procônsul, mas até precisa a data em que êle assumiu o cargo e que corresponde ao ano 51, da nossa era. O episódio registado nos *Atos* se verificou, portanto, entre julho do ano de 51 e junho de 52, D.C.

A bondosa natureza de Gálio foi proverbial entre os seus contemporâneos e mesmo entre os pósteros, muito tempo depois. Dêle disse o próprio irmão: "Não existe homem mortal, que seja tão bonzinho — para uma pessoa só, quanto êle o é, para todo o gênero humano". Será que a Bíblia sustenta isso? Acho que sim.

Gálio disse aos acusadores de Paulo que, caso se lhe antolhasse, na causa em pauta, qualquer questão de conduta censurável, ou criminosa, não hesitaria em conhecer da espécie. Mas, desde que, ao seu ver, antes lhe parecia tratar-se, apenas, de assunto puramente interno, e restrito à matéria de leis judaicas, já ela escapava à sua alçada; e, cortêsmente, declinou da função de juiz no feito.

A maior parte das traduções existentes nos incutem a impressão de ter agido Gálio de modo áspero e orgulhoso; para isso, porém, não se encontra fundamento, se nos louvamos nos textos gregos originais. A impressão falsa decorre, e se agrava, em função do resto da crônica, onde se nos conta como os circunstantes agarraram Sóstenes, presidente da sinagoga, e lhe aplicaram uma tareia, ali mesmo, em frente do tribunal.

Diz, aí, a Versão Autorizada: "E Gálio nada quis com tais coisas". Até mesmo na Versão Revista e Padrão, se consignam as palavras, precisamente assim: "Porém Gálio não concedeu atenção a isso". Ambas, pois, dão a entender que êle se comportou de modo inteiramente contrário ao conhecido pendor do seu caráter pessoal, — não obstante o que, numerosos sermões se têm burilado em tôrno do enganoso texto. O que está, realmente, no Novo Testamento, é: "Porém Gálio não foi responsável por isso". Coisa muito diferente, como se vê.

O fato de ser, o procônsul, irmão do famoso Sêneca, se reveste de especial interêsse, por um outro motivo, isto é, o haverem-se distinguido, pela argúcia dos estudiosos, uma porção de coincidências ideológicas entre a doutrinação do grande filósofo e os ensinamentos de Paulo. Já se propôs, até, — conquanto hoje em dia não mais se o faça, — a inferência de que Lúcio Gálio, o procônsul, houvesse comunicado as idéias do Apóstolo de Tarso ao filósofo augustino, seu irmão.

Explicação mais plausível, para as similitudes destacadas, é que ambos, Paulo e Sêneca, se tivessem deixado influenciar, isso sim, pelos escritos de um estóico, seu predecessor, Atenodoro, filho de Sandon, que fôra preceptor de Augusto e era natural de Tarso, a cidade onde nasceu Paulo.

Pouco tempo depois da sua comparência diante de Gálio, decidou o apóstolo regressar à sua gente. Talvez tivesse adoecido, naquele inverno; e, em sinal de ação de graças pelo restabelecimento de sua saúde, fêz o voto de nazireu no pôrto de Cencréia, o que se traduziu em raspar totalmente a cabeça e levar o cabelo, como *ex-voto*, a Jerusalém, segundo era o costume daqueles idos. Áquila e Priscila fizeram-lhe companhia, nessa viagem, até Éfeso.

CAPÍTULO TRIGÉSIMO SEXTO

FORTE NAS ESCRITURAS

Não fazia muitos meses que Paulo passara por Éfeso, de viagem para Jerusalém, quando ali chegou, vindo de Alexandria, um homem portador de muitos dotes pessoais. Chamava-se Apolo, por abreviação de Apollononius. Possuía atraente personalidade, era extremamente eloqüente e, ademais, tido como "grande autoridade na Bíblia".

Os *Atos* dizem que êsse Apolo "ensinava com grande apuro as matérias relacionadas com Jesus", embora, pessoalmente, só fôsse familiarizado com o batismo de João.

Quer isto dizer que êle dava uma explicação messiânica de trechos do Velho Testamento, segundo os aplicavam a Jesus os cristãos. E o fazia, à luz do que ensinaram os seguidores do Batista, em doutrinas que se haviam, evidentemente, espalhado pelo Egito, depois, como o fizeram pela Ásia Menor e outras partes.

A primitiva literatura cristã nos proporciona boa messe de informes acêrca da seita do Batista, a qual constituía um movimento autônomo e poderoso, sustentáculo da doutrina de que João Batista é que fôra o Cristo. Erigia-se, pois, em avultado rival, perante a Igreja nascente e ia ganhando muita e mui difundida aceitação. O Quarto Evangelho teve que se ocupar em denegar enèrgicamente o aleive de que João houvesse jamais proclamado ser êle próprio o Messias.

Ainda hoje se percebem vestígios das tradições da referida seita, na literatura e nos ritos dos Mandeanos, que vivem na região do Baixo Eufrates, no Iraque. A língua sagrada dessa gente é uma forma do aramaico; sendo que atualmente, na Universidade de Oxford, procede à compilação de um Dicionário Mandaico a erudita Lady Drower, que viveu entre aquela seita e muito contribuiu à tradução dos seus documentos rituais.

Possibilidades novas, de interpretação dos ensinamentos de Apolo e dos Batistas, foram recentemente descerradas pelo feliz achado dos Rolos de Pergaminho do Mar Morto, bem como de fragmentos de muitos outros livros, nas cavernas existentes por ali. Surgiu à luz do dia uma página de uma coleção de testemunhos messiânicos, provindos do Velho Testamento, compilada pela confraria à qual se atribuem aquêles rolos de papiro, e viveu na mesma época e nos mesmos ásperos êrmos da Judéia, que João escolheu para sua vida de anacoreta. Os ditos papiros nos estendem, outrossim, grande cópia de novíssimos comprovantes da forma pela qual se interpretava, profèticamente e alegòricamente, a Bíblia.

As gentes da comunidade do Mar Morto de Khirbet Qumran, aparentadas e talvez, mesmo, possíveis de identificar com aquelas a quem Josefo, e outros autores, vieram a chamar de essênios, — eram movidas,

Ruínas do Grande Anfiteatro de Éfeso. (De: *The Story of the Bible*, Fleetway Press).

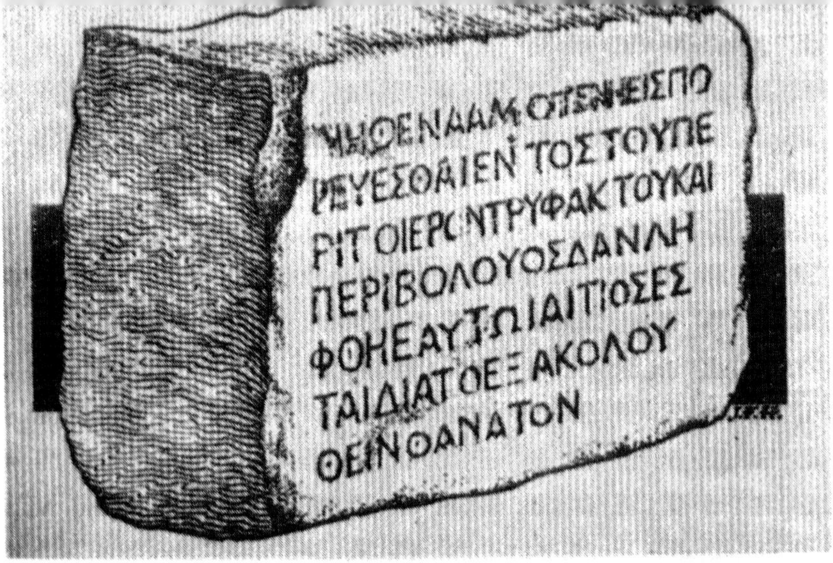

(Em cima): Inscrição contendo aviso de interdição de passagem, gravada em língua grega, proibindo a estrangeiros penetrarem no Santo-dos-Santos do Templo em Jerusalém. *Tradução*: "Estrangeiro algum entrará para o recinto rodeado pela balaustrada que cerca o Templo e suas cercanias. Quem quer que seja apanhado em tal transgressão será o único responsável por sua própria morte, que lhe será imediatamente dada". (De: *The Authentic New Testament*).

(*Em baixo*): Tinteiros de barro (*terracota*) e de bronze usados pelos escribas que grafavam os Rolos de Papiro do Mar Morto. (Reprodução fotográfica de *The Dead Sea Scrolls*, de J. M. Allegro, Penguin Books; *data-venia* do Museu Arqueológico da Palestina).

pela mesma razão que movia a João Batista, a "meter-se no deserto, para aí preparar os caminhos ao Senhor". Criam elas, que os Últimos Tempos, do mundo coetâneo, eram chegados.

Mas ainda podemos ir além. Certo livro judaico medieval refere que, entre os escritos de que se achavam de posse, outrora, êsses trogloditas místicos, constavam "as obras do alexandrino". Tratava-se, quase com certeza, dos livros do famoso filósofo judeu, Filo de Alexandria, que foi contemporâneo de Jesus e ainda vivia, já alquebrado ancião, ao tempo em que andou predicando Paulo.

Êsse Filo escreveu, êle próprio, a respeito dos essênios da Palestina; e relata, em seus escritos, que, nos dias do *sabat*, "êles se sentam com muito decôro, conforme compete à solenidade, e prestam ouvidos mui atentos. Aí, um dêles toma dos livros (a Bíblia) e lê em voz alta, ao que, um outro, portador de especial proficiência, se adianta e explana o que não foi perfeitamente compreendido. Isso, porque a maior parte do seu estudo filosófico é vazada em forma alegórica, no que procuram requintar sôbre antigo método".

Apolo, precisamente, era homem dotado dessa mencionada proficiência especial, para a tarefa da clarificação dos textos lidos.

Os trabalhos de Filo oferecem sua própria e peculiar versão do método alegórico aplicado aos Cinco Livros de Moisés. As interpretações dão, amiúde, a impressão de coisa muito forçada e esdrúxula, embora fôssem os seus resultados altamente edificantes. Mas, entre os círculos intelectuais de Alexandria, a que se destinavam, eram absorvidos com gôsto e sem reservas.

O referido método andava em moda. Os filósofos helênicos locais, duma cidade como aquela, que possuía a maior biblioteca do mundo de então, viviam revoltados com a descarada crueza dos mitos pagãos de antanho. Conjuravam, pois, com insistência, o povo, a que não tomasse ao pé da letra aquelas lendas, que apenas exprimiam, sob forma simbólica, idéias religiosas. Filo visava demonstrar que, no tocante às verdades latentes, a Bíblia judaica era parelha, senão mesmo superior, realmente, a tudo quanto os filósofos gregos tinham para dar. E, além do mais, era isenta da grosseria sexualística das histórias pagãs dos deuses da mitologia, as quais só serviam para os aviltar, ao mesmo tempo que a estimular o vício.

Quando o cristianismo se viu sòlidamente firmado em Alexandria, levado para lá, segundo se diz, pelo evangelista Marcos, — instituiu-se ali uma escola filosófica no novo pensamento, a qual se valia do método alegorístico e muito deveu a Filo. Os livros dêste eram tidos como de elevadíssimo valor, pelos Patriarcas da Igreja; e até diz Eusébio, historiador da Igreja, no quarto século, que, sob o reinado de César Cláudio, o filósofo judeu entretivera práticas filosóficas, em Roma, com Pedro Apóstolo.

De tôdas essas várias fontes, logramos elementos para reconstituição de um panorama do meio espiritual em que floresceu Apolo de Alexandria; bem como se nos permite avaliar bem o que deve ter sido a sedução da sua experimentada eloqüência, quando êle desenvolvia, perante os seus auditórios, o que se lhe ensinara constituir a significação das Escrituras.

Entre os que lhe beberam as palavras, se encontravam aquêles dois amigos de Paulo, o casal Áquila e Priscila, os quais se deram a conhecer ao orador e "lhe explicaram, com mais exatidão, os caminhos de Deus". Apolo fêz, pois, ato de submissão a Cristo e empregou os dotes oratórios de que era rico, para provar que Jesus era o prometido Messias.

Quando lhe veio o desejo de atravessar o mar, buscando terras da Acaia, e a cidade de Corinto, "os irmãos, que se tinham tomado de grande afeição por êle, escreveram aos discípulos, para que lhe proporcionassem, por lá, as boas-vindas". O teor dos seus ensinamentos exerceu influência tão grande que, nas rinhas partidárias que, por má-fortuna, dilaceraram em seitas a comunidade cristã de Corinto, o nome de Apolo era arvorado, como bandeira, por uma das alas dissidentes, em contraposição à invocada autoridade do nome do próprio Paulo.

Êste último se viu forçado a chamar a contas, como apóstolo, aquêles barulhentos cristãos, por tôda essa pendenga e dissídio; sem embargo do que, rendia homenagem àquele homem, cujo alto valor era, precisamente, o que se lhe antepunha, como desafio, ao seu mesmo. "Ora, pois, que significa Apolo e que significa Paulo? Simplesmente, que são nada mais que agentes, cada um à feição em que o formou o Senhor, e por intermédio do qual vós fôstes trazidos a crer Nêle. Eu semeei, é certo; e Apolo regou a sementeira; mas foi Deus Quem fêz nascer a plantação. Conseguintemente, nem o semeador, nem o aguador, contam para nada; senão que sòmente Deus, Que fêz brotar da terra".

Seria, realmente, bem estranhável, não comportasse o Novo Testamento exemplo algum do lavor dêsse brilhante alexandrino, assim nos privando de qualquer amostra, que fôsse, do seu talento.

Efetivamente, há fortíssima probabilidade de possuirmos um exemplar das suas vigorosas faculdades de exposição, na anônima *Epístola aos Hebreus*. Êsse livro, logo à primeira vista e insofismàvelmente, se percebe que não é da lavra de Paulo, pois, de modo nenhum, corresponde, em linguagem, em estilo e na argumentação, a tais atributos, presentes nas características missivas do Apóstolo aos gentios.

O autor da mencionada epístola revela, aí, mais facilidade no manejo do grego literário, comprazendo-se, com volubilidade, em sutis matizados de sentido e de consórcios vocabulares. Suas citações do Velho Testamento, êle as extrai exclusivamente do texto alexandrino da Versão Grega (a retro-mencionada *Septuaginta*); e se lhe notam indícios de que, como escritor, vivia familiarizado com as obras de Filo, o filósofo judeu de Alexandria.

Filo se refere ao Logos (a Palavra Divina) como "não partícipe no pecado"; e o chama de "Sumo-Sacerdote". Também diz que "o Logos foi precedido, qual sombra, por Melquizedeque", o rei de Salém, de quem fala o Gênesis, o qual deitou as bênçãos sôbre a cabeça de Abraão, após a expulsão dos reis que haviam arrebatado Lot. Em *Hebreus,* (capítulo quinto), o autor faz uso das mesmíssimas idéias, com relação a Jesus.

No entanto, como elemento inquestionável, um versículo aparece, particularmente claro e evidente. Diz-se em Hebreus V, 13: "Visto como, havendo Deus prometido a Abraão, Jurou por Si Mesmo, pois não lhe fôra possível jurar por outrem maior do que Êle". Aí está, exatamente, o que escrevera Filo, acêrca dos convênios entre Deus e Abraão. São suas próprias palavras, textuais: "Havendo mui bem confirmado Sua promessa, até por juramento... porquanto vêdes que Deus não juraria por outrem que não Êle mesmo — o qual é o melhor juramento que haja, — pôsto que nada, e ninguém, O supera".

Dessa maneira nos é dado ver que a *Epístola aos Hebreus* corresponde, ponto por ponto, aos dotes de que fôra ornado êsse afamado intelectual cristão, ao que nos dizem as crônicas; e que eu pus inteiramente em evidência, em seu abono, na minha tradução do *Autêntico Novo Testamento.* Patenteada é, por igual, a sua eloqüência. O capítulo (*Heb.* XI), que fala daqueles que viveram pela fé, é uma das peças literárias mais delicadas do Novo Testamento; pelo que, mereceria maior e mais profunda divulgação.

Eis aqui uma amostra da passagem conclusiva, a respeito dos santos do Velho Testamento; bem assim, da lição que ela nos ensina:

"Êles foram lapidados, queimados vivos, torturados nos tratos, serrados pelo meio e mortos a fio de espada. Andaram envoltos em peles de carneiro e peles de bode, penando na mais negra necessidade, opressos e maltratados, — aquêles homens dos quais o mundo não era digno. Vagaram por desertos e montes e dormitaram em cavernas e em buracos cavados na terra. No entanto, nem mesmo tudo isso, figurando, muito embora em abono da sua fé, nos auferiu, a nós outros, a segurança da promessa; havendo Deus tido em vista os nossos melhores interêsses, de que êles não fôssem aperfeiçoados sem nós.

"Sendo êste o caso, e cercados, que estamos, de tão densa multidão de testemunhas, a nós também compete despojarmo-nos de tôda estorvante presunção e pegajoso pecado, que se aferram ao nosso coração. Percorramos, lestos e decididos, a nossa marcada corrida, tendo a Jesus, fixo em nossa mente, como marcador de partida e chegada, na maratona da fé; o qual, por amor às alegrias que lhe estavam reservadas, carregou aos seus ombros a sua cruz, desprezou a ignomínia, e agora está assentado à mão direita do trono de Deus".

Êsse trecho ilustrado é tirado dos Jogos Gregos; e talvez que se refira, mesmo, aos Jogos do Istmo, que se efetuavam em Corinto.

Por intermédio de Apolo, carreou-se, para dentro da órbita cristã, a sabedoria dos eruditos de Alexandria; e bem parece que devamos nós, hoje, muito mais do que o supomos, ao homem que foi, naqueles tempos, um "Forte nas Escrituras".

CAPÍTULO TRIGÉSIMO SÉTIMO

A CASA DA MAGIA

A terceira viagem missionária de Paulo o levou especialmente a Éfeso, onde êle sempre quisera operar. E aí, excluídos alguns breves interregnos, haveria êle de permanecer por três anos, o mais largo período de estada, que tivera, em qualquer cidade, de per si, através de tôdas as suas viagens missionárias.

Boa razão tinha êle, para essa dilatada demora em Éfeso; por isso que, êsse "Fanal da Ásia" era a capital da província romana da dita Ásia, que corresponde à moderna Turquia. Foi sede governamental do procônsul romano e entroncamento da rêde viatória que entreligava as sete cidades, cujas igrejas são interpeladas na *Revelação*: — Éfeso, Esmirna, Pérgamo, Tiatira, Sardis, Filadélfia e Laodicéia.

A primeira, rica e poderosa cidade, plantava-se em fértil campina, a uns cinco quilômetros da orla marítima, na abertura do vale do rio Caister. Êsse curso dágua era navegável por navios, ao tempo de Paulo, até o pé dos muros de Éfeso, de modo que esta se beneficiava de tôdas as vantagens de um pôrto mediterrâneo, atraindo hordas de peregrinos, que vinham visitar-lhe o templo de Artêmis, uma das Sete Maravilhas do Mundo Antigo.

Éfeso ganhou ainda maior importância, na História do Cristianismo, por ter sido a residência última e lugar de sepultamento de São João, a quem se conhecia como o "Teólogo" e se tinha em conta de haver sido "o discípulo amado" de Jesus e autor do Quarto Evangelho. A velha catedral bizantina do "Hagios Theologos", (Santo Sabedor de Deus), atualmente em ruínas, foi construída, em grande parte, com pedras tomadas ao derruído Templo de Artêmis; e a moderna aldeia turca, que existe não longe dêsse local, ainda conserva, até hoje, o antigo nome cristão, que tinha originàriamente, apenas modificado, sob a forma da corruptela moderna de 'Ayassoluk" ("Hagios Theologos": os dois *ss* substituido a *thita* grega).

Para os propósitos missionários que Paulo tinha em mente, Éfeso era um ponto-chave. Contando-se com um grupo, reforçado e decidido, de bons fiéis, ali, tinha-se a evangelização e organização regional da Ásia (aliás, Ásia-Menor). Ao planejar a extensão dos seus labôres para o Ocidente, êle se poderia dar por satisfeito com semelhantes resultados, para, então, se permitir voltar as costas à Ásia, já que deixava ali, bem assente, uma rêde de comunidades de crentes, que se apoiariam umas nas outras, mùtuamente.

A Ásia-Menor, mais ainda do que a Grécia, se achava sujeita, conforme Paulo já o percebera, a influências antagônicas à sua doutrina; de modo que lhe era essencial montar ali um amadurecido e estável reduto de cristãos, sob a égide duma dirigência espiritual, na qual êle mesmo pudesse confiar. Não foi inteiramente feliz neste desiderato, podendo nós imaginar quanto não lhe terá sido doloroso, nos seus dias de encarceramento em Roma, seus últimos dias de existência terrena, ter que escrever estas palavras: "Todos os que se acham na Ásia se apartaram de mim".

Segundo os *Atos,* Paulo aproveitou a sinagoga de Éfeso como seu primeiro local de instrução naquela cidade. Aí prelecionou durante três meses, até que uma oposição montante o constrangeu a transferir a sua pregação para a sala de conferências de um tal Tirano, e aí discursava diàriamente.

No início dêste nosso século, rebuscando entre as ruínas do vasto teatro de Éfeso, que também consta mencionado na história de Paulo, arqueólogos austríacos desencavaram uma série de edifícios de natureza educativa, um dos quais não é nada impossível que fôsse outrora o sobredito auditório acadêmico de Tirano.

Um velho manuscrito grego, que inclui no seu contexto os *Atos,* ora depositado em Cambridge, onde é conhecido pela denominação de "Codex Bezae", leva a crer que o apóstolo dispunha de horas certas, prèviamente estipuladas, para as suas preleções; por isso que, após a expressão "diàriamente", junta as palavras "das onze às quatro". Em outras horas, tinha o conferencista que efetuar visitas e, não o esqueçamos, procurar ganhar a vida material, como fabricante de barracas de estamenha.

Prossegue a exposição bíblica: "Isso continuou assim, por dois anos, de modo que todos quantos viviam na Ásia, — judeus, ou gregos, por igual, — ouviram a Mensagem do Mestre. Deus obrou extraordinários milagres, servindo-se de Paulo como Seu instrumento; de tal maneira, que até simples lenços e tecidos de recobrir os rins eram levados para alívio aos doentes, depois de postos em contato com a pessoa dêle, pois, por êsse meio, se libertavam êles dos seus males do corpo e dos espíritos daninhos que os atormentavam".

Um pequeno pormenor que nos ajuda a melhor apreciar a fidelidade dos relatos da Bíblia está em que êsses artigos de vestuário aqui citados, o são, no Sacro Livro, sob os seus nomes latinos mesmo, a saber *sudaria* (para lenços) e *semicinctia* (para os meios saiotes, ou tangas, sôbre os rins); vocábulos, êsses, passados para o idioma grego, nos respectivos correspondentes, pois Éfeso era a capital romana de uma província onde se falava principalmente a língua grega.

Às notáveis curas, operadas por Paulo aí, levaram certos exorcistas itinerantes, judeus, a invocar, abusivamente, o nome de Jesus, sôbre os possessos de espíritos malignos, clamando diante dêles: "Eu te esconjuro por Jesus, aquêle a quem Paulo proclama!"

Encontram-se no *Talmud* judeu referências à realização de curas milagrosas em nome de Jesus, murmuradas algumas palavras ao ouvido do paciente. Mas Éfeso era particularmente notável pelo apêgo a curiosas artes, tanto que uns tantos encantamentos mágicos ficaram sendo conhecidos pela denominação de Escritos Efésios.

Era aí, às Portas da Ásia, que se empilhava tôda a parafernália da feitiçaria mercadejada dos lados do Oriente, — feitiços e amuletos, taças de Babilônia, trazendo estranhos dizeres inscritos na borda, rolos de papiro, contendo esconjuros egípcios, e algaravias em tôrno de nomes em hebraico, caldaico e egípcio, aptas a impressionar os supersticiosos.

Famoso livro mágico elaborado no Egito e conservado na Biblioteca Nacional de Paris, fala no nome de Jesus e é, aliás, parcialmente judeu, quanto à origem de onde procede. Por êle, podemos com exatidão examinar a natureza das coisas que faturavam tão elevados preços na praça de Éfeso.

Um excerto, que tomamos à tradução de Deissmann, em seu livro *Light from the Ancient Eats,* reza o seguinte:

> "Escreve êste filatério (um *breve,* para servir de amuleto) sôbre uma pequena fôlha de lata (estanho): "Jaeo, Abraothioch, Phtha, Mesentiniaeo, Pheoch, Jaeo, Charsoc"; e dependura-o ao redor do pescoço do sofredor: é coisa, para todos os demônios, muito de temer e de lhes causar tremor".
>
> "Pondo-te de pé, em sua frente, lhe lançarás um esconjuro. O qual esconjuro é o seguinte: "Eu te esconjuro pelo deus dos hebreus Jesu, Jaba, Jae, Abraoth, Aia, Thoth, Ele, Elo, Aeo, Eu, Jiibaech, Abarmas, Jararau, Abelbel, Lona, Abra, Maroia, braço, que parece arder em chamas; a ti, que te encontras no meio da terra e da neve e do vapor, Tannetis: deixa descer o teu anjo, o implacável, e que êle arraste ao cativeiro êste demônio que esvoaça ao redor desta criatura, a qual Deus formou em seu santo paraíso".

Era altamente lucrativo o tráfico de semelhantes baboseiras e isso, em todos os níveis sociais; sendo explorado, em sua plenitude, por uns tais, semelhantes aos filhos de Ceva, de quem fala o Novo Testamento, os quais se viram em sérias dificuldades, quando o homem que êles queriam curar "saltou-lhes em cima e os prostrou por terra, de tal forma, que êles se puseram em fuga daquela casa, com as carnes laceradas e as vestes em tiras".

A cigana ledora de *buena-dicha,* que andava por Epsom Downs, teve o seu modêlo, antiquíssimo, na judia vendilhona, mui encontradiça nas alegres feiras festivais, gregas e romanas; figura essa, a respeito da qual compôs Juvenal êstes versos:

Deitando para um lado a palha e o cêsto,
Tremente e a murmurar, pede a judia um pão,
Ela, a intérprete da Lei de Salém, sacerdotisa
Das árvores, fiel mediadora do céu.
De moedas, aos punhados, se enche; mas, migalhas:
Êstes judeus vendem os sonhos que queiramos.

Uma das primeiras inscrições que se colheram nas escavações efetuadas em Éfeso, representava um gênero de adivinha, por intermédio de presságios oriundos das aves, inscritos numa lápide de mármore. "Se a ave voa da direita para a esquerda e, então, se ela se libra aos ares, ou pousa, fora da nossa vista, — é mau presságio"; e assim por diante.

Os grandes e os humildes, os ricos e os pobres, eram, todos, e por igual, ingênuos e crédulos; pois a verdade é que, naquelas recuadas eras, levava-se muito mais a sério êsse trato com magias, bruxedos e demônios, do que se o faria, mais tarde, na Grã-Bretanha do século dezessete. Legado da mentalidade dessa época, é a novela intitulada *O Asno de Ouro*, da autoria de Lúcio Apuleio, que se acha ao alcance de quem desejar conhecê-la, pois há uma sua tradução moderna.

Resultou do incidente do esconjuro em Éfeso, que muitos "confessaram e desabafaram, de vez, sôbre as suas pecaminosas práticas. Vários, que viviam de bruxedos e magias, fizeram uma fogueira com os seus danados livros, à vista de todo mundo. O valor dos objetos assim sacrificados foi computado e se achou que andaria por perto de cinqüenta mil peças de prata" — nada menos de £ 2.000, da moeda inglêsa atual.

Embora combatendo os bruxos e quejandos elementos, não subestimava Paulo o poder das fôrças espirituais hostis.

É significativo e oportuno o fato de se deter êsse apóstolo, preponderantemente na consideração de tais fôrças, em suas cartas às comunidades da Ásia, os efésios e colossianos (e que se destinavam a ser lidas igualmente em Laodicéia e Hierápolis).

Aí, êle relembra aos crentes efésios que Cristo está "muito acima de qualquer Regra e Autoridade, Poder e Domínio(de natureza espiritual); bem como de tôda e qualquer entidade que exista, não só no mundo em que ora vivemos, como no porvindouro". Êle emprega no seu estilo expressões correntes então, como fôssem "os *eons* (as eras) dêste mundo, o *arconte* (o maioral) da governança da atmosfera inferior, o *espírito daquele* (do Espírito do Mal) que ora incita os cristãos à desobediência". Quando nos informamos sôbre as artes mágicas que campeavam entre os efésios, logo se nos torna lìmpidamente clara essa linguagem.

Não era vão nem ocioso, o aviso premonitório que Paulo lançou aos colossenses, ao escrever-lhes: "Cuidai que ninguém logre se apossar de vossa mente, com filosofia e indignas artes inerentes à humana tradição, ou às fôrças elementares do mundo, que não a Cristo; porquanto nêle é que habita, corpòreamente, a imensidade da divina sabedoria, e é sòmente nêle, — que é Maior do que todos os que são Governantes e Autoridades, — que vos completareis".

Vai uma enorme distância entre os bruxedos e mágicas daqueles tempos e o inocente interêsse, dos nossos dias, no que predizem as estrêlas e em procurar saber do nosso destino, através dos horóscopos, das cartas e da bola de cristal. Mesmo assim, ao nos permitirmos estas práticas, estaremos rendendo inconsciente homenagem e tributo àquelas mesmas "fôrças elementares" contra as quais imprecava Paulo.

CAPÍTULO TRIGÉSIMO OITAVO

"ARRIBA, ARTÊMIS!"

Entre os numerosos incidentes descritos nos *Atos dos Apóstolos*, um dos mais vìvidamente pictóricos é o relato de como o feliz êxito das prédicas de Paulo, em Éfeso, veio a ocasionar, certa vez, ruidosa manifestação popular, de desagravo à deusa Artêmis.

A narrativa, aí, é rica de côr local e de informes concretos, acêrca dos magistrados e das instituições, daquele que era, então, um dos mais importantes centros demográficos do mundo antigo. Ela nos proporciona, pois, saliente e marcante demonstração, por onde se pode, mais uma vez, apurar a precisão dos relatos da Bíblia. Se esta fraquejasse aqui, tôda a sua autoridade histórica quedaria perigosamente minada.

Sobejo será dizer-se que a Bíblia, aliás, atravessa a prova, com suas bandeiras desfraldadas. Mas o mero registo da maneira como a comprovação foi sendo gradualmente obtida é já, por si só, uma coisa apaixonante; dado que as glórias de Éfeso e de seu famoso santuário, — o Templo de Artêmis, — uma das Sete Maravilhas do Mundo, àquela época, — de há muito já se hão desfeito no pó e no olvido.

Nos dias de Paulo, o Templo de Artêmis era apenas o último edifício de um santuário composto de longa série dêles, todos dedicados à adoração dessa deusa. Aquêle que o precedera imediatamente devia muito do seu esplendor à munificência do fabulosamente abastado Creso, rei da Lídia. O último edifício, e o mais estupefativo dêles todos, fôra projetado por Dinócrates, arquiteto favorito de Alexandre Magno; artista, aquêle, a quem se deve, também, o traçado da construção de Alexandria, no Egito. Os autores clássicos nos legaram descrições da obra. O edifício, terminado em 323 A.C., mais ou menos, media mais de 140 metros de comprimento, contando 127 colunas de vinte metros de altura, doze das quais eram recobertas de entalhes escultóricos, representando cenas diversas.

Tesouros de arte, inapreciáveis, adornavam êsse santuário, entre êles, numerosas estátuas devidas ao cinzel de Praxíteles, o mui famoso, mais pinturas de grandes artistas, inclusive o célebre retrato eqüestre de Alexandre Magno, obra do pincel de Apeles. Contam os cronistas que o Grande Alexandre não ficou muito entusiasmado com êsse trabalho; mas o seu cavalo, ao contrário, pôs-se a relinchar, assim que viu na tela a sua própria figura. "Vê, ó Rei!" comentou o pintor, "teu cavalo entende mais de pintura do que tu".

O Templo não era, apenas, um repositório de custosos presentes, trazidos pelos devotos como *ex-votos*: servia, também, de caixa-forte, era uma instituição bancária. A seu respeito, escreveu certo autor: "O templo de Artêmis é a arca do tesouro, comum para tôda a Ásia". Subsistiu, incólume, até o ano de 262 da era cristã, durante o qual foi saqueado e arrasado pelos gôdos. Pouco a pouco, foram os seus destroços afundando, depois, nos alagadiços formados pela alteração de curso dada ao rio Caister; e, dentro de alguns séculos, já se tinha perdido no esquecimento até a localização estimativa do desaparecido portento arquitetônico.

E que dizer de Artêmis, a própria deusa? Era, em verdade, a antiga deusa-mater da Ásia, subseqüentemente identificada, pelos gregos, com a sua Artêmis, protetora dos animais selváticos e, portanto, Diana, para os romanos. Por esta última razão, é que o nome *Artêmis,* que figura no texto grego dos *Atos,* se transmuda em *Diana,* a passar à forma latina da Versão Autorizada. Nas moedas romanas de Éfeso vem, mesmo, êsse nome, — Diana.

Em sua aparência e natureza compósitas, era essa divindade representada com muitos seios, trajando uma túnica recoberta de cabeças de animais, tendo, como coroa, uma tôrre e, atrás dela, um resplendor, como o halo lunar.

Em virtude da sua significação originária, o culto de Artêmis apresentava um aspecto sexualístico, por isso atraindo, tanto o que havia de pior, como o que fôsse melhor da sociedade contemporânea; tanto mais, quanto as vastas turbas, portadoras de oferendas para a deusa, eram um filão opimo de criminosa colheita, para os amigos do alheio.

Em uma Epístola aos Efésios, redigida por Apolônio de Tiana, êste viajadíssimo filósofo escreveu: "Dedicais-vos às santas cerimônias, não menos do que a render homenagem ao Imperador. De um modo geral, não tenho como censurar o vosso costume de convidardes e serdes convidados, para festas; porém censuro decididamente as pessoas que compartilham, dia e noite, a morada da deusa; doutra forma, eu não veria como de lá expulsar gatunos e ladrões e raptores e tôda sorte de sacrílegos malfeitores; pois que o vosso templo é apenas um antro de ladrões".

O mérito da localização e recuperação do Templo de Diana em Éfeso, toca a um arquiteto inglês, J. T. Wood. Com o auxílio de um financiamento concedido pelo Museu Britânico, pôs-se J. T. Wood ao trabalho, em Éfeso, durante a primavera de 1863 e, embora tendo feito achados preciosos, não se contava ainda entre êstes o Templo. Por uma razão: é que êle não fazia parte da cidade, pròpriamente; antes se situara a cêrca de um e meio quilômetro para o nordeste dela.

Depois de seis anos de labutas, Wood já estava quase a largar tudo, quando umas inscrições encontradas o puseram na verdadeira pista do que buscava. No amplo anfiteatro, que figura nos relatos do Novo Testamento, veio êle a deparar um registo, datado de 104, na nossa era, onde se comemorava a doação que, à cidade, fizera um certo C. Vibius Salutaris, consistindo em determinada importância em dinheiro, mais umas estatuetas de deuses, que deveriam ser transportadas em procissão, todos os anos, do Templo até o Teatro e vice-versa.

Mencionava-se, até, o itinerário adotado, de modo que, seguindo êsse roteiro, Wood chegou a um lugar onde desencavou um trecho de muro, no qual se lia uma inscrição indicadora de que fôra ali o extremo limite do recinto sagrado. Cavaram-se, então, poços e trincheiras experimentais e, ao fim de tantos esforços, no dia 31 de dezembro de 1869, o ferro das pás tiniu no piso de mármore do almejado edifício, então soterrado já a quase sete metros de profundidade.

Wood continuou escavando ali, até 1874, do que resultou enriquecer-se o Museu Britânico com inúmeros fragmentos do Templo, além de outras relíquias efésias, que ainda hoje podemos examinar em suas mostras, em Londres.

Mas, e quanto ao que eram tesouros de ouro e prata? O seu achado foi a boa fortuna destinada a um outro arqueólogo, D. G. Hogarth, que também traba-

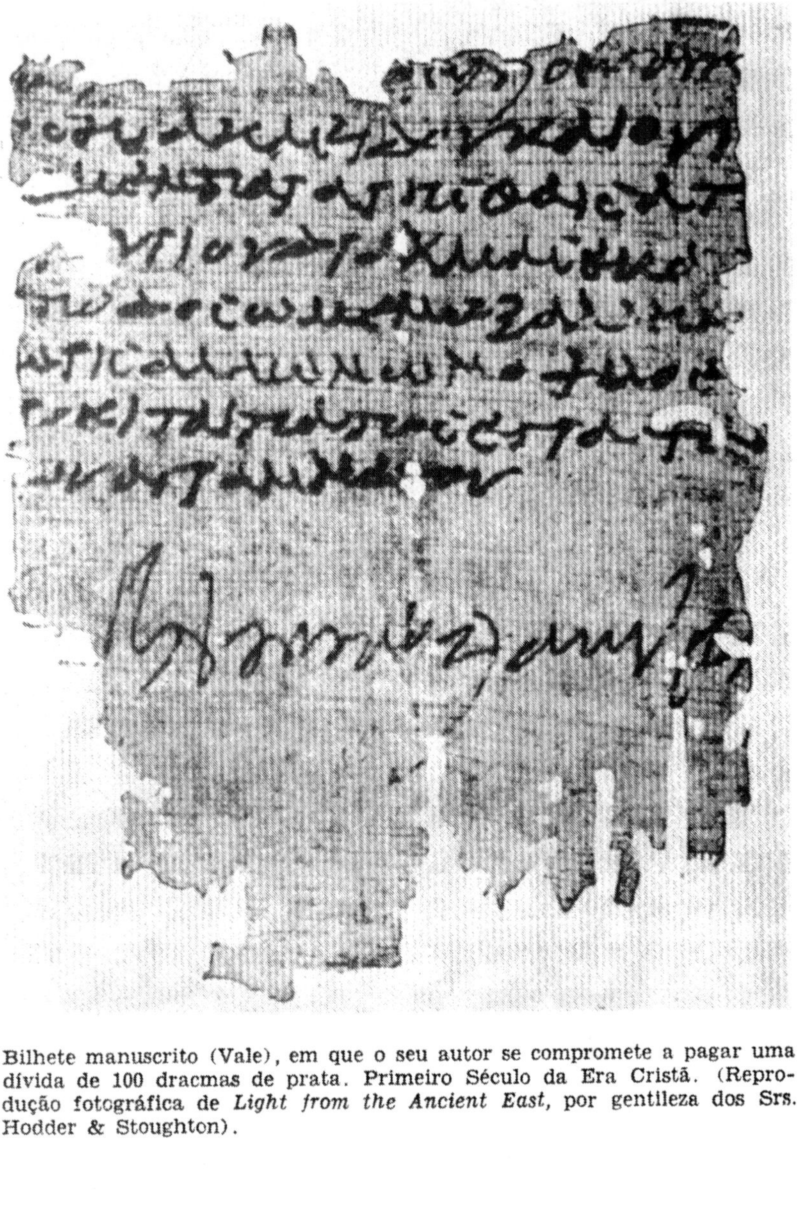

Bilhete manuscrito (Vale), em que o seu autor se compromete a pagar uma dívida de 100 dracmas de prata. Primeiro Século da Era Cristã. (Reprodução fotográfica de *Light from the Ancient East*, por gentileza dos Srs. Hodder & Stoughton).

(*À esquerda*): Ruínas de Sardis, uma das Sete Igrejas às quais o vidente se dirige na *Revelação*. (De: *The Story of the Bible*, Fleetway Press).

(*Embaixo*): "A Marca da Bêsta". Carimbo original, em pedra calcária, do imperador Augusto, A.D. 5-6. (De: *Light from the Ancient East*, Hodder & Stoughton).

lhou em Éfeso. Aconteceu-lhe partir a pedra da ara dum altar, em 1904, tendo o acidente deixado a descoberto o repositório e esconderijo de uma enorme cópia de riquezas em amoedados. Pelo visto, êsse altar funcionara como uma das casas-fortes bancárias do Templo. Ali por perto acharam-se, também, muitos e valiosos *ex-votos*, ofertados pelos fiéis, imagens de Artêmis esculpidas em diversos materiais e vários outros objetos preciosos.

Tudo isso nos leva diretamente à narração do Novo Testamento, a qual, assim como a traduzi, (*) tem o seguinte intróito:

"Justamente por aquela época, houve um grande distúrbio por motivos de Fé. Deveu-se isso a um certo Demétrio, ourives, que proporcionava aos seus artífices bom meio de vida, com a produção de retábulos de Artêmis em joalheria de prata. Reunindo-os ao pé de si, assim lhes falou: "Varões, vós compreendeis plenamente que o nosso ganha-pão é êste ofício. Também tereis observado e tomado boa nota de que êsse indivíduo, o tal Paulo, com as suas argumentações, tem abalado uma porção de gente, não apenas de Éfeso, como pode-se dizer que de quase tôda a Ásia, a inculcar-lhe que o que sai do fabrico por mãos dos homens não é nenhum deus, absolutamente. Isso quer dizer, não sòmente que nós corremos grave risco de desmoralização pública, como também que o templo da grande deusa Artêmis, reverenciada por tôda a Ásia e pelo Império, virá a não contar mais para nada e a influência da diva terá visto o seu fim'.

"Ao ouvirem esta dissertação, ficaram os operários mui tomados de ira e se puseram a bradar 'Arriba, Artêmis, viva a deusa dos efésios!"

A expressão "grande deusa Artêmis" encontra paralelo, nas inscrições, com o título "a suprema-

(*) Ver Sconfield, em The Authentic New Testament, edição Dennis Dobson. — (O A.).

mente grande deusa, Artêmis". Os troços descobertos também mostram quão sensíveis eram os asiáticos a qualquer desmerecimento que pudesse empanar o prestígio da sua deusa, circunstância essa que importaria em graves prejuízos no giro dos negócios.

O preâmbulo de um documento achado em Éfeso, datado de 160 D. C., e restaurado pelo erudito Canon Hicks, deplora que "Artêmis, a deusa que vela sôbre a nossa cidade, está reduzida a nada, não sòmente em sua cidade natal, a qual ela tornou mais gloriosa do que tôdas as outras cidades, por virtude da sua própria divindade, mas também entre os demais gregos e até entre os bárbaros, de tal maneira que, em muitos lugares, se têm vindo abandonando os sacrifícios e as honras que lhe são devidas".

O alarido provocado pela demonstração pública dos ourives, visando Paulo, em breve juntou multidão de gente, acorrida pelo natural consenso, ao imenso anfiteatro que, no comêço do nosso século presente, veio a ser desencavado pela expedição arqueológica austríaca. Tão vasto era, que poderia conter 24.000 espectadores.

Gaio e Aristarco, companheiros de viagem de Paulo, foram levados pela multidão; e o próprio Paulo quis ir até lá, ao teatro, apesar do risco a que se expunha. Mas os discípulos não lho permitiram. Outrossim, chegou-lhe também um aviso da parte dos asíarcas.

Êsses asíarcas, conforme ficamos sabendo, eram homens eminentes, que se viam eleitos para funcionarem como presidentes e patrocinadores das festas e dos jogos públicos. Cumpriam, além disso, deveres adicionais como sacerdotes afetos ao culto ao Imperador divinizado, coisa insuflada pelos romanos. Éfeso, como o escrevera Apolônio na carta que já mencionamos, era um dos centros asiáticos da adoração a César, ao mesmo tempo que a sede espiritual e terrena moradia de Artêmis.

Chegada, que foi, ao teatro a populaça, ainda incerta quanto à causa de tôda aquela agitação, a não ser de que se tratava de qualquer coisa que menoscabava a sua deusa, pôs-se a berrar em côro, por duas horas inteiras, "Arriba, Artêmis, viva Artêmis, a deusa dos efésios!" Por fim, acalmou-a um discurso do Notário Público da Cidade, — outro funcionário de quem falam os textos efesianos, — e o ajuntamento foi, afinal, se desfazendo, sem mais atropelos.

Tôda a narrativa constante dos *Atos*, pois, está não apenas correta, em tôdas as minúcias, como também a iluminam os resultados da inquirição histórica e da pesquisa arqueológica. É como se o relato desferido pelo brilhante cronista Lucas se houvesse suplementado por verdadeiros instantâneos fotográficos, em "flagrantes" jornalísticos dos acontecimentos relatados.

CAPÍTULO TRIGÉSIMO NONO

PAULO É PRÊSO

O inverno de 57 para 58 D.C. veio encontrar Paulo ansioso por abandonar o teatro das suas labutas na Ásia Menor e na Grécia e fazer aquela que iria ser a sua última visita a Jerusalém. Levou consigo os dinheiros resultantes das coletas levantadas pelas comunidades cristãs, em benefício dos santos pobres da Judéia, e se fêz acompanhar por alguns dos seus representantes.

Dêste ponto para diante dos *Atos*, gozamos da vantagem da narrativa direta, em primeira mão, das aventuras de Paulo, — provàvelmente devida a Lucas. Ao comêço da jornada, ocorreu um infortunado acidente que teve, não obstante, o seu lado divertido.

Em Troas, Paulo proferiu ainda um discurso final, "e prolongou sua peroração até a meia-noite. Havia muitas lâmpadas acesas, na sala do andar superior, onde nos achávamos reunidos; e um jovem, por nome Eutico, postou-se à janela, sentado no peitoril. Continuando Paulo a falar e a falar, o rapaz foi ficando sonolento e acabou mesmo por adormecer profundamente. No seu cambalear de dormente, terminou caindo lá embaixo, da altura de três pavimentos, sendo levantado como morto. Paulo desceu ao térreo e se precipitou sôbre o corpo inanimado; e, chamando-o a si, num abraço, falou: — 'Não vos lamenteis. Êle ainda vive'. Dizendo isso, tornou a subir, partiu pão, comeu, conduziu a conversação por muito tempo ainda, até raiar a madrugada; e já ia saindo, quando o rapazola foi trazido, já de novo em seus sentidos, para dentro do aposento onde êle estava; e todos ficamos enormemente aliviados".

A historieta poderá servir de escarmento, algo assustadora, aos pregadores prolixos. Mas também comporta ilustração pictórica das condições de vida daquela época. Eutico se sentou sôbre o peitoril da janela, por causa da fumaça e fuligem que saíam em excesso das lâmpadas de azeite. Aquela atmosfera abafada e a cantilena monótona do inexaurível orador concorreram para pô-lo, por fim, a dormir. Cabeceando, na luta contra o sono, o menino se agitou convulso e descaiu para trás. E como, naqueles tempos, as janelas não tinham vidraças, lá se foi êle, tombado no vácuo.

Tal como o fizera o seu Mestre, outrora, tinha agora Paulo o rosto resolutamente voltado na direção de Jerusalém e para lá se apressou em seguir, à revelia das insistentes insinuações, que se lhe faziam, de que lá o aguardavam o cárcere e os severos tribunais. Em cada lugar por onde passava, durante todo o seu trajeto até Cesaréia, no litoral da Palestina, os discípulos estavam sempre a suplicar-lhe que não fôsse além.

Mas o apóstolo foi de uma decisão inquebrantável, adamantina. "Por amor do Senhor Jesus", disse, "eu me acho absolutamente pronto para ser atado de pés e mãos e para morrer em Jerusalém".

Quando os jornadeantes alcançaram a cidade, foram aí saudados de boas-vindas por Tiago, o irmão de Jesus e pelos anciãos nazarenos. Essa comissão de recepção o preveniu, todavia, de que era bem provável surgirem contratempos, porque andara correndo um maldoso boato de que êle vivia instruindo os judeus no sentido de abandonarem a Lei Mosaica. Os nazarenos eram, êles próprios, tão "fanáticos da Lei" quanto os demais judeus.

Pairava, de fato, aguda tensão na capital, naquele instante. O fervor religioso e patriótico se achava, real e literalmente, em alto grau de ebulição, de fervura febril. Qualquer deslize em matéria de fé era interpretado logo como bandeamento para o lado inimigo, — Roma e os seus satélites. Para pôr um paradeiro aos labéus que lhe atiravam, de comportamento antijudaico, aconselharam Paulo a que se incluísse num grupo que andava cumprindo um voto nazirita, o que importava em abster-se de cortar o cabelo e de se servir de bebidas espirituosas e, junto com êsses devotos, oferecesse sacrifícios no Templo, ao completarem o período da penitência religiosa. Com isso, êle deixaria bem provado não ser nenhum "quinta-coluna".

Paulo acedeu prontamente. Mas, encontrando-se no Santuário, foi visto por alguns judeus da Ásia, que logo se puseram a gritar: "Socorro, israelitas! Lá está o sujeito que anda por tôda parte virando tôda a gente contra o nosso povo, e contra a nossa Lei, e contra êste Santo Lugar! Êle chegou ao cúmulo de meter gregos no Santuário e de profanar o Santo-dos-Santos!" Haviam-no visto na cidade, em companhia do efésio Trófimo, imaginando, por isso, que Paulo trouxera o estrangeiro ao Santuário, quando tal não se dera.

Estrangeiros podiam, é certo, entrar no Templo; mas só até o Pátio dos Gentios, visto como estavam excluídos do direito de penetrar no Santuário pròpriamente dito. A barreira física era constituída por um muro raso, no qual se viam incrustadas, a intervalos, advertências proibitórias, em hebreu, em grego e em latim.

Josefo, o historiador judeu do primeiro século da nossa era, se refere a essas advertências; mas, sòmente ainda há pouco, por assim dizer, — em 1871, — é que uma delas, redigida em grego, foi descoberta pelo arqueologista francês Clermont Ganneau. Sabe-se lá como, mas, de qualquer forma, mui surpreendentemente, essa laje havia sobrevivido à destruição do Templo ocorrida no ano 70 do Senhor.

Acha-se, agora, num dos museus de Istambul; e a inscrição de que é portadora reza: "Que nenhum estrangeiro ultrapasse a cortina, nem penetre no recinto que circunda o Santo-dos-Santos. Aquêle que fôr surpreendido fazendo-o, será o único responsável pela morte que cairá sôbre êle".

Com que clareza isso vem confirmar o relato bíblico! E, também, quanta luz clarificadora projeta sôbre o que Paulo escreveu, depois, aos efésios, — que Cristo é o nosso pacificador, "que uniu judeu e gentio, havendo demolido a parede divisória que os separava um do outro... Assim, pois, perante os santos, já não sereis mais estrangeiros, porém compatriotas".

Quando agarraram Paulo, em pleno Santuário, houve grande rebuliço e clamor. Arrastaram-no para o pátio externo, cujos portões fecharam. A tenebrosa situação foi logo comunicada ao comandante da guarnição romana da Tôrre Antônia, o qual enviou imediatamente uma escolta para prender Paulo como causador da perturbação da ordem.

A fortaleza supra-referida se apoiava no flanco noroeste da zona do Templo, tendo acesso direto às largas colunatas e ao grande Pátio dos Gentios. O fato de ser ocupada por soldados romanos lhe permitia ação rápida no sentido de dispersar qualquer ajuntamento nacionalista que pudesse constituir comêço de levante armado.

A Tôrre Antônia foi completamente demolida, no subseqüente choque militar entre judeus e romanos; encontrou-se, porém, parte daquele pátio, em escavações feitas por baixo da cripta do moderno Convento das Damas de Sião.

Ainda visíveis no pavimento, se distinguem umas quadrículas arranhadas no piso pelos soldados, para alguma espécie de joguinho de matar o tempo, fora do serviço.

Paulo, todo acorrentado, foi conduzido com dificuldade, através da mole humana enfurecida, até o recinto da fortaleza, tendo sido preciso carregá-lo no ar, escadas acima, até o andar superior, onde êle pediu ao comandante que lhe permitisse uma palavra em particular. Surprêso de ouvir o detido falar grego, disse o oficial: "Não és, então, o egípcio que recentemente iniciou uma insurreição e saiu para o deserto, à frente daqueles quatro mil sicários?"

A errônea ilação do romano nos põe flagrante, sob os olhos, o estado das coisas na Judéia daqueles dias, quando o candente ressentimento contra os latinos começava já a repontar em labaredas. Josefo fala nesse egípcio, um falso profeta, ao seu ver, que se angariou uma leva de sequazes "e os comandou, por um longo rodeio, desde o deserto até o monte chamado das Oliveiras. Daí, propunha-se a forçar a penetração em Jerusalém... após haver dominado a guarnição romana... Do desenrolar do embate, em que se engajou, resultou-lhe ter que fugir, acompanhado de apenas alguns dos seus partidários; porque a maior parte das suas hostes foi liquidada em campo, ou feita prisioneira".

Isto, confirma-o a Bíblia, até mesmo ao ponto de pormenorizar que o tal egípcio não houvera sido, ainda, capturado, àquele momento. Os sicários ("assassinos", segundo a Versão Autorizada) eram terroristas nacionalistas, uns sanguinários extremistas, que traziam escondidas entre as pregas dos vestidos as suas *sicae*, umas adagas recurvadas como *foicinhas*, — donde, o nome. Suas vítimas, mais especialmente, eram as pessoas de destaque, que se mostravam favoráveis aos romanos.

Alguns dias mais tarde, certo número dêsses *sicários*, acreditando que Paulo militava ao lado do inimigo, puseram-se a conspirar, tramando assassiná-lo. O seu plano era armar uma emboscada, para arrancá-lo à escolta, quando tivesse de ser levado da Tôrre para o local das assembléias do Sinedrim, a interrogatório complementar.

Paulo já havia comparecido uma vez diante dêsse Conselho, de que era presidente o arrogante sumo-sacerdote Ananias, filho de Nedebeus. O indiciado já havia atirado os fariseus contra os saduceus, a propósito da doutrina da ressurreição dentre os mortos, ponto de fé que os últimos não estimavam capaz de comprovação pelos textos das Escrituras.

Alguém, no entanto, escutou os cochichos dos conspiradores, — o sobrinho de Paulo, filho de sua irmã, a quem já nos referimos atrás, — o qual correu à Tôrre Antônia, a avisar o comandante, que não se demorou nas providências necessárias. Chamando dois centuriões, deu-lhes a ordem: "Reunam duzentos homens prontos a marchar sôbre Cesaréia, mais setenta cavaleiros e duzentos infantes-ligeiros, tudo isto esta noite mesmo, às nove em ponto. E façam vir uma viatura de bagagem, rodeando a fortaleza, para levar êsse Paulo, em segurança, ao governador Felix". Não se esqueceu, aliás, de escrever uma carta a êsse governador, explicando-lhe as circunstâncias.

Cesaréia, para onde levaram Paulo, era a sede oficial do governador romano da Judéia. Êste, Felix, leu a carta, interrogou perfunctòriamente o prêso e mandou que o recolhessem até a chegada dos seus acusadores.

Um causídico de nome Tértulo, que fôra devidamente industriado pelo Sinedrim, deu comêço ao libelo acusatório contra Paulo, cinco dias mais tarde. "Graças a ti, excelentíssimo Felix", foi o seu intróito, "cabe-nos por fortuna uma profunda paz; e a lei e a ordem hão sido restituídas à nossa nação, sob o teu sábio conselho".

Isso não passava, realmente, dum bajulatório disfarce da verdade dos fatos; porquanto, segundo o provam não apenas Josefo, mas também o historiador romano Tácito, a constrangida paz que supostamente se desfrutava na Judéia, então, fôra conquistada a trôco de implacável eliminação de patriotas judeus, muitos dos quais haviam sido mortos na cruz, a mando dêsse mesmo Felix. No fim de contas, êste acabou sendo destituído do cargo, pelo Imperador, só escapando, por um triz, a punição severíssima, por haver provocado rebelião com as atrocidades que praticou.

Fato bastante curioso, e que os *Atos* mencionam, aliás, é que êsse romano havia desposado uma judia, a formosa Drusila, irmã de Agripa II e ex-espôsa de Azizus, rei de Émeso.

A acusação principal que pesava sôbre Paulo foi adrede e meticulosamente articulada, de modo a tornar-lhe inevitável a condenação. "Eis que encontramos neste homem um portador de contágios pestilentos, um fomentador de revolta entre todos os judeus do Império, um chefete de agitadores da seita nazarena".

Paulo conseguiu deixar provado que não era nenhum revolucionário. Mas o governador, nem por isso deixou de o manter na prisão, mesmo sem culpa formada, esperando que o prêso, ou seus amigos de fora, acabassem oferecendo alguma propina em troca da liberdade. E ainda lá estava o mísero, dois anos mais tarde, quando sucedeu ser substituído Felix, no govêrno provincial, por Pórcio Festo.

CAPÍTULO QUADRAGÉSIMO

"EU APELO PARA CÉSAR!"

Dois anos inteiros foi Paulo mantido prêso em Cesaréia, seus destinos ainda incertos. Eis que lhe chega aos ouvidos que estava a caminho da Judéia um novo governador romano. Isto poderia significar a soltura definitiva, ou ter que enfrentar novo julgamento e ainda mais severo.

As condições sob que se achava encarcerado tinham sido, até aí, razoáveis, (na medida do que poderia ser êsse "razoável", naquela época); sem embargo, ainda mui duras de suportar, a alguém possuidor do irrequieto e dinâmico feitio de Paulo. Fôra-lhe dada permissão para receber visitas e presentes dos amigos. Êsses amigos, porém, é que eram mui escassos; pois Paulo, além dos inimigos naturais que tinha, ainda contava com muitos adversários ideológicos e desafetos, entre os seus irmãos de credo.

É bastante significativo que, no tocante aos cristãos, Lucas silenciasse completamente, no decorrer desta fase. Nem uma palavra sequer, sôbre alguma tentativa empreendida para se conseguir a libertação de Paulo. Tanto quanto sabemos, vulto algum, dos que poderiam ter alçado a voz a seu favor, ao menos murmurou uma palavra, que fôsse, com tal intuito. Não houve um só dos adeptos do Cristo que aparecesse para apresentar qualquer prova em sua defesa. Coube a uma pessoa sua aparentada, — aquêle sobrinho por parte da irmã, — ser a singular criatura que haveria de empreender levar às autoridades romanas aquêle recado único, mas providencial; graças ao que, êle ainda estava vivo, embora no cárcere.

Tal como aconteceu a Jesus, assim foi com Paulo. A maioria de seus discípulos desertou do seu lado.

Mas, se os anciãos da Igreja abandonaram Paulo. os membros do Sinedrim é que não: nem o esqueceram, nem lhe perdoaram. Havia, agora, um novo sumo-sacerdote, tanto como havia também um novo governador romano. Ananias Ben Nedebeus fôra substituído por Ismael Ben Feabi; êste, um amigo do prazer e amigo de Roma. Foi um que escandalizou os fariseus, por oficiar no Santuário, envergando vestes de tão sutil e diáfano fabrico, que mal lhe escondia a nudez subjacente.

Pórcio Festo, sucessor de Felix, desembarcou em Cesaréia no verão de 60 *Anno Domini;* e, três dias depois de sua chegada, foi a Jerusalém. Uma vez lá, foram-lhe trazidas representações concernentes ao caso inconcluso de Paulo, que continuava sempre em pauta, no Conselho. Aproveitou-se para requerer ao novo governador a transferência de Paulo a Jerusalém, a bem de definitivo julgamento nessa instância.

Como Paulo era, no entanto, cidadão romano, Festo não quis aceder ao requerido, enquanto não lhe fôsse dado poder investigar, em pessoa, o assunto. Fêz saber que em breve estaria de regresso a Cesaréia e, assim, os acusadores de Paulo podiam bem acompanhá-lo até ali. Ouvir-se-iam ambas as partes, acusação e defesa, sem tardança.

Paulo escorou bem o renovado ataque, sustentando: "Não cometi crime algum contra a lei judaica, nem contra o Santuário, nem contra César!"

Foi então que o governador lhe perguntou se estava disposto a responder a juízo perante o Sinedrim em Jerusalém.

Paulo retrucou que não se conformava. "Aqui estou, neste momento, diante do tribunal de César, que é onde eu deveria efetivamente ser julgado", contendeu êle. "Se caí em alguma falta e algo fiz por onde mereça a morte, de modo nenhum venho suplicar por que se me poupe ao carrasco. Mas, se não há fundamento, para êssas acusações que se levantam contra mim, a ninguém resta o direito de ouvi-las. Eu apelo para César!"

Aqui, Paulo se escudava nos seus direitos de cidadão romano. Fôra uma das beneméritas leis julianas, essa, segundo a qual um cidadão romano, acusado de crime nalguma província, podia optar por que se fizesse ouvir o seu caso pelos juízes de Roma. Êsse privilégio civil foi mantido durante o regime imperial.

Existe no Museu Britânico uma moeda cunhada em 90 A.C., cujos dizeres comemoram a prerrogativa legal que Paulo estava ali exercitando. Vêem-se representados, numa das faces, da peça, um cidadão, um magistrado regional e o *lictor* assistente, portando o seu *fasces lictori,* com que simbolizava o direito de bastonar e de decapitar, da justiça romana. E, por sob o desenho, lê-se só uma palavra: "PROVOKO" — i.é, "Eu apelo!"

Podemos nos deixar levar a crer que, ao apelar para César (que era, já então, o Imperador Nero), Paulo não estaria cuidando apenas de salvar a pele; embora, como inocente de culpa que era, tivesse tôda razão de lutar, até as últimas, pela sua vida. É que êle acreditava ainda ter tarefas a que atender e, agora, no Ocidente.

Já antes de dar o primeiro passo na sua última jornada a Jerusalém, pois que resultara em sua prisão, Paulo havia escrito, da Grécia, aos cristãos de Roma, dando-lhes parte dos seus planos.

"Nada mais tendo a fazer por estas regiões e havendo, em câmbio, alimentado todos êstes muitos anos um grande desejo de vos visitar, espero poder ver-vos de relance, ao passar aí, na primeira ocasião em que viajar para a Espanha, e que me encaminhareis e ajudareis, em minha jornada para aquelas terras, após ter aproveitado ao máximo a minha estada entre vós".

Durante a longa reclusão a que foi sujeito nos calabouços de Cesaréia, Paulo poderá ter percebido que sua única esperança de poder um dia alcançar a Cidade Eterna estava em apelar para o fôro de César. Se fôsse aí absolvido, como firmemente confiava e esperava, iria achar-se, livre e desimpedido, no seio da cidade mesma que tanto desejara, sempre, ver, — o coração da Europa — e muito avançado, caminho a dentro, no rumo da Espanha, seu supremo objetivo.

O governador da Judéia ficou um pouco desconcertado pelo rompante da decisão de Paulo. Foi, mesmo, o que confidenciou a Agripa, quando êste rei judeu e sua irmã Berenice vieram visitá-lo, trazendo-lhe as suas homenagens pela sua qualidade de novo representante do Senado e do Povo romanos. As acusações contra Paulo diziam respeito a questões religiosas, não a crimes contra o Estado; girando, especialmente, em tôrno de "um certo Jesus, que havia morrido, porém êsse Paulo insistia em que o tal era vivo ainda". Comentou o perplexo Festo: "Fiquei completamente desaprumado na sela, enfrentando semelhante pleito, sôbre tão estranhas coisas".

Agripa lhe respondeu que gostaria de ouvir Paulo; ao que o governador pressurosamente anuiu, esperando tirar daí qualquer coisa inteligível, que pudesse relatar coerentemente a Nero. "Tudo isso me parece um despautério", disse êle, "essa coisa de mandar a Roma um prêso, sem especificar, conjuntamente, a acusação levantada contra êle".

Seguiu-se, sem demora, a nova audiência, na qual Paulo teve ocasião, ímpar em sua vida, de proclamar as suas convicções diante de um auditório tão representativo, igual ao qual jamais enfrentara: judeus e gentios, governantes e autoridades, todos ali, a escutá-lo. Conquanto, tècnicamente, estivesse desenvolvendo a sua própria defesa, aquilo não era, pròpriamente, um tribunal; e Paulo não tinha nenhuma necessidade de comedir-se no falar. Era a sua fé, a sua missão, o que êle ia ali justificar. Qual um dos profetas dos velhos tempos, sua "função" era patentear a Palavra de Deus ao rei.

Com Agripa e Berenice, a Bíblia nos apresenta duas importantes personagens históricas que, nos anos seguintes àquele, assumiram papel não despiciendo nos negócios judeus com a Metrópole Latina, à medida que ia ficando cada vez mais certa a possibilidade da guerra contra Roma. A posição dos dois era peculiarmente melindrosa, visto como tinham um pé em cada campo.

O rei, — que, aliás, não chegou a ser formalmente Rei dos Judeus, à maneira de seu pai, Agripa I, — vivia inteiramente dependente do favor imperial; e, não obstante, nutria profunda simpatia pelos sofrimentos do seu povo. Nem êle, nem a irmã, se esquivaram a sérios riscos pessoais que corriam, em suas tentativas de abrandar as selvagens medidas repressivas dos romanos e, ao mesmo tempo, procurar mitigar a febre guerreira que consumia os seus fanáticos compatriotas.

O historiador tem muito a dizer sôbre as corajosas gestões dêsse par de príncipes. Como é natural, êles se viram expostos a muito insulto soez e foram acusados, até, de manterem entre si relações incestuosas.

A princesa Berenice era uma linda mulher e positivamente não era nenhuma santa... Tito, filho do imperador Vespasiano, que tomou Jerusalém no ano 70 D.C., apaixonou-se violentamente por ela; e, não fôra o escandalizado horror de que se tomou a opinião pública em Roma, ela poderia ter sido imperatriz do Mundo.

Sentado majestosamente, em seu trono, em pompa de Estado, Agripa deu a Paulo a permissão de falar, do que o apóstolo se aproveitou para tecer breve relato da sua vida e de suas aventuras, até o dia fatídico em que foi agarrado pela populaça no Templo de Jerusalém.

Graças à excelente crônica devida ao estilete de Lucas, é como se nos achássemos, nós hoje, presentes nas galerias, observando o efeito da dissertação de Paulo na sua ilustre platéia.

"Ajudado pela providência divina", concluiu êle, enfim, "eu continuo, impertérrito, — tal como o estou neste momento, — dando testemunho perante grandes e pequenos, não proferindo uma única palavra, para além do que o que foi predito pelos profetas, que havia de acontecer, sim, e pelo próprio Moisés, isto é, que o Messias havia de sofrer, que êle seria o primeiro a surgir dentre os mortos e, após isso, que traria a luz ao nosso povo e aos gentios".

Quando êle chegou a êste ponto da sua oração, Festo o aparteou com uma exclamação: "Estás desatinado, Paulo! Tôda essa tua vida de estudos acabou por te perturbar a razão!"

"Não! Não estou louco, excelentíssimo Festo", redargüiu-lhe o orador, "estou, antes, a falar tão-sòmente de coisas simples, fatuais e ponderadas; porquanto o rei, perante quem eu me posso exprimir livre e claramente, bem compreende estas coisas. Persuado-me de que nenhuma delas haverá escapado à sua arguta atenção, pois que as ditas coisas não se passaram às escondidas".

"Rei Agripa, acreditas nos profetas? Está claro que sim!"

Respondeu, a Paulo, o rei: "Não tarda muito, estarás me convencendo a fazer-me cristão..."

"E eu rogo a Deus, que, ou seja não tardando muito, ou seja após longa espera, não sòmente tu, ó Rei, mas todos os que aqui estão a ouvir-me hoje, vos torneis tais como eu, com exceção destas cadeias que trago sôbre mim".

Terminara a audiência e, tendo-se retirado as figuras mais categorizadas, que a ela assistiram, passaram a conferenciar, entre si, sôbre aquêle caso. Após verem e ouvirem o homem, sentiram-se forçadas, aquelas personagens, a concluir que êle nada fizera para merecer a pena capital, ou até mesmo a prisão. Não havia dúvida de que se tratava de um fanático religioso; mas, polìticamente, era um tipo perfeitamente inofensivo. Até êsse tanto, pelo menos, a coisa se afigurava agora bem clara ao governador; mas, o que foi que êle de fato escreveu, a respeito de Paulo, a Nero, isso nós nunca saberemos.

"Êle poderia perfeitamente ter sido sôlto desde logo", comentou Agripa diante de Festo, "se não tivesse apelado para César..."

CAPÍTULO QUADRAGÉSIMO PRIMEIRO

VIAGEM PARA ROMA

De tôdas as histórias de aventuras, as que sempre hão merecido universal interêsse, mais acendrado, pelo seu alto poder de comover, — são as narrativas marítimas, verídicas ou fictícias, ou encerrando, simultâneamente, um tanto de crônica e outro tanto de fantasia.

O seu catálogo é formidável, repontando por entre êle: as mui conhecidas lendas de Ulisses e seus Argonautas; a viagem do fenício Hano; a aventura de Jonas; os Vikings; Colombo e Vasco da Gama; Drake e Raleigh, em "Westward-Ho!" e seus feitos na América Espanhola e sua circunavegação do Globo; os piratas das Antilhas e da Costa da Berberia: a busca duma passagem interoceânica pelo Noroeste; as viagens do Capitão Cook; o motim a bordo da "Bounty"; a perseguição epopéica à baleia Moby-Dick; e, recente, a sensacional travessia da jangada "Kon-Tiki".

Desprendendo-se, de vez, da terra firme, seu elemento natural, milenar, o homem acabou por se lançar ao assalto de um elemento que lhe era fundamentalmente adverso, como "habitat", — a água, o mar, — pondo em jôgo a sua mesquinha energia física e a canhestra habilidade de que podia dispor, para desafiar, dominar e submeter à sua vontade e conveniência o oceano, antes ameaça, agora servidor. Os mares foram transformados, por êle, em meros caminhos de peregrinação e tráfico, de descobrimento e de conquista.

No mundo antigo, a zona marítima que constituía a mais rude prova às capacidades das naus e às qualidades de mareantes dos navegadores, era o Mediterrâneo, êsse mar central que banhava as costas de plagas onde surgiram e se desenvolveram tantas civilizações. Muitas das narrativas daí originárias são relatos de coisas acontecidas sôbre essas águas, que a literatura clássica preservou para nosso conhecimento. Por intermédio de tais fontes é que ficamos hoje conhecendo exatamente as condições de vida que reinavam nos dias de outrora, do Novo Testamento; os roteiros de então; os tipos das naves utilizadas; e, enfim, quais os ventos e o estado de tempo que estas desafiavam, nas diferentes estações do ano.

A narrativa de primeira-mão, que consta nos *Atos*, sôbre a viagem de Paulo para Roma, é uma emocionante história de vicissitudes no oceano, cuja veracidade tem sido confirmada em todos os seus pormenores.

Uma das coisas que mais têm espantado os eruditos e, não menos, os homens do mar, é a magistral competência e familiaridade do autor bíblico em coisas de marinheiraria, de terminologia e usanças de bordo. Só no que se refere à palavra "navegar", emprega êle, em seu sentido rigoroso, não menos de treze diferentes sinônimos.

Foi em agôsto do ano de 60 da era cristã, que Paulo se apartou, pela última vez, de terras da Palestina. No pôrto de Cesaréia, êle e os demais presos, com destino a Roma, foram postos sob custódia duma escolta militar, comandada por Júlio, um centurião destacado das fileiras da coorte augustina.

Sir William Ramsay trouxe à luz comprovante histórico, que indica ter sido dita coorte composta de oficiais-mensageiros, correios militares empregados no serviço imperial, para êste e quejandos propósitos de ligação tática, entre a capital e os seus exércitos nas terras estranhas.

Estava ancorada no pôrto uma embarcação procedente de Adramítio e aparelhando para demandar os portos da Ásia (hoje Turquia); de modo que Júlio decidiu embarcar mesmo nesse navio costeiro, já que ia êste para o norte e, mais tarde, apanhar algum outro aproado para o ocidente, através do arquipélago egeu, e que o levaria assim, a Siracusa, na Sicília, senão a Brundisium (Bríndisi), na Apúlia.

De comêço, fêz-se excelente e rápida derrota, havendo o navio vencido, em apenas dois dias, as sessenta e sete milhas até Sidon. Paulo foi bem tratado e até se lhe permitiu ir à terra, aí, sob compromisso, em visita a uns seus amigos. Mas, ao se reencetar a viagem, sobreveio um forte vento contrário, que forçou o navio a se esgueirar mui rente à costa meridional da Turquia. Dêsse modo, teve Paulo grata e inesperada oportunidade de, pela última vez, rever, de longe embora, a sua Cilícia natal e a região da sua primeira jornada apostólica. Que de saudades lhe há-de ter despertado essa vista!

O pôrto imediato seria Mirra; e lá chegados, deparando o centurião um dos famosos navios-graneiros alexandrinos, desviado de rota pelos temporais e ali abicado, resolveu passar a sua leva de prisioneiros para êle que, tanto mais, estava de velas para a Itália. O

Egito era o celeiro de Roma, sendo o seu trigo embarcado de Alexandria, donde seguia pelo arquipélago helênico e, daí, para oeste, atravessando o Adriático e, passando o estreito de Messina, ia dar em Óstia, pôrto de mar de Roma.

Pelejando contra os ventos, o barco pouco avançou; e muita sorte tiveram os seus ocupantes em conseguir atingir Portos-Belos, na costa sul de Creta, onde arriaram ferros. Aí deixaram-se ficar, à espera de melhor tempo. "A navegação se tornara mui arriscada", regista-o Lucas, — (se é que foi êle o cronista), — "porque já se havia passado o Dia do Jejum". Tratava-se do Dia da Penitência, entre os judeus, comemoração anual que cai no princípio de outubro; e, já agora, na Estação outonal, fôra perigoso seguir viagem.

Paulo, que já havia adquirido muita experiência em viagens marítimas, no transcurso das suas andanças missionárias, alertou a Júlio, com trabalhosa insistência, contra o seu propósito de continuar aquêle cruzeiro. O melhor, aconselhava êle, seria invernarem ali mesmo. Ambos, centurião e capitão do navio, foram de parecer contrário; pôsto que, apesar do nome que tinha, o ancoradouro de Portos-Belos era impróprio para uma estadia de inverno. Entenderam, pois, tentar alcançar o pôrto de Fenice, mais a oeste e de muito melhor disposição. "Assim, logo que soprou uma brisa do sul, levantou-se âncora e se soltaram panos, velejando-se sempre à vista de terra, ao longo da costa cretense, crentes os viajantes de que lograriam atingir a sua meta".

Mas, aí, começou o desastre. Repentinamente, desabou sôbre êles um violento tufão vindo de terra, das bandas da ilha.

"Quando a calamidade alcançou o barco, vendo-nos incapazes de voltá-lo à feição, deixamo-lo simplesmente derivar ao sabor do vento. Velejando à capa de sotavento duma ilhota por nome Clauda, lidamos desesperadamente por conseguir a bordo o bote de desembarque; e, quando o tivemos no bôjo da nave, trouxeram-se os cabos de socorro para a providência da amarração de segurança, fazendo-os passar por sob a quilha. Em seguida, temerosos de sermos atirados pelos elementos sôbre as gulosas areias-movediças de Sirte, deixamos que o barco singrasse livremente, à mercê do vento". (*)

Amainando ligeiramente a borrasca, aproveitaram os aflitos mareantes essa breve trégua para recolher a bordo o pequeno batel que o navio trazia a reboque. Fôra êsse frágil esquife destroçado pela fúria da intempérie, ou sòmente desgarrado das suas amarras, e estaria perdido, para os embarcadiços, um recurso vital de escapula. A amarração do casco da nave era outra das medidas de emergência usadas, então, para impedir que se desfizessem, em pleno mar, as embarcações em perigo, armadas totalmente em madeira, como eram. Para isso, baixavam-se os cabos, pela proa, fazendo-os, depois, correr sob a quilha, até chegarem à meia-nau, onde se os atavam fortemente por cima da ponte, por forma a parecer que se enfaixava, ou se fazia um amarrilho de embrulho, ao navio ameaçado, agora mantido bem sólido contra os embates das vagas.

Mas, ultrapassada a ilhota, as coisas deram de piorar: "No dia seguinte, estando todos nós em grande aflição, limparam-se os conveses de tôda carga e, ainda ao outro dia após êsse, deitou-se borda a fora todo o aparelho de velame e mastreação, o que fizemos por nossas mãos. Dias e dias, sem fim, não se viu nem o sol, nem as estrêlas; só a tempestade sôbre nós, a rugir com furor indômito; e tôda e qualquer esperança que tivéssemos, de nos salvarmos, nós a abandonamos de vez".

Foi então que Paulo teve uma visão e anunciou, depois, que nem uma única vida se ia perder ali, mas

(*) As citações são extraídas da tradução **The Authentic New Testament**, devida ao Dr. Schonfield. — (N. do A.).

tão-sòmente o navio; e que todos iam ser atirados, pelas ondas, a uma ilha.

Singrando miseràvelmente à deriva, pelo Adriático a fora, como estavam, pareceu àqueles desgraçados que as palavras de Paulo comportavam mui pouca probabilidade de efetivação. Mas, por volta de meia-noite, do décimo quarto dia, os marinheiros tiveram a impressão de estarem se abeirando de terra, suposição que as sondagens logo confirmaram.

"Receando ser lançados contra um litoral inçado de pedrouços e abrolhos, largaram quatro âncoras pela pôpa e se puseram a ansiar por que raiasse, quanto antes, a luz do dia. Mas alguns dêles, mais açodados, logo trataram de procurar abandonar o navio; e já arriavam um escaler, pretextando pretenderem ir à proa, lançar âncoras por gurupés, quando Paulo disse ao centurião e aos seus soldados: 'Se êles não se deixarem ficar a bordo, nenhuma possibilidade tereis de vos salvardes'. Ao que os militares arrebentaram a machadadas os escovéns em que se firmava o bote, para que êste se desgarrasse e se perdesse".

Ao amanhecer, não conseguiram atinar em qual seria aquela costa; mas perceberam-lhe um ribeiro, entre praias arenosas, sôbre as quais deliberaram encalhar, se possível, o navio. Lograram êxito em sua manobra para isso, enfiando a proa terra a dentro, onde ficou firmemente prêsa, enquanto a pôpa se ia fazendo em pedaços, sob os golpes dos vagalhões. Os soldados quiseram, então, trucidar ali mesmo os prisioneiros, para evitar que se aproveitassem da situação para fugirem; mas o centurião não lhes permitiu tal. Antes, ordenou aos que soubessem nadar, se atirassem à água em primeiro lugar e tratassem de alcançar a terra, enquanto o resto dos náufragos os seguiria empós, flutuando sôbre pranchas e outros destroços do navio. Dêsse modo, chegaram todos à terra, sãos e salvos.

A visão de Paulo não o enganara. Encharcados, embora, eram os viajantes, naquele momento, hóspedes da ilha de Melita, hoje Malta, mui próximos da propriedade do Comissário-Mor, cujo nome é dado como sendo Poplio. Isso representará, talvez, o nome grego Popilius; porém, com mais veras ainda, o latino Publius. Lucas lhe atribuiu o verdadeiro título, porquanto o cargo de "Comissário-Mor de Melita" vem até mencionado em inscrições gregas.

Mas poderemos nós, dalgum modo, ter como confirmada a história da sinistra aventura por que passaram Paulo e seus companheiros de viagem? Por notável coincidência, apenas dois anos antes dêle havia o historiador Josefo naufragado numa viagem de Palestina a Roma, acidente êsse, de que discorre, em sua autobiografia. Eis como o descreve:

"Consegui chegar a Roma, após haver estado em grande embaraço no alto-mar. Porque nosso navio foi ao fundo, em meio à travessia do Adriático e o nosso grupo, constituído de umas seiscentas almas, teve de nadar a noite inteira. Perto de raiar o dia, pela bondade da divina Providência, avistamos um navio que vinha de Cirene e eu, mais uns certos outros náufragos, distanciando-nos dos demais, conseguimos fazer-nos tomar a bordo". A nave norte-africana desembarcou, afinal, aquêles sobreviventes em Puteoli, o mesmíssimo pôrto italiano da ilha de Malta aonde viria dar, mais tarde, o apóstolo de Tarso, também aí levado por um outro navio alexandrino que havia feito aguada e invernado em Malta.

O restante da jornada foi feito por terra, seguindo-se pela famosa Via Ápia. Esta era uma das mais belas realizações dos romanos, em matéria de construção de estradas, já que era ladeada de estatuária e sepulcros recobertos de trabalhos de talha, contando-se, entre êles, as tumbas da família dos Cipião. De tantos em tantos metros, (cêrca de doze, ou pouco mais), havia bancos para descanso de pedestres; e estalagens, a pouca distância uma das outras, ofereciam o reconfôrto aos exaustos. Havia um tráfego constante, nessa estrada-grande, verdadeiramente imperial, que não apenas "estrada-real"; eram militares, ou senão, funcionários e magistrados, a caminho de distantes terras, ou delas regressando; tôda a gente que tinha negócios a tratar com a Senhora do Mundo, uns rodando em carrêtas pesadas, ou leves viaturas, outros; alguns cavalgando; outros, porém, carregados a ombro de escravo, em liteiras.

De Roma vinham; ou para Roma se rumavam, como êste empoeirado troço de prisioneiros da Palestina e sua escolta armada, sob os olhares basbaques e espantados, e sob os escárnios de curiosos. Mas em Puteoli tivera Paulo o consôlo de receber boas-vindas dos cristãos locais, sendo que outros houvera, que fizeram um grande pedaço de caminhada, para virem saudá-lo à praça do Mercado de Ápia e nas Três Tabernas. "E Paulo, ao vê-los, rendeu graças ao Senhor e ganhou coragem".

CAPÍTULO QUADRAGÉSIMO SEGUNDO

A CIDADE DAS SETE COLINAS

"E assim vimos a Roma", escreve Lucas nos *Atos*. Paulo, judeu e cidadão romano, acabava de atingir a meta das suas esperanças, tão longamente postergadas; e homem livre, embora, aí chegava pôsto a ferros.

Não era essa a maneira como êle esperara ver, pela primeira vez, a grandeza e a miséria da Cidade das Sete Colinas. E, para o seu próprio bem, não lhe era dado descortinar, do futuro, os sucessos desagradáveis que êste lhe reservava.

Ao vagar os olhos em seu derredor, mal poderia êle prever que tudo aquilo que contemplava, — a enorme arena do Anfiteatro Máximo, as estátuas e os nobres edifícios, bem como as augustas ruas, — tudo aquilo seria, dentro em breve, nada mais que uma chamejante e desbaratada ruína, tudo devastado. Não sabia que, em seguimento a semelhante catástrofe, alguns daqueles mesmos irmãos de crença que aí vinham vê-lo e saudá-lo, seriam imputados responsáveis pela sanha incendiária e se tornariam vítimas do clamor popular, instigado, — vir-se-ia a sabê-lo, — pelo imperador Nero, contra "a pestífera raça dêsses cristãos!"

E coisas mais, ainda, lhe escondia o futuro em seus arcanos. O Enviado de Cristo, sôbre cuja fronte pendia acusação de levante sedicioso contra Roma, nem se dava conta, sequer, de que seria o predecessor de milhares de judeus, cativos, condenados à conta de rebeldia, dentro de não mais que um breve decênio vindouro. Tampouco poderia Paulo prever que os despojos do próprio Templo de Jerusalém, que êle, Paulo, era acusado de haver profanado, — dentro em pouco seriam carregados pelas ruas desta cidade, como espólios de guerra num cortejo triunfal, romano.

Os presos tinham estado sob a guarda do centurião Júlio, durante todo o trajeto de Cesaréia até Roma, da Palestina à Itália. Terminava a missão do soldado, quando êste os entregou ao comandante dos *Castra Peregrinorum,* acampamentos onde se acomodavam legionários em trânsito, e situados sôbre a Colina *Caelia,* imediatamente próxima, para os lados do poente, olhando-se do *Circus Maximus,* ou seja, a sudoeste do Monte Palatino. Foi nessa região, para o lado mais baixo do Grande Anfiteatro, que irrompeu o Grande Fogo do ano 64 da nossa era, o qual daí se espalhou, ràpidamente devorando oficinas, lojas e armazéns que pululavam entre as duas elevações.

A julgar pelos padrões correntes naquele tempo, foi generoso o tratamento concedido a Paulo. Deixaram-no prêso em domicílio, — isto é, no apartamento alugado por êle mesmo, levemente encadeado a um guarda, enquanto esperava a audiência do seu caso.

Quanto a êste informe, tão singelamente exposto nos *Atos,* podemos ampliar-lhe consideràvelmente o sentido, graças ao exato conhecimento, de que hoje dispomos, sôbre a vida cotidiana na antiga Roma, bebidos em fontes literárias e nas descobertas arqueológicas.

O alojamento de Paulo terá sido numa daquelas numerosas *insulae,* os quarteirões de altos edifícios de apartamentos, de vários pavimentos que, no aspecto geral, nada difeririam dos nossos modernos "favos" humanos de cimento-armado. Conquanto, por fora, fôssem êles, muitas vêzes, projetados em linhas atraentes, os seus interiores é que pouco possuíam em matéria de certas utilidades e serviços, que hoje em dia exigimos aos nossos "edifícios" de moradia coletiva.

As janelas, que não conheciam vidraças, deixavam entrar o vento e a chuva; e, cerradas pelos postigos, ou vedadas por simples guarda-ventos, ou painéis de couro, roubavam a claridade do dia. Não havia lareiras, nem qualquer outro sistema satisfatório de aquecimento. Êste se conseguia, precário, dum pequeno braseiro portátil, como portátil era o reduzido fogão, sôbre o qual se havia de cozer a comida. Tampouco existiam ncs "cenacula" (aposentos), de cima, água encanada e esgotos.

Num de tais alojamentos, possìvelmente sitos no sopé do Monte Célio, retro-citado, iria Paulo atravessar os dois próximos anos, acorrentado a um guarda, que lhe mudavam a cada quarto de serviço de sentinela; porém de muito lhe abrandou o cativeiro, e grande confôrto lhe trouxe, ao máximo grau, o dedicado serviço dos zelosos companheiros, que sempre assistiram junto a êle.

Um dos seus primeiros atos foi convidar os dirigentes da comunidade judaica a irem visitá-lo. O principal estabelecimento judeu de Roma, naquela época, estava à distância de pouco mais de um quilômetro de onde êle se achava, do outro lado do rio, onde o Tibre fazia uma curva (local hoje chamado Trastevere). A sinagoga, que aí havia, datava dos dias de César Augusto e ocupava situação quase vizinha à atual igreja de Santa Cecília.

Durante o reinado de Domiciano, vinte e cinco anos depois, estabeleceu-se um novo bairro judeu, do lado de fora da Porta Capena, que abria para a Via Ápia. Conhece-se hoje a posição de uma sinagoga que houve aí. Estava perto, junto mesmo, do pomar sagrado de Egéria; e é bem provável que já se houvesse instalado nessa zona um bom número de judeus quando foi trazido para Roma o apóstolo.

Aos olhos dos judeus, era ato piedoso visitarem-se prisioneiros, revestindo-se de interêsse, tanto maior, êsse gesto, quando se tratava, como era ali o caso, de alguém que se trouxera da Palestina como criminoso político. Mas, pelo muito que se havia sofrido já, por motivo de agitações messiânicas, que chegaram a determinar o fechamento das sinagogas, sob o reinado de Cláudio, e à expulsão dos judeus estrangeiros da cidade, impunham-se certas cautelas, quanto à entrevista com Paulo.

Êste andava em dificuldades, para conseguir tornar bem clara e patente a sua inocência de qualquer atentado contra o seu próprio povo.

Os porta-vozes do pensamento judeu replicavam-lhe: "Comunicação nenhuma recebemos da Judéia, a teu respeito. Tampouco têm o que nos dizer ou prevenir, em teu detrimento, quaisquer dos irmãos aqui chegados. Todavia, gostaríamos de ouvir de tua própria bôca as opiniões que sustentas, pois a única coisa que sabemos, ao certo, dessa crença que propagas é que, por tôda parte, sofre exprobração".

Podemos bem depreender a conta em que eram tidos os cristãos, através de certo trecho dos *Anais* do historiador romano Tácito. É onde êle fala do intenso "odium" ligado ao nome cristão, ao tempo do Grande Incêndio de Roma, que se verificou três anos mais tarde.

Com a morte de Cristo, opina êsse autor, "a seita da qual êle fôra o fundador recebeu rude golpe, que, durante algum tempo, teve o efeito de conter um pouco a expansão duma tal perigosa superstição. Ela, porém, se reacendeu e espalhou com acrescido vigor, não só na Judéia, gleba onde brotou, como até na cidade de Roma, vazadouro comum de tudo o que de infame e abominável se dejeta, em torrentes de imundície, de todos os quadrantes do mundo".

Após ouvirem a argumentação de Paulo, em outra subseqüente conferência, alguns da comunidade judia se mostraram convencidos; mas a maioria refutou e repeliu os seus arrozoados. Diante disso, Paulo perdeu a paciência e acabou por dizer-lhes, de cara, que então os gentios acolheriam a Mensagem, já que êles a rejeitavam.

Foi êste o seu tiro de flecha partidor, o qual tornou bem claro aos seus correligionários, conforme o sentiram êstes, que ia haver barulho, dentro em breve. E Roma era o último lugar, dêste mundo, onde se houvesse de querer algum distúrbio em tôrno dêsse messianismo político-religioso, entre judeus e não judeus. Hão de se ter sentido aliviados e agradecidos à Providência, por manter Paulo confinado e acorrentado em seus aposentos; mas, mesmo assim, mal podiam êles imaginar que, até mesmo jungido sob ferros, nem isto o impediria de continuar a ser o enviado de Cristo.

Não tardou muito, já estava êle escrevendo às comunidades da Ásia a sua epístola aos efésios, pedindo--lhes que orassem "para que me seja concedido o dom de um falar fluente, a fim de que eu possa, com braveza, fazer conhecido o mistério, por conta do qual eu me acho aqui, feito um embaixador sob algemas; e por que, mesmo nesta condição entibiante, possa eu discorrer, tão ousadamente quanto me é preciso".

Era com a energia de homem livre de ir e vir, que não de tolhido e acuado prisioneiro, que Paulo dirigia, dali mesmo, as suas operações tendentes a efetivar as suas promessas. Trabalhava, como se aquêle domicílio-cárcere não lhe fôsse outra coisa que o conveniente quartel-general da sua campanha missionária.

E que falou, isso falou, pela boa causa, aos seus guardas e a muitos dos visitantes que vinham vê-lo, — sem descanso, até que a sua mensagem penetrasse no próprio palácio de César, segundo o seu dizer, em carta que escreveu aos de Filipos.

Como era inevitável, em Roma como em qualquer outra parte do Império, suas idéias entraram em choque com as dos seus correligionários cristãos romanos, os quais haviam sido instruídos nos postulados da Fé. segundo o ensinamento de Tiago e dos Doze. Mas Paulo não estava agora nada desejoso de disputar; tanto que, sôbre ditas discordâncias, escreve até com mais tolerância, do que o teria feito anteriormente.

"Quero dizer-vos, ó meus irmãos", conta êle à comunidade filipense, "que as circunstâncias que me rodeiam têm antes contribuído, maiormente, para o avanço do Evangelho entre as gentes; porquanto as minhas cadeias hão publicado Cristo perante todo o *praetorium* e por tôda a parte; e a maioria dos irmãos, incendidos de confiança no Mestre, por minhas algemas, ousam falar, com mais desassombro, aventurando-se, impávidos, a confessar, de público, a Mensagem de Deus".

"Alguns efetivamente proclamam a Cristo por inveja e porfia; outros, porém, o fazem de boa vontade. Êstes, o fazem por amor, sabendo que me encontro eu nas presentes circunstâncias, pela defesa do Evangelho; ao passo, que aquêles outros, não animados de boa intenção, pregam a Cristo com ânimo faccioso, procurando, propositalmente, criar-me embaraços, nesta difícil condição de jugo em que me acho. Que importa? O principal é que, seja pelos lábios dos pulcros de sentimento, seja pelos dos refalsados, Cristo, em suma, é proclamado! Por isso, eu me rejubilo!"

O tom de falar de Paulo, através de todo êsse período, é surpreendentemente inflamado de confiança. Êle não se permite, então, duvidar, sequer, da sua próxima despronúncia e soltura. Recebe emissários da sua fiel Macedônia, despacha correios para a Ásia e, de um modo geral, como que administra o seu Império Messiânico, de dentro dos muros de Roma, com tanta autoridade quanto aquela com que dirigia o império político do Mundo o próprio César.

E, com êste apontamento, se encerram os escritos dos *Atos dos Apóstolos*: "Paulo residiu, por dois anos inteiros, em sua própria moradia alugada; e aí dava as boas-vindas a todos quantos iam visitá-lo, proclamando-lhes o Reino de Deus e ensinando tudo o que sabia acêrca do Senhor, Jesus-Cristo, com irrestrita liberdade de expressão".

CAPÍTULO QUADRAGÉSIMO TERCEIRO

O PALADINO DO POVO

Enquanto em Roma Paulo aguardava ser julgado, iam os acontecimentos na Judéia se precipitando para um desfecho catastrófico, do apocalipse. As visões de pesadelo dos videntes, confrontadas com o relato histórico daqueles anos de terror e alarma, refletem bem fielmente a impressão causada por tudo quanto na realidade se passava em tôrno dêles.

Os últimos dias de Jerusalém, previstos por Jesus, se aproximavam. Os Fanáticos andavam pregando uma guerra de libertação do jugo romano e os governadores que Nero mandava à Palestina, não faziam senão deitar azeite na fogueira, com as suas ferozes medidas de repressão.

Em que posição se colocavam, relativamente a êsses fatos, os nazarenos, cristãos da Judéia?

Os *Atos dos Apóstolos*, antes precìpuamente visando à universal disseminação do Evangelho no Império Romano, muito pouco nos contam a respeito da situação corrente na Palestina. Ficamos sabendo alguma coisa sôbre o cenário e os fatos contemporâneos, pelo relato da prisão de Paulo em Jerusalém e seu encarceramento em Cesaréia. As epístolas do apóstolo falam na pobreza dos crentes, aflição, cujo alívio êle fêz o mais que pôde por promover, instituindo coletas entre as diversas igrejas dos irmãos.

Mas, o penar dos nazarenos, mais vívido e perceptível se nos faz, na missiva daquele homem que era o seu guia e condutor, — Tiago, o irmão de Jesus, por alcunha o Justo.

"Escutai, meus queridos irmãos", escreve êle, "pois não há escolhido o Senhor Deus aquêles que são pobres segundo os padrões do mundo, mas ricos na fé, e herdeiros do Reino, que Êle prometeu aos que o amam? Pois não vos oprimem os ricos e vos arrastam aos seus tribunais? E não profanam êles êsse formoso nome pelo qual sois designados?"

A palavra Pobre se fêz expressão assente, em geral, como essa outra, "Quakers", o seria, séculos mais tarde, — não apenas para os crentes, mas para grupos outros, também, que tranqüilamente aguardavam a longamente esperada Redenção e não consentiam em se deixar induzir a nenhuns atos de violência. Estavam apertados por dois lados, — perseguidos e oprimidos pelas avarentas famílias da suma casta sacerdotal, ligadas a Roma; e atacados, outrossim, pelos extremistas revolucionários que se erguiam contra o domínio romano.

No entanto, o poviléu os venerava, como se fôssem santos, sendo o próprio Tiago conhecido pela antonomásia de "Justo", ou também qualificado de "Paladino do Povo".

Tradição muito antiga o descreve, como tendo sido homem inteiramente abstêmio de bebidas espirituosas, vegetariano e que jamais se barbeara, ou ungira com óleos odoríferos. "Êle nunca vestiu vestidos de lã, nem de linho. Tinha por hábito ingressar sòzinho no Templo e numerosas vêzes foi surpreendido prostrado de joelhos, a interceder pelo perdão divino para o povo".

Sob as condições então vigentes, o penar da gente camponesa judaica, na Palestina, havia chegado à última extremidade da miséria, sendo o piedoso líder dos nazarenos quem lhe incutia coragem e esperança, pela maneira desassombrada como o azorrague da sua palavra vergastava os opressores.

"Vamos lá, ó ricos!", estentorava o verbo de Tiago, "vertei, desde já, copiosas lágrimas, pelas desgraças que estão para se abater sôbre vós! Eis que vossas riquezas apodreceram e os vossos finos estofos hão sido roídos pelas traças. Cobriram-se de ferrugem, quais vis ferros, o vosso ouro e a vossa prata; e a sua ferrugem dará testemunho contra vós e vos corroerá até as vossas carnes, devorando-as como uma fogueira, que vós mesmos vos preparastes, por vossas próprias mãos e onde ardereis nos Últimos Dias próximos a chegar!"

"Vêde como clama a justa paga, que sonegastes aos lavradores, que ceifaram os vossos campos de feno; e as queixas dos segadores chegaram até as ouças do Senhor dos Exércitos. Vós haveis pastado a fartar e cabriolado sôbre a gleba, e vos cevastes bem, para um dia, o Dia da Matança. Haveis condenado, e haveis dado morte ao que vive na direitura. Êle não vos opõe resistência".

À vista da amostra, não é de admirar fôsse o justo Tiago cognominado, pelas gentes, "o Paladino do Povo!"

O estudioso, que mergulhe nos arquivos das recentes descobertas, encontrará, a cada passo, novas comprovações de que a Bíblia estava certa.

Aqui está a forma como o historiador Josefo narra a retribuição que adveio aos ricos proprietários de terras, daquele tempo. "Os impostores e salteadores, reunidos em bandos, incitaram à revolta uma porção de gente... ameaçando matar quem quer que se curvasse submisso à dominação romana... Distribuindo-se por companhias armadas, que se disseminaram por todos os campos, saquearam as casas dos ricos, chacinaram os donos e deitaram fogo às aldeias. Os efeitos do seu desatino foram, assim, provados por tôda a Judéia, e cada dia que passava, a sua guerra era atiçada, ainda mais, em labaredas cada vez mais altas".

Mina adicional de informação, porém, se nos põe ao alcance, desde há poucos anos, a partir da casual descoberta de antigos manuscritos hebreus, numas cavernas situadas perto do Mar Morto e que, por isto, ficaram conhecidos como os Rolos (de Papiro) do Mar Morto.

Durante quase dois mil anos, documentos de valor inestimável haviam permanecido escondidos; e eis que, agora, de muitas passagens dêles jorra luz esclarecedora sôbre o contexto do Novo Testamento e o ambiente em que foi elaborado.

Um daqueles Rolos aplica as profecias de Habacuque aos sucessos verificados naquele mesmíssimo tempo de que falavam Tiago e Josefo. O autor cita, do Profeta Bíblico, as seguintes palavras: "Porquanto, a violência infligida ao Líbano, sôbre ti recairá; e a opressão exercida contra o gado assoprará a chama, por causa do sangue humano que se há derramado e da violência que se há infligido, no campo, e na cidade, e em todos quantos nêles moram".

Vem, em seguida, a explicação: "Isto se refere ao Mau Sacerdote, para premiá-lo pela recompensa que êle há conferido aos Pobres; pois que 'Líbano' é o Partido da Comunidade, e o 'gado', são os simples de Judá, que praticam a Lei. E Deus o condenará à destruição, assim mesmo como êle se propunha destruir os Pobres... 'A Cidade' se refere a Jerusalém, na qual o Mau Sacerdote obrou abomináveis ações e profanou o Santo-

-dos-Santos. Quanto à 'violência infligida ao país', quer isso dizer as cidades de Judá, nas quais êle usurpou, aos Pobres, a sua substância".

O Partido da Comunidade, (a quem devemos os Papiros referidos), era contemporâneo dos primeiros cristãos; e, sob muitos aspectos, os emulava. Também os seus membros sofreram às mãos rapaces dos elementos do sumo-sacerdócio; e os seus condutores eram perseguidos, por se insurgirem contra os opressores. Somos informados de um dêles, o "Mestre da Retidão", que tombou vítima da opressão; e o Rôlo, precisamente, de onde eu acabo de extrair a citação acima, critica aquêles conselheiros, que deixaram de formular qualquer protesto, quando o supradito Mestre foi ilegalmente sentenciado.

As circunstâncias permitem traçar-se um impressionante paralelo com o destino que teve Tiago, dirigente dos nazarenos, também chamado "o Justo", ou "o Probo".

Era o ano de 62 D.C. O governador romano, Festo, que havia remetido Paulo para Roma, já morrera; e o seu sucessor, Albino, ainda vinha em viagem para a Judéia. Nesse interregno, pois, a acéfala governança caiu, em grande parte, nas mãos do sumo-sacerdote Anás, filho do outro Anás, dos dias de Jesus. Diz, dêle, Josefo: "era homem de gênio atrevido e muito insolente; pertencia, outrossim, ao Partido dos Saduceus, gente muito rígida no judicar sôbre transgressores".

Assim, êsse Mau Sacerdote agarrou, sôfrego, a oportunidade, que se lhe oferecia. "Eis", diz Josefo, "que êle reuniu o Sinedrim de juízes e lhe pôs diante o irmão daquele Jesus, a quem chamavam, outrora, o Cristo; e o nome dêste que foi trazido era Tiago; e, com êle, foram trazidos alguns outros; e, quando o acusador houve formulado o seu libelo contra êstes todos, como desrespeitadores da Lei, êle os despachou, para que fôssem apedrejados".

Tal como no caso do Mestre, que vem mencionado nos Rolos de Papiro do Mar Morto, aquêles dos juízes que porventura se teriam eximido de secundar tais processualidades, deixaram-se no entanto, ficar calados. Só quando era já morto Tiago, é que uns poucos cidadãos, mais moderados, protestaram perante o rei Agripa, que, aliás, fizera Anás sumo-sacerdote; e alguns, relata-o Josefo, foram ao encontro de Albino, que já vinha em meio do caminho de Alexandria, e o informaram ser ação ilegal, da parte de Anás, fazer reunir-se o Sinédrio, sem o consentimento prévio dêle, Albino.

A tradição cristã conservou um relato, mais completo, do fim que teve Tiago, o Justo; e prossegue além, registrando que, quando de seu suplício sob a lapidação, não morreu desde logo; antes, ajoelhando-se, orou: "Eu te suplico, ó Senhor Deus e Pai, perdoa-lhes; porquanto êles não sabem o que fazem!"

Um sacerdote daquele tempo, integrante da austera tribo dos rechabitas, os quais, à semelhança de Tiago, eram abstêmios totais, bradou: "Parai! Que fazeis, vós outros?! Vêde como o Justo está rogando ao Céu por vós!"

Um dêles, porém, mais corpulento, fêz saltar os miolos do padecente, com o rijo bastão que usava para bater tapêtes. Assim, sofreu o Probo o seu martírio e o enterraram no sítio onde ainda se vê a sua lápide tumular, nas cercanias do Templo.

Foi como pereceu Tiago, o Justo, conhecido como o Paladino do Povo. O seu passamento assinalou o fim dos conselhos de justiça mais comedidos. Em face dessa calamidade, vacilou a fé em alguns corações mais tímidos. Fêz-se necessário insistir em que, "aquêle que suporta até o fim as provações, êsse mesmo será salvo". Outros porém, contagiados pelo ardor do partido da guerra e percebendo ter sede em Roma o arqui-inimigo dos santos, ligaram a sua sorte à dos rebeldes, decididos a vencer, ou morrer, com êles.

Os que se mantiveram firmes receberam, ao que se conta, uma revelação divina, induzindo-os a deixarem, quanto antes, Jerusalém, retirando-se para o deserto, sob a chefia de um primo de Jesus, por nome Simeão, filho de Cleófas.

A *Epístola de Tiago,* a que Lutero chamava "epístola de palha", ganha uma lépida e vibrante vitalidade, uma vez que seja posta em confronto com as notícias da crônica sua contemporânea.

CAPÍTULO QUADRAGÉSIMO QUARTO

UM ESCRAVO FUGIDO

O sentimento de absoluta irrestrição, a idéia de liberdade é elemento de tal maneira engrenado nas noções políticas ocidentais, devido, em grande parte, à inspiração da Bíblia, que no-lo insuflou no pensamento. Nós outros consideramos a independência de movimentos como um direito humano natural; pelo que, detestamos a odiosa escravidão, sob qualquer disfarce ou aspecto.

No entanto, ainda não está inteiramente banida, do nosso mundo, a escravidão; mesmo a mais feroz escravidão, tal como existia outrora; conquanto, hoje em dia, imaginemo-la, principalmente, em têrmos de peias, econômicas e ideológicas.

No mundo antigo, a servidão, como instituição social, era uma das peremptórias realidades da vida; e a distinção social, entre escravo e homem livre, era considerada como fazendo parte da ordem natural das coisas, quase em grau igual ao que ocorria com a distinção entre os sexos. Nem mesmo o cristianismo teve o poder de derruir a diferenciação material entre livres e servos; teve-o contra a espiritual, sim: — "Em Cristo não há servis nem livres, macho ou fêmea"; — e, assim, aplanou o caminho para a emancipação do escravo e para a da Mulher.

Seguiu-se dessa doutrina, que os escravos acorreram, em bandos numerosos, para o regaço consolador da Igreja, a qual lhes reconhecia valor, como almas viventes, amadas pelo Senhor. Lá fora, continuavam meros "bens móveis", gado humano, simples "propriedade", sem direitos civis nenhuns; e o número de escravos, que alguém possuísse, até servia a dar a medida da prosperidade e categoria social do amo. No seio da Igreja, porém, senhor e escravo eram, espiritualmente, irmãos e iguais.

Essa circunstância deu surto a problema não insignificante. Se Juca era "tão bom como tão bom", ao lado de seu amo, lá dentro, — por que não cá fora também? Constituía irresistível tentação, para um bom número de escravos convertidos, de lares cristãos, se aproveitarem da sua liberdade "em Cristo", manifestando-a nas suas atitudes ordinárias junto ao seus amos. Em Roma, o problema se acentuava, e mais se patenteava, do que alhures, devido ao enorme número de escravos que aí pululava. Numa população de cêrca de um milhão, que tinha a cidade, ao tempo de Paulo, avalia-se que se contavam, por aí, coisa de uns... 300.000 escravos.

Muitos dêles tinham sido prisioneiros de guerra, trazidos para Roma e aí levados a leilão, em hasta pública.

Compreenderemos perfeitamente, pois, a razão por que Paulo se preocupa com o assunto; principalmente em suas epístolas idas de Roma aos *Efêsios, Colossenses,* a *Tito,* duas a *Timóteo* e *Filêmon*: tôdas elas ferem a questão.

Aqui vão alguns excertos dos ensinamentos de Paulo sôbre o assunto, conforme os traduzi: (*)

"Os escravos deverão permanecer sujeitos aos seus amos, dando-lhes inteira satisfação, não sendo *respondões*, não furtando, antes dando prova de absoluta fidedignidade, para que, de algum modo, possam dar testemunho do mérito da doutrina de Deus Nosso Salvador (*Tito*). Que todos quantos se acham sob o jugo, como escravos, considerem seus donos merecedores de tôda a consideração, para que o nome de Deus e sua doutrina não sofram descrédito. Porém não se permitam aquêles que tiverem por amos a irmãos na crença cristã, tomarem-se de presunção perante êsses seus donos, por isso que são irmãos. Ao invés, deverão ser meticulosos no servi-los, pois os que auferem o benefício do serviço prestante, são também crentes e seus amigos". (1.° *Timóteo*).

"Prestai serviços com verdadeira boa-vontade; como quem tem sempre em mente ao Senhor, que não aos homens; sabendo que cada um, que seja escravo ou homem livre, tem as suas boas ações, quaisquer que sejam juntadas num tesouro, a seu crédito, pelo Senhor Deus. E vós outros, ó amos, tratai de agir pela mesma forma para com os vossos escravos, abstendo-vos de ameaças, sabendo que o Amo Supremo de ambos, vós e vossos escravos, está no céu; e que junto a Êle não tem guarida a parcialidade". (*Efésios*).

A sorte do escravo viera abrandando contìnuamente, sob o regime imperial. Êle já podia seguir a religião que quisesse, no tempo de Nero, graças à campanha travada pelo filósofo Sêneca, em prol dos direitos humanos, um escravo até podia levar à presença do magistrado queixa contra alguma injustiça de seu amo.

Havia diversas categorias de escravos. A mais baixa, segundo o refere o historiador Suetônio, podia ser encadeada à porta da frente, como se faz ao cão de guarda. Mas havia outras, cujos elementos serviam de precepto-

(*) Citado de **The Authentic New Testament**, edição Dennis Dobson. (N. do Autor).

res, faziam a contabilidade, medicavam. Muita gente, ora vendida como escrava, era de condição superior, culta; uns, pintores; outros, escritores; outros ainda, músicos. Por isso, eram particularmente benquistos e valorizados; e, muita vez, gozavam de um tratamento, antes de companheiros, que de servos.

A servidão, todavia, não seria necessàriamente permanente. Havia a possibilidade, para o escravo, de juntar dinheiro, para custear sua alforria; e freqüentemente sucedia um amo conceder, a escravo seu, carta de emancipação, como recompensa dalgum ato meritório. Era especialmente muito comum alforriar alguém uns tantos escravos seus, em disposição testamentária. Uma vez readquirida a liberdade, era notável a ausência de estigma, que para o diante se estabelecia, relativamente àquele que fôra escravo. Muitos dêsses "libertos" chegaram a enriquecer e se tornar poderosos, passando a ter também escravos, por sua vez.

Mas havia o outro lado da escravidão: a degradação moral, que tanto amiúde acompanhava a degradação física; especialmente os cativos vindos da Grécia e do Oriente. Aí estava a carne escrava, para satisfazer e alegrar o amo, para obedecer-lhe ao mínimo capricho ou fantasia. Dever do escravo, homem ou mulher, era abdicar totalmente da sua personalidade, tornar-se um eco para o seu senhor, ou para a "domina"; cacarejando um riso alvar, quando êles riam; ou uivando, se chorassem; sempre sob pena de surra ou tortura, ao menor equívoco.

Paulo se esforçou por elevar a servidão ao nível de uma obediência, antes voluntária, que forçada; quis introduzir um conceito de livre arbítrio, dentro, da própria escravidão; de humana dignidade, ainda na mesma servidão. Os servos não deveriam corresponder-lhe com "o simples servir, visando atrair as vistas do amo, como o fazem os que pretendem recomendar-se-lhes; — porém como escravos de Cristo, a carregar sôbre as espáduas as suas tarefas, como se executassem mandados de Deus".

Para têrmos uma visão contemporânea da vida do escravo, em Roma, tal qual a observou Paulo, se nos oferece uma historieta da literatura latina, — o *Satyricon*, da autoria de Petrônio Arbiter. O fulcro da pequena novela é um banquete, dado em casa de certo milionário, Trimálquio, um liberto. Em tudo, aí, se evidenciava vulgaridade e ostentação de opulência, daí absoluto mau gôsto.

Êsse Trimálquio possuía tantos escravos, que fôra de supor-se que, nem dez por cento do número dêstes o conhecia de vista, ao menos. Na frontaria da sua porta principal, lia-se um aviso: "Todo escravo que saia de casa sem licença do Amo, levará, de castigo, cem vergastadas".

Trimálquio não se sente envergonhado, de modo nenhum, por haver sido, êle próprio, escravo. Afrescos, no átrio representam um mercado de escravos, figurando aí os respectivos preços correntes; e até o anfitrião mesmo, em pessoa, pintado em atitude de tomar lições de contabilidade e se formando, findo o curso, como bailio de seu amo atual. Êle se compraz em contar como foi alforriado, por mercê da vontade dêsse amo e como fartamente se proveu com a mão esquerda... No decurso do ágape, entra o seu mordomo, que lhe traz as últimas novidades. Em uma de suas propriedades acabavam de nascer, já escravos, trinta meninos e quarenta meninas, no dia 26 de julho precisamente. Durante todo o festim, é um vaivém, incessante, de escravos e escravas, a trinchar e a servir, a cantar e dançar, não menos do que (sempre sob ameaças, se cometerem qualquer falta), a participar dos prazeres orgíacos.

Aproximando-se o fim da festança, sentenciosamente se dirige Trimálquio aos seus convivas: "Meus amigos, até escravos são criaturas humanas, também; os fados lhes foram adversos, mas a verdade é que êles também sugaram o mesmo leite materno que nós sugamos. Seja como fôr, se alguma coisa me acontecer, em breve êles estarão bebendo o seu vinho em companhia de homens livres. Em poucas palavras: em meu testamento deixo estabelecido que sejam êles, todos, libertados".

Diverso é o estado de espírito e diverso o critério, sob os quais Paulo encara, em sua carta a Filêmon, o caso ocorrido a um determinado escravo. Debaixo das circunstâncias daquela época, torna-se inteiramente adequado, que um pequeno e precioso documento, no contexto do Novo Testamento, fôsse inteiramente dedicado a uma súplica em favor de um escravo.

O escravo Onésimo havia fugido da casa de seu amo, Filêmon, um cristão de Colossos, talvez até carregando consigo algo roubado a êste. O castigo, para a duplamente grave transgressão, poderia ser até morte. Onésimo chegara a Roma, fôra aí convertido e, agora, o grande apóstolo o mandava de volta ao respectivo "dominus", levando-lhe um irresistível apêlo, no sentido de que o agravado senhor concedesse o perdão e, de novo, sua estima, ao faltoso servo.

Essa epístola é tão bonita e comovente, que precisa ser transcrita, no que mais importa, por inteiro: Paulo, aí, mostra entregar-se confiante, à fidelidade e fraternal amor cristãos de Filêmon, continuando nestes têrmos:

"Embora me sinta, em Cristo, completamente à vontade para insistir sôbre o tópico, mesmo assim prefiro dirigir-te veemente apêlo, na minha qualidade, tão sòmente, daquele velho amigo Paulo, aliás, neste momento, um prisioneiro por Jesus-Cristo.

"É em favor de um dos meus filhos que eu te suplico, filho que me adveio em minha presente sujeição. Onésimo, que anteriormente era um sem-valor, para a tua pessoa, porém, já agora, assume real valor, para ambos nós, tu e eu. Eu to enviei de volta, o que significa haver eu me separado do meu próprio coração, pois preferiria muito mais havê-lo guardado comigo, para que êle passasse a servir-me e não a ti, na servidão do Evangelho; mas não desejei empreender nada à revelia do teu consentimento, não fôsse a tua bondade constrangida, antes que espontânea, no aquiescer. Talvez que a razão de ter Onésimo te deixado por algum tempo fôsse a intenção de fazer-se aceitar por ti integralmente e para sempre, já não mais como escravo, mas mui acima e melhor que um escravo, como irmão bem-amado, particularmente para mim; porém quão imensamente mais para ti, agora que vos prendem, além dos laços terrenos, os laços comuns com o Mestre?

"Portanto, se me consideras um da tua grei, recebe-o, qual me receberias, a mim, em pessoa. Se êle te lesou, ou te deve algo, — lança êsses débitos em minha conta. Eu, Paulo, aqui o exaro, por minha própria mão: "Eu te darei completo ressarcimento! Necessário me será dizer que tu, realmente, me deves a ti mesmo? Ora, bem, irmão: que me seja dado recolher o meu lucro, sôbre ti, no Senhor. Eia, pois, conforta o *meu* coração em Cristo. Escrevo-te com absoluta confiança em tua complacência, sabedor, que sou, de que farás mais ainda do que aquilo que te peço".

A palavra "lucro" (*onaimin*), contida no último tópico, acentua, num quase trocadilho, o nome Onésimo, que já quer dizer "lucrativo", ou "aproveitável", insinuado, êste significado, na anterior referência ao dito Onésimo, que o dá como tendo sido outrora um imprestável, mas agora, já realmente valioso.

Eis como, num mundo onde campeavam, avassaladoras, a escravidão dos corpos aos poderosos e a servidão das almas ao mal, veio o cristianismo proclamar uma outra servidão, esta voluntária e superior, a qual, todavia, promove a libertação dos homens, de todos os homens.

CAPÍTULO QUADRAGÉSIMO QUINTO

MISTÉRIO DO FIM DE PAULO

O fim que teve o Apóstolo Paulo permanece, até hoje, envolto em mistério. Tudo o que sabemos pelas palavras finais dos *Atos*, é que, durante dois anos inteiros, ou seja, de 61 a 63 A.D., estêve prêso em Roma, tendo o seu próprio domicílio por *ménage*, com permissão, aliás, de aí receber quem quer que o quisesse visitar. Nada consta a respeito das possíveis seqüências do seu apêlo a César. Mais parece uma daquelas famosas histórias inacabadas, no gênero de *"O Mistério de Edwin Drood"*, de Charles Dickens.

Para sanar a essa deficiência, o historiador tem que se valer do material remanescente de que puder dispor. No caso em tela, devemos agradecer ao próprio Paulo, pelos indícios correlatos, que nos fornece em suas epístolas. Infelizmente, não os poderia dar, como é óbvio, tais que nos permitissem reconstituir as cenas finais, as mais intensamente dramáticas. Quanto não daríamos nós, digamos, por um relato de Paulo, mostrando-o a proclamar a sua fé, em presença, mesma, do ególatra e dementado imperador Nero Ahenobarba!

A cena que logramos imaginar é, tão-sòmente, a de um bravíssimo cavalheiro, todo empenhado em dar os retoques de acabamento final à grande obra da sua vida, em meio a um turbilhão de fôrças hostis que se acumulavam, como nuvens de tormenta, sôbre a sua cabeça, conjugando-se as de dentro da comunidade cristã, mesma, com as do comum inimigo externo. Ei-lo, já avelhantado e exausto da peleja, sem embargo, sempre aguilhoado, pela penúria do seu povo, a prosseguir lutando pela sua liberdade.

"Para mim, faz-se *útil* viver" (*) — escreve êle aos filipenses da longínqua Macedônia, "e é uma vantagem morrer. Mas, já que tenho que viver, na carne, impõe-se-me um esfôrço, de minha parte, e eu, afinal, nem sei bem o que fazer. Estou perplexo na escolha de qual dos dois caminhos seguir; ansioso, por um lado, por partir e recolher-me em Cristo, porque isso me seria tão melhor; mas, por outro lado, ater-me à vida física é mais essencialmente proveitoso para vós outros. E, finalmente convencido desta última razão, sei que devo continuar vivendo e assistindo junto de vós".

Só por um impulso de sua honestidade, se acha no dever de justificar essa conclusão. "Que seja digna do Evangelho de Cristo a vossa ordenação dos negócios, para que, venha eu ver-vos, ou de vós me guarde ausente, possa eu sempre ouvir dizer, a vosso respeito, que continuais todos sendo unos em espírito... Mesmo que eu devesse ser de todo sorvido, qual licor, segundo vos compete fazer nas libações rituais, ainda me

(*) Êrro perpetrado por um escriba deu em resultado a troca da palavra original chrestos (útil), pelo têrmo Christos (Cristo); tomando assim, o texto, êste diverso sentido: "Para mim, viver em Cristo". (N. do Auor).

rejubilarei; e convosco, todos, me congratularei. E, semelhantemente, vos regozijareis e vos congratulareis comigo".

Por essas palavras, Paulo assemelha o derramamento do seu sangue ao jôrro de vinho nas taças das festas religiosas e ao costume, que havia entre os fiéis, de se felicitarem uns aos outros, ao término de um ofício sacro.

E Paulo continua, dizendo que pretende mandar Timóteo a Filipo "tão logo eu comece a divisar perspectivas nítidas do meu caso; conquanto tenha confiança no Mestre, bastante para me convencer de que brevemente estarei em situação de poder ir aí pessoalmente".

Entrementes, envia Epafrodito, que empreendera jornada a Roma, para levar ao apóstolo um presente, da parte dos filipenses; e recomenda a êsse providencial mensageiro urgência para o seguinte recado: "... porque êle sente grandes saudades de vós e se aflige por haverdes ouvido dizer que êle estava enfêrmo. Na verdade, enfêrmo estava, sim, quase às portas da morte; porém Deus teve piedade dêle, — e não sòmente dêle, senão de mim também, seu portador, a fim de que eu não tivesse de acrescentar um pesar a outro. Eis porque eu o despachei expeditamente (a mim, seu mensageiro), para que, ao revê-lo, possais alegrar-vos e eu, sofra menor tristeza".

Quão ricamente confirmam a correção da Bíblia todos êsses preciosos pormenores, humaníssimos!

Passados tempos, ainda era incerto o fadário de Paulo; porém as circunstâncias hão-de ter-lhe insuflado mais esperança ainda, a ponto de se permitir começar a assentar disposições definitivas. A Filêmon, em Colossos, escreve êle: "Prepara-te para me hospedares, dado que estou a prever que, por merecimento das vossas preces aí, eu vos serei outorgado". E a Tito, em Creta: "Quando eu te despachar Artemas, ou que seja Tíquico, faze o máximo possível para vires ao meu encontro em Nicópolis; pois decidi passar o inverno ali".

Tíquico já fôra mandado à Ásia, com cartas para os efésios e colossenses, bem como para Filêmon. Com êsse portador seguira Onésimo, o escravo de Filêmon que fugira para Roma e fôra convertido pelo ativo missionário e missivista. Os dois viajantes informariam às comunidades cristãs "tudo o que vai por aqui". Nessa ocasião, Timóteo estava em Éfeso, pretendendo seguir daí para Filipo, em cumprimento da promessa que Paulo fizera; mas, em virtude de doutrina oposta, imperante na Igreja de lá, êste lhe pedira que ficasse onde estava, por enquanto.

Que seria que dava ao apóstolo tanta certeza de que antes do inverno de 62-63 A.D. estaria, enfim, livre? Essa é uma das grandes interrogações! Há muito quem entenda que Paulo foi efetivamente pôsto em liberdade e retomou as suas atividades; e que, terá regressado mais tarde a Roma, fôsse por vontade própria, fôsse novamente como prisioneiro. As crônicas, ao que me parece, dizem veementemente o contrário dessas duas suposições.

Inclino-me a crer que, antes de subir a julgamento o caso de Paulo, as coisas tomaram, sùbitamente, rumo para o pior.

Até então, nunca estivera Paulo sòzinho. Êle se refere, mesmo, a dois companheiros de confinamento, de nomes Aristarco, um, e Epafras, o outro. Alentava-o, ainda mais, a companhia de dois cristãos judeus: um, Marcos, sobrinho de Barnabé, e o outro, um Jesus, a quem chamavam Justus. Além dêstes, havia: "o querido Doutor Lucas" e Dimas. Tivera o prazer da grata visita de Epafrodito, o de Filipo, e também a de Onésimo, êste regressando de Éfeso e que, pelo visto, veio a morrer em Roma. "Muita vez me reanimou êle o coração", escreve Paulo a Timóteo, "e jamais se envergonhou de minhas cadeias; antes, ao chegar a Roma, fêz diligentes indagações para saber onde eu estava, até que me encontrou".

Agora, porém, já êle muda de tom... A Timóteo escreve: "Estás bem a par, de que todos os crentes da Ásia se apartaram de mim". É que aquêles negros "cumuli" se acastelavam, rápidos, sôbre êle.

Também, em Roma, andavam, ativos, os inimigos do Apóstolo; e, quanto aos amigos, uns o abandonavam, enquanto que outros andavam por fora, em missões. Um grito d'alma, de Paulo, chegava a Timóteo, em Éfeso:

"Faze o máximo que te fôr possível para vires a mim ràpidamente; pois Dimas, amando êste mundo terreno, desertou do meu lado e se foi para Tessalônica; Crescente partiu para a Gália; Tito, para a Dalmácia. Só me resta Lucas, a fazer-me companhia".

Paira no ar um perigo qualquer; ao que parece, relacionado com o julgamento, há tanto tempo protelado. "Alexandre, aquêle ferreiro, tem-se mostrado muito mal-disposto contra mim... Toma cuidado com êle, tu também, pois é violentamente contrário aos nossos pontos de vista. Quando da primeira audiência da minha defesa, ninguém me apoiou: todos me abandonaram. Que isso não seja levado em conta contra os que assim procederam! Mas o meu Mestre me apoiou e me deu fôrças, para que, por minha voz, fizesse ressoar a proclamação do Seu nome, e os gentios, todos, pudessem ouvi-la; e eu fui, enfim, "salvo das fauces do leão!"

Esta última expressão, aí, tomada ao Salmo 22, era aplicada pelos judeus ao poder dos governantes tirânicos. Josefo refere que o príncipe Agripa, depois rei da Judéia, ouviu, da bôca de seu liberto Mársias, as novas da morte de Tibério, formuladas nestas lacônicas palavras: "O leão está morto".

Sinistra, no entanto, é a referência de Paulo a essa "primeira audiência". Daí se infere reenvio aos ferros; não despronúncia. Estaria o perverso imperador brincando de gato e rato? Se, como parece provável, o julgamento se passou no ano da graça de 63, vemos o historiador romano Tácito testemunhar que Nero, imensamente autopersuadido de ser um grande cantor, andava fazendo planos de visitar a Grécia, para aí conquistar a coroa dos bardos. Deixou, então, a sua capital e foi-se apresentar às platéias de Nápoles, numa espécie de 'ensaio geral a caráter', em representação pública; que pôs a casa abaixo, — literalmente: — porquanto, efetivamente, o teatro ruiu, logo após o espetáculo. Mas não muito depois disso, Nero adiou, por alguma razão desconhecida, sua programada expedição à Grécia e regressou a Roma, aos começos do ano de 64 de nossa era. A temporária ausência do imperador poderá explicar porque, na capital, era Paulo reenviado a confinamento, para aguardar nova audiência.

Um outro efeito produzido por aquela sua primeira defesa, em que a proclamação do Evangelho ressoou, para ser ouvida por todos os gentios, pode, muito bem, ter sido incutir no malévolo espírito de Nero um ódio mórbido aos cristãos, que ousavam rebaixá-lo à condição de inferior, lá ao tal seu Senhor Jesus.

Sôbre tudo isto, nada mais podemos fazer senão conjeturar. Mas qual seria a diversa razão a determinar que, ao se desencadear o Grande Incêndio de Roma, em junho de 64 A.D., Nero fôsse eleger os cristãos como suspeitos de incendiários, no afã de oferecer um "bode expiatório", com que refutar a geral versão de que fôra êle mesmo quem mandara atear fogo à cidade? Ninguém gostava dos cristãos, é certo; mas, até aqueles momento, nunca se verificara qualquer manifestação, apreciável, de hostilidade maior contra êles.

Fala Tácito: "Nero agiu com a sua usual astúcia. Deparou um punhado de infelizes crápulas e abandonados da sorte, que foram induzidos a se confessarem culpados; e, apenas à base de tais depoimentos, numerosos cristãos foram condenados, não efetivamente diante de provas, inconcussas, de haverem sido êles que puseram fogo à cidade; antes, mais em razão do soturno ódio que êles tinham a todo o gênero humano".

E o cronista prossegue, por aí assim, contando, afinal, como "êles sofreram morte de requintada crueldade e como, aos seus sofrimentos, Nero ainda acrescentou o escárnio e a irrisão. Alguns foram revestidos de peles de animais selvagens e abandonados a matilhas de cães esfaimados, que os devoraram; outros foram pregados a cruzes; inúmeros foram queimados vivos; e muitos, ainda, envolvidos em matérias inflamáveis, eram "acesos", ao cair da noite, de modo a servirem de tochas para a iluminação pública... Via-se, claramente, que êles eram assim sacrificados, não por amor do bem público, mas para saciar a cólera e a malvadez dum único homem".

Já antes dêsses horrores, quero eu crer que a vida de Paulo se extinguira. Há algum tempo, vinha êle adquirindo consciência de qual seria, em breve, o seu destino. "Encontro-me, agora, às portas da suprema paz", escreveu êle a Timóteo, "eis que a hora do meu desencargo se aproxima. Combati um áspero combate; perfiz o meu roteiro; guardei a fé. Aguarda-me, bem guardada, a coroa que me cabe por direito, a qual o Mestre, êsse honrado juiz, me atribuirá, naquele grande dia".

Como se verificou a condenação de Paulo e de que modo padeceu nada disso sabemos. Apenas uma tradição, um tanto retardada, sôbre os fatos é que veio, depois, a testemunhar haver êle sido decapitado, fora da cidade, a meia légua de distância de Roma, não longe da estrada que demandava Óstia.

CAPÍTULO QUADRAGÉSIMO SEXTO

REPTO A SETE IGREJAS

O Grande Incêndio de Roma, do ano 64 D.C., que os cristãos foram acusados de haver provocado, trouxe, para campo aberto, às claras, o incipiente conflito, já aceso, entre a Roma Imperial e a Igreja surgente. Os cristãos, que rendiam sua primeira fidelidade a Jesus, como Divino Senhor do Mundo, foram tachados, por isso, de inimigos do Divino César e de ameaça à civilização e à ordem existente.

O Império Romano se mantinha uno e coeso; não só, por obra das disciplinadíssimas e eficientíssimas legiões, e de uma multidão de funcionários, afetos à administração inflexível da lei romana, — como, outrossim, por uma verdadeira mística, uma ideologia espiritual, centralizada no culto à pessoa divinizada do Imperador e da deusa Roma.

Ora, nem judeus, nem cristãos, jamais se conformariam em comprazer a semelhante idolatria. Acabaram, afinal, por tomar armas, em revolta; e, no ano 66 D.C., iniciaram uma guerra que foi, em parte, religiosa e, por outra parte, messiânica.

Nero, foi, assim, forçado a enviar contra a Palestina um general competente, Vespasiano, para sufocar a insurreição. A luta, entre a minúscula Judéia e o formidando poder militar de Roma, foi longa e mui cruenta. Sob o aspecto físico, material, êsse duelo terminou, virtualmente, quando Tito, filho de Vespasiano, tomou Jerusalém, no A.D. 70; sendo, então, destruído o Templo. Mas a guerra espiritual é que não cessou.

Bem sabiam, os romanos, que o cristianismo provinha do judaísmo. De acôrdo com Sulpicius Severus, provàvelmente louvando-se no historiador romano Tácito, pensou Tito que, destruindo o Templo, desferiria um simultâneo golpe de morte sôbre o cristianismo. "Os cristãos saíram dos judeus. Cortando-se a árvore pela raiz, o tronco ressecaria, tanto mais depressa".

Errônea previsão. Mas, de qualquer modo, desde aquêle momento, ficou sendo crime de morte ser-se cristão. Era a guerra deflagrada entre Satã e os Santos, entre o regime imperial e a Igreja, e que se assanhou, ainda mais, lá para o fim do primeiro século, sob o reinado do imperador Domiciano, aquêle que decretara que se lhe dirigissem tratando-o por "Senhor nosso e nosso Deus".

Do lado cristão, o conflito é pictòricamente narrado no Novo Testamento, no *Livro da Revelação*, o qual abrange, em seu relato, o lapso que vai de 66 a 69 A.D., olhando profèticamente, daí por diante, para o futuro do mundo.

É trabalho de um iluminado, onde a situação contemporânea e as suas decorrências futuras são expostas, com recurso a imagens e visões, além de símbolos, alguns, de tais elementos, possuindo um caráter de pesadelo. Graças, porém, à pesquisa histórica e arqueológica, a maioria dêles é muito menos difícil de se interpretar, do que o supõe muita gente.

A *Revelação* se reveste dessa curiosa forma, em parte por intuitos de dramatização e, doutra parte, por motivos políticos. Semelhante forma de escrever, fazendo imaginarem-se as coisas e os acontecimentos, já fôra um dos mais antigos métodos de explanar fôrças e idéias, especialmente na esfera religiosa. Ainda hoje nós mesmos lançamos mão de processo algo análogo, nas nossas moedas e medalhas e na simbologia heráldica. Pòlìticamente, aquêle simbolismo da antiguidade, como que foi o precursor do azorrague da moderna caricatura, sendo, porém, suficientemente crítico, para disfarçar bem umas tantas opiniões, mais ousadas e perigosas, até inquináveis de alta traição.

Como composição literária, a *Revelação* se enquadra na classe daqueles escritos que vicejaram na época em aprêço, e que, então, se conheciam como Apocalipses, palavra grega que significa revelação. Eram obras apreciadas, especialmente por agrupamentos ecléticos e místicos, compostos de judeus. Um dos primeiros de que há notícia foi o *Livro de Daniel,* que faz parte da Bíblia.

A *Revelação,* — (ou *Apocalipse*) — *de João* é, em verdade, uma peça inspirada; e não admira que tenha perenemente exercido extraordinária fascinação. Alguns dos seus ditos se tornaram corriqueiros até, para milhões de pessoas que jamais leram o livro pròpriamente dito, a saber: Os Quatro Cavaleiros do Apocalipse; a Marca (O Sinal) da Bêsta; Armagedom; e a Nova Jerusalém.

O livro é precedido de uma espécie de prefácio. O vidente da Ilha de Patmos, (situada ao largo da costa da Ásia Menor), é intimado a enviar a coleção das suas visões a sete igrejas do continente, ou seja:

a Éfeso, Esmirna, Pérgamo, Tiatira, Sardis, Filadélfia e Laodicéia.

Não se trata, aí, apenas de uns tantos nomes apanhados a êsmo. Essas eram cidades-chaves, no circuito administrativo romano de então. A começar por Éfeso, a sua enumeração descreve um círculo, no sentido dos ponteiros de um relógio, isto é, de oeste para leste, na ordem geográfica. Cada igreja dessas, quer dizer, a instituída em cada uma dessas cidades, recebe um repto de fidelidade, adequado às suas circunstâncias, desafio, êsse, que conclui por uma promessa de recompensa aos vencedores. O tempo da ação é o reinado de Dominicano, — 81 a 96 D.C.

Compulsando essas "Cartas às Sete Cidades", vejamos o que poderemos perceber de algumas das alusões nelas contidas.

A promessa a Éfeso diz: "Eu concederei ao vencedor o direito de comer o fruto da Árvore da Vida, o qual está no Pomar de Deus".

Segundo a história que nos conta o Gênesis, Adão é expulso do Paraíso, antes mesmo de haver podido comer o pomo da árvore da Vida e, assim, conquistar a Imortalidade. A Árvore Sagrada, que representa a Vida a renovar-se incessantemente, é um dos mais antigos símbolos religiosos, encontráveis por todo o Orbe. Mas aqui faz-se direta referência, inequívoca, a uma profecia do Paraíso Reconquistado, a qual se encontra num livro escrito talvez uns 200 anos antes, no trecho onde se diz, a respeito do Messias:

Êle abrirá as Portas do Paraíso
E afastará a espada que ameaça a Adão.
E deixará que os Santos comam da Árvore da Vida,
E o Espírito de Santidade estará sôbre êles.

(*Testamento de Levi,* XVIII).

Já inteiramente diferente e tópica é a referência inclusa na carta a Esmirna, que tem, como que um eco, naquela dirigida a Filadélfia. "Conheço a blasfêmia daqueles que se dão como judeus, quando não o são, porém sim uma sinagoga de Satã".

A explicação disto é interessante e nada tem que ver, aliás, com preconceitos anti-semitas.

Após a queda de Jerusalém, e a destruição do Templo, a religião judaica continuou, todavia, a ser respeitada pelos romanos, como crença autorizada, que era; e os judeus militantes seguiam sendo isentos, como anteriormente, de prestar culto idólatra ao Imperador.

Para se habilitarem a essa isenção, no entanto, tinham de observar umas tantas regras novas, estatutárias, que lhes foram impostas. Os que se declaravam judeus pela fé eram obrigados a se fazerem membros matriculados de uma sinagoga. O comprovante dessa filiação tinha de ser apresentado a um magistrado romano que, então, expedia um alvará de licença, pelo qual tinha de ser paga uma taxa anual judaica. Êsse imposto orçava por duas dracmas, aliás antigo dízimo que todos os judeus sempre pagaram ao Templo, em Jerusalém; e agora passavam a pagar ao Capitólio, em Roma.

Qualquer um, que não fôsse de origem judia, podia conseguir o dito alvará de isenção uma vez que se inscrevesse numa sinagoga e cumprisse o estatuído nos novos regulamentos. Esta saída era, para os cristãos, uma irresistível tentação, na sua ânsia de escaparem à perseguição governamental, por se recusarem a cultuar o Imperador, como uma divindade; sabido que o cristianismo era religião ilegal e proscrita, e não o era o judaísmo. Esmirna e Filadélfia eram, ambas, cidades onde havia, oficialmente estabelecidos, templos especiais para êsse culto ao Imperador.

O autor da *Revelação* verbera êsses irmãos mais pusilânimes, que procuravam se esgueirar, por um atalho cômodo, por onde refugir a contratempos mais graves, mediante essa simples aderência a uma sinagoga e andar propalando, depois, serem judeus pela fé, quando não eram tal. Sob situação um tanto análoga, viu-se como, no tempo da inquisição espanhola, alguns judeus, conhecidos pela alcunha de *marranos* (os caídos em danação), semelhantemente aderiam à Igreja católica e procuravam fazer-se passar por cristãos, quando não o eram.

Na carta seguinte, endereçada à Igreja de Pérgamo, vai uma outra referência ao culto do imperador como um deus. "Eu sei onde viveis, aí onde é a sede de Satã".

Era nas alturas existentes em Pérgamo, que se havia erigido o templo, há mais tempo estabelecido, para a adoração ao imperador-deus Augusto e à deusa Roma, isso em 29 A.C. Êsse templo figura representado em moedas emitidas pela Comuna da Ásia, levando estas, também, a inscrição ROMA.ET.AUG. Outras inscrições, também encontradas em Pérgamo, referem-se ao culto do "deus Augusto". Uma delas, talhada num pedestal de mármore, reza: "O Imperador, César, Filho de um Deus, o Deus Augusto, Que Vela sôbre tôda a terra e todo o mar".

O templo, colocado no cume da montanha de Pérgamo, era verdadeiramente, "a sede de Satã", para os cristãos.

A promessa levada por esta carta dizia: "Eu darei ao vencedor o oculto maná. E também lhe darei um seixo branco, com uma palavra mística, que estará gravada sôbre êle, a qual só será conhecida por aquêle a quem eu a der".

Era crença geral, entre os judeus que, na Idade Messiânica, o maná voltaria a cair do céu, como já ocorrera para os Israelitas perdidos no deserto. O *Apocalipse de Baruch* (contemporâneo da *Revelação,* por sinal), — declara que "o tesouro do maná descerá outra vez do alto e, naqueles anos, êles comerão dêle, porque êsses são os que vieram para a Consumação dos Tempos".

Jóias contendo, gravados, nomes místicos, serviam de amuletos, no antigo Oriente, a título, cria-se, de proteger de todo mal o respectivo portador. Socialmente, usavam-se pequenos mosaicos chamados *tesserae,* à guisa de cartões de convites, os quais continham a conveniente inscrição. Portanto, o seixo branco, ou jóia, a que se alude aqui, é uma espécie de passaporte, que confere salvo-conduto a quem o exibe, fazendo-o admitir à Ceia de Esponsais do Cordeiro, a qual corresponde ao Banquete Messiânico, também mencionado no *Apocalipse de Baruch.*

A carta destinada à Igreja de Filadélfia declara: "Porque haveis guardado a minha Mensagem com perseverança, eu também vos guardarei do tempo da provação, que está para vir sôbre o mundo inteiro, para pôr em prova todos os habitantes da terra". Só recentemente é que a expressão, mesma, "o tempo da provação que está a chegar", foi encontrada em fragmentos dos Papiros do Mar Morto, como se referindo aos Últimos Dias, o Juízo Final.

Em se conjugando todos os recursos do conhecimento, para êste objetivo, até mesmo o mais desconcertante livro do Novo Testamento se clareia meridianamente e suas imagens e símbolos passam a revelar um conteúdo de significação precisa, com relação às crenças e aos acontecimentos da época em que foi escrita a obra.

CAPÍTULO QUADRAGÉSIMO SÉTIMO

OS QUATRO CAVALEIROS DO APOCALIPSE

A Revelação, livro misterioso que serve de epílogo ao Novo Testamento é, por muito que tal surpreenda, rica fonte de conhecimentos sôbre as circunstâncias e o panorama que cercavam os primeiros cristãos. Ela se abebera nas profecias do Velho Testamento, concernentes aos Últimos Dias, bem como em outras que eram correntes no Primeiro Século e as aplica a uma série de visões em tôrno de sucessos contemporâneos e porvindouros. O vidente recebe expressa ordem de registar "aquilo que ora sucede e o que há de transpirar futuramente".

A História abrange a desastrosa guerra judaica com os romanos (A.D. 67-73); a perseguição à Igreja pelo Império e promete que serão julgados Roma e seus aliados. Finalmente, vem a volta triunfal de Cristo e o estabelecimento do Reino de Deus sôbre a Terra.

Uma vez que nos propomos confirmar a exatidão do contexto da Bíblia, vamos apreciar o significado da serie inicial das visões, que representam os julgamentos da própria Israel, cuja verdade histórica, pelo menos, estamos habilitados a comprovar documentadamente, hoje em dia.

Abre essa série uma referência a certo rôlo, aliás pequeno, escrito de um e outro lado (Ezequiel II, 10). Êsse papiro está selado de sete selos e o Cristo, Cordeiro de Deus, que também é o Leão de Judá, rompe êsses selos, um após outro, para que os portentos se vão revelando.

Ao se abrirem os primeiros quatro selos, surgem quatro cavaleiros, cujas sinistras figuras simbólicas ficaram sendo mundialmente conhecidas como "Os Quatro Cavaleiros do Apocalipse". Elas de tal modo pareceram calhar com as circunstâncias da Primeira Conflagração Mundial, no século presente, que até serviram de título à grande novela do romancista espanhol Blasco Ibañez, sôbre a qual se baseou uma das primeiras epopéias cinematográficas.

O primeiro cavaleiro monta um ginete branco e conduz um arco. O segundo cavalga um fogoso corcel almagre e vai brandindo uma cimitarra. O terceiro monta um cavalo negro, e levanta numa das mãos uma balança de dois pratos; enquanto que o quarto se escancha sôbre um esquelético rocim e o nome dêste cavaleiro é Morte.

Os quatro, segundo se nos diz, têm podêres para "abater pela espada, pela fome, e pela pestilência e pelas bêstas-feras da terra". Assim é, que correspondem à profecia de Ezequiel XIX 12-21. Podem ser reconhecidos, outrossim, numa oração judaica do Primeiro Século, ainda hoje de uso corrente, na qual se roga a Deus "livrar-nos do inimigo, da Peste, da Espada e da Fome e das vascas da Morte".

A seqüência observada nessa oração é, precisamente, aquela apresentada na *Revelação*. Aparece, primeiramente, o cavalo ruço da Peste. Seu picador leva um arco de guerra, com o qual atira suas flechas, — as pragas pestilenciais. Vem-lhe, empós, o fogoso ginete rubro da Guerra. A montaria negra da Fome galopa nas suas pegadas; e, finalmente, vem a esquálida alimária sôbre que se escarrancha lúgubre esqueleto humano, — a Morte.

Tôdas essas fôrças de destruição se propõem afligir os judeus, conforme o indica o *Cântico de Moisés* (Deuteronômio, XXXII, 23-25); e, efetivamente, caíram-lhes em cima, na Guerra contra Roma, cujos absolutos horrores vêm plenamente relatados pelo historiador contemporâneo, Josefo.

Na ocasião em que aparece o símbolo da Fome, ouve-se uma Voz exclamar: "Um quartilho de trigo por um dinário (dinheiro); e por um dinheiro, três quartilhos de cevada; e não deitareis as mãos ao óleo e nem ao vinho". Um dinar, (ou dinárius), representava a paga comum ao trabalhador, por um dia de trabalho; de modo que a dita Voz está aí clamando por um contrôle de preços, em tempos de grande escassez. A advertência sôbre o azeite e o vinho foi desatendida pelos revolucionários de Jerusalém; pois Josefo nos conta que um dos chefes dêles, João de Giscala, se apoderou das vastas reservas do vinho e do óleo, sagrados, do Templo e as distribuiu aos seus ferozes sequazes, "as bêstas-feras da terra", que rapinavam, o quanto podiam, os desgraçados cidadãos.

A ruptura do quinto sêlo, do rôlo de papiro, revela as almas daqueles fiéis judeus que foram martirizados por amor do seu testemunho. Elas clamam pelo julgamento que virá vingá-los e ouvem a Voz, que lhes manda pacientarem ainda, porquanto outras há, que ainda têm que sofrer; e cada uma delas recebe um alvo manto.

Ainda aqui, a linguagem se apóia no *Canto de Moisés* (Deuter., XXXII, 41-43). Mas a imagem dos vestidos brancos, provém do costume, então vigorante, a propósito dos candidatos ao serviço sacerdotal. Os que não logravam habilitar-se recebiam um manto negro e eram despedidos; ao passo que, os que eram aprovados, recebiam-no alvinitente e entravam para o Templo, a oficiar em companhia dos outros sacerdotes.

Ao romper-se o sexto sêlo, dá-se um pavoroso terremoto e concorrem mais outros sinais divinos, de que o Juízo Final está para começar: "o terrível dia da ira há chegado". Antes, porém, de caírem as calamidades sôbre a Palestina, aquêles que servem a Deus recebem, na testa, um estigma preservador, conforme o profetizou Ezequiel (IX, 4-6). Essa marca protetora era constituída pela última letra do alfabeto hebraico, *tau,* a qual, na antiga escrita, tinha a forma duma cruz.

Em seguida aos Redimidos de Israel, vêem-se os Redimidos gentios. Êles foram provados por uma implacável perseguição; e a êles, pois, também se distribuem os alvos mantos. Está escrito: "jamais terão êles, novamente, fome nem sêde; nem os requeimará o sol com os seus raios, nem qualquer outro calor". Quando os cristãos foram, por Nero, submetidos ao martírio, por ocasião da caçada humana que se seguiu ao incêndio de Roma em 64 A.D., muitos dêles penaram atroz fome e sêde, enquanto pendiam das cruzes; enquanto outros foram cobertos de materiais combustíveis e convertidos em archotes vivos.

Vem, agora, uma visão cheia de imensa solenidade, quando se abre o sétimo sêlo. Durante meia hora, observa-se um grande silêncio no Templo, enquanto se oferece, no aurifulgente altar, o incenso; o que representa as preces dos santos. No Templo terráqueo de Jerusalém, tôda vez que era oferecido o incenso, no Dia do Perdão, o povo todo se retirava da sagrada nave e se prostrava, em silenciosa oração.

O silêncio, que se verifica na *Revelação* de Patmos, é o prelúdio do Juízo Final. O turíbulo é aceso ao fogo do altar e, em seguida, arremessado ao solo, enquanto sete anjos sacerdotais recebem trompas de guerra e se preparam para atroar os ares com um toque de alerta.

Também isso corresponde à usança judia daqueles tempos. Certa crônica afirma: "Por estas coisas soam alarma os sacerdotes, por todo lugar: por geada, pulgões de lavoura, pragas de gafanhotos e de lagartas e guerra". Êsses toques, tanto serviam para alertar contra as temidas emergências citadas, como para concitar os fiéis ao arrependimento.

O primeiro brado da trombeta precede a uma chuva de fogo misturado com sangue. Uma têrça parte de tôdas as árvores e tôda vegetação logo se consomem, sob as chamas. Històricamente, isso corresponde à primeira fase da guerra contra Roma, na qual as fôrças do Império, sob o comando de Céstio Galo, varreram e devastaram cêrca de um têrço do território da Palestina. Galo, — conta-o Josefo, — "talou os campos, saqueando tudo o que se lhe deparou em sua marcha e incendiando as aldeias ao seu redor".

O segundo estrondear de trombetas desencadeia uma catástrofe sôbre os mares. A têrça parte do oceano vira sangue, morrem os peixes e as naves soçobram. Josefo descreve a batalha de Jope, na qual as naves de guerra dos judeus foram afundadas e os que estavam a seu bordo se mataram por suas próprias mãos; "de forma que uma ampla porção de mar ficou rubra do sangue por êles vertido e a costa veio a ficar coalhada de cadáveres; porquanto os romanos, enfileirados ao longo da praia, massacraram todos os naufragados que as ondas rejeitavam para a terra". Josefo descreve, igualmente, a fatal batalha do Mar de Galiléia. "Chegou-se a ver o lago inteiro todo avermelhado pelo sangue e transbordando de cadáveres".

O terceiro brado de trompas figura a queda de um meteorito sôbre os rios e os poços. Chamam a êsse fenômeno o *Absinto,* pois, à semelhança dessa planta, amarga e empeçonha as águas, por modo tal, que muitos morrem, ao bebê-las. Durante a guerra contra Roma, houve envenenamento de poços e fontes de água potável; e Josefo faz notar que, no verão de 67 A.D., houve uma onda de calor tão abrasador, que muita gente morreu de sêde.

O quarto sinal de trombeta põe em eclipse os corpos celestes. Isto, em linguagem apocalíptica, quer dizer deposição das autoridades constituídas. Muitos dos sacerdotes e aristocratas, empoleirados nas posições de mando, foram assassinados pelos Fanáticos patriotas, em Jerusalém, ao tomarem, êstes, posse e domínio da cidade.

Em seguida, há uma pausa, vendo-se uma águia solitária pairar, a meia altura no céu, gritando as três desgraças que ainda estavam para vir. As precedentes calamidades foram, tôdas, anteriores à avançada romana sôbre Jerusalém. Agora, os estrídulos gritos da águia vêm anunciar a chegada da guerra à própria capital.

A quinta chamada da trombeta desata sôbre a terra uma invasão de endemoninhados gafanhotos, dotados de poder semelhante ao dos escorpiões. A visão se baseia em Joel II, e nas interpretações, então vigentes, do *Cântico de Moisés* em Deuteronômio XXXII. Mas os gafanhotos da Revelação se identificam aí com as legiões romanas, em marcha sôbre Jerusalém. Têm, pois, rostos humanos. Trazem capacetes com cimeiras ornadas de crina de cavalo ("como tranças de mulheres") e se couraçam de malha de ferro. Têm como armamento ferrões como os escorpiões, exatamente segundo diz o relato de Josefo, que o exército romano vinha aparelhado com catapultas, a que chamavam de "escorpiões", e que disparavam, em rápida sucessão, flechas de fogo.

Quando vibra a sexta trompa, junta-se à batalha um exército do Oriente, representado pelo desencadear de quatro anjos, que estavam acorrentados ao lado do grande rio Eufrates.

A intervenção de uma fôrça invasora de Leste fazia parte de uma expectativa corrente, em tôrno do Apocalipse. Segundo os anais da História, quatro reis orientais ajudaram os romanos no seu assalto. Antíoco de Comagega, Agripa II, Soemus de Emesa, e o árabe Malco, — todos êstes lhes forneceram gente a cavalo e arqueiros; e o rei parta, Volosges, da região do Eufrates, ofereceu a Roma o fornecimento de 40.000 arqueiros montados.

Refere-se, na *Revelação,* que os cavalos tinham caudas parecidas com serpentes, até com as cabeças respectivas, e que destas se serviam, para infligir ferimentos. Em pinturas murais da época, figuram-se umas criaturas simbólicas, dotadas de caudas-serpentes; e a imagem, aqui, é muito oportuna: porque os partas possuíam a arte de curvetear as suas montadas, fazendo-as rodopiar, da cabeça para a cauda; sendo os seus arqueiros habilíssimos em atirar flechadas para a retaguarda, por sôbre a anca do ginete assim dobrado.

A despeito de todo êsse castigo, os que escaparam, nem por isso se arrependeram dos seus pecados. A seu tempo, porém, o sétimo anjo fará soar a sua trompa. Mas, antes disso, correrão outros sucessos, preditos no ribombar de sete trovões, cuja mensagem o vidente ouve, porém, segundo lhe é comandado, não deve assentar no papiro.

O primeiro livro da *Revelação* se aproxima do seu epílogo, já fazendo ouvir-se em diferente timbre. Das suas páginas finais ressoam palavras que todos os anos se renovam aos nossos ouvidos, pela magia do Oratório de Händel, — *O Messias*", — quando todo mundo se ergue, para escutar o majestoso Côro da Aleluia: "Os Reinos dêste mundo se tornaram, todos, o reino de Nosso Senhor e do seu Cristo; e Êle reinará, por todo o sempre!"

CAPÍTULO QUADRAGÉSIMO OITAVO

A MARCA DA BÊSTA

A Bíblia, que encampa tantos interêsses e tantas gestões dos homens, não se esqueceu, nem mesmo de armar um jôgo de adivinha, dedicado aos espíritos mais dotados de engenho; o qual muitos, do Segundo Século em diante, hão tentado resolver, sem mui notável êxito, porém. Já agora, entretanto, graças à pesquisa e à arqueologia modernas, nos encontramos aptos a esclarecer o mistério, de uma vez por tôdas.

O quebra-cabeças está armado no Capítulo 13.º do *Livro da Revelação* e gira em tôrno da célebre Marca, ou do Sinal, — da Bêsta. Lá está, na Versão Autorizada: "Eis a sabedoria. Que todo aquêle que possua claro entendimento conte o número da Bêsta: porquanto é o número dum Homem; e o seu número é Seiscentos e Três-Vintenas e Mais Seis".

No realidade, o número 666, pura e simplesmente, é uma incorreção. O número originário, segundo o atestam importantes manuscritos, era 616, intervindo a alteração, provàvelmente, quando condições e idéias modificadas, por tal forma puseram numa pista falsa os interpretadores, que algo se tinha de fazer, para remédio, com o tal número, para o bem de tôda a cristandade, em geral.

666, porém, era um número antipático. Começa que, em todos os seus três algarismos, era uma unidade abaixo da cifra perfeita, o 777; e, simètricamente oposto, a uma outra cifra estimável, 888, à qual monta a contagem do nome de Jesus, em grego. Assim sendo, 666 poderia encobrir o nome do grande inimigo de Cristo. Tanto em grego, como em hebraico, as letras dos respectivos alfabetos serviam, também, para exprimir figuras numéricas, ordinais ou cardinais. A era 1, B era 2; e assim por diante; o nome de *Jesus*, em grego, consiste em seis letras cujos valores numéricos correspondem a 10+8+200+ +70+200+400=888.

Jamais pairou qualquer dúvida sôbre o método de cálculo coevo. A questão única era qual seria o nome, fôsse grego ou hebreu, recôndito na mente do problemista, tal que somadas as suas letras componentes, desse o total 616. Naturalmente que seria incomensurável auxílio a desanuviar tudo, o saber-se, de antemão, quem fôra o visado, no artifício lítero-aritmético, como personificação da Bêsta.

Antes de enveredarmos por aí, seja-me permitido dar um exemplo de como era apreciada essa maneira de aludir numèricamente às pessoas, exatamente no século em que foi exarada em escritos a *Revelação.*

Quando a cidade romana de Pompéia, no sopé do Vesúvio, junto a Nápoles, voltou à luz do dia, depois de passados uns dezessete séculos, soterrada pela erupção do seu medonho vizinho, no ano de 79 da Graça, — muito do que representava a vida cotidiana dos seus habitantes se revelou, à atônita humanidade moderna, encontrar-se em estado de extraordinária conservação. Até os motes políticos e ditos populares de tôda espécie, em voga naquele dia fatal, e rabiscados pelas paredes e muralhas, — tudo lá estava, intato.

O comportamento vai-se modificando pouco, com o correr do tempo, — de modo que o jovem dêstes nossos dias, que giza, sôbre um muro, um pseudo-coração, sôbre a legenda "João gosta de Maria", não faz mais do que continuar a tradição do que faziam os mancebos do Primeiro Século. Aquêles, porém, sabiam ser mais circunspectos, bem mais discretos, nisso de citar nomes. Um dêles arranhara numa parede de Pompéia o seguinte: "Eu amo aquela cujo número é 545". Está claro, que não era o número do telefone da menina-môça, não; era só o valor aritmético das letras que lhe compunham o doce nome. Já um outro escrevia: "Amerimnus nutre os mais gentis pensamentos a respeito de sua namorada "Harmonia". O número do nobre nome dela é 45" (ou talvez, supomos nós, 1035).

Um exemplo de genuíno trabalho apocalíptico aparece no Quinto Livro dos *Oráculos Sibilinos* judaicos. Os imperadores romanos eram aí enumerados, segundo o valor numérico do seu prenome, soletrado em língua grega. Reza um excerto: "Então virá um grande destruidor dos divinos, o qual se revela claramente pelo número setenta (O-Oespasiano, Vespasiano). Seu filho, revelado pelo número trezentos (T = Titus), lhe usurpará o poder. Depois dêsse, reinará um tirano devorador, marcado pela letra quatro (D = Domiciano)".

Por intermédio dêstes exemplos concretos, abordamos já o intrigante problema do número da Bêsta, referido pela *Revelação,* XIII. O próprio capítulo já fornece quase que todos os necessários indícios para a solução, não tendo sido dificuldade séria o interpretá-los.

Desde logo, vê-se surgir a Bêsta do seio das águas do mar. Apresenta dez cornos e sete cabeças. Sôbre os cornos estão dez coroas; e, sôbre as cabeças, lêem-se títulos blasfemos. O Grande Dragão (que é o Diabo e Satã) conferiu à Bêsta o uso do seu próprio poder e do seu próprio trono e uma grande autoridade.

A Bêsta é o poder imperial romano, que rege, incontrastado, os mares do mundo. Os cornos, ao que parece, simbolizam reinos aliados de Roma; e as sete cabeças são os imperadores desta. Os títulos blasfemos são os da hipotética divindade que se arrogavam os Césares, do que temos numerosos exemplos, em inscrições datadas daquele período.

O texto prossegue, dizendo que uma das cabeças "estava como que ferida de morte; porém o seu golpe mortal lhe havia sarado". Mais adiante diz-se que o referido golpe de morte fôra dado por uma punhalada. A linha imperial Júlio-Claudiana terminava em Nero, que morreu dum golpe de adaga na gorja. Mas, após um pequeno interregno, fundou-se uma nova dinastia de imperadores, Flavianos êstes, começada com Vespasiano; de modo, que o golpe mortal, desferido contra o regime, havia sarado.

Tôda a terra estava no temor da Bêsta e lhe rendia culto de adoração, dizendo: "Quem é igual à Bêsta? Quem pode combatê-la, jamais?" Tais palavras são uma paródia sacrílega a *Êxodo, XV,* 11: "Quem porventura se Te assemelha, ó Senhor?" Porém refletem, por igual, a atitude universal da época, perante os romanos e o seu formidável poder. Agripa II, rogando aos judeus que não se movessem a guerrear os romanos, lhes pondera: "Quase que tôdas as nações debaixo do sol rendem homenagem às armas romanas!"

É concedido à Bêsta mover guerra contra os Santos e dominá-los; e êles sofrem, porque recusam adorá-la. Ora, esta é a situação real, segundo a História: a Roma Imperial perseguiu os cristãos; e, professar e praticar o cristianismo, passou a ser crime, punível com a pena capital. Os cristãos não quiseram participar da adoração do César-deus, nem da deusa Roma.

A situação se desdobra no trecho seguinte, onde já aparece uma segunda Bêsta; esta, agora, surgindo da terra. "Ela exercita tôda a autoridade da primeira Bêsta, em sua presença; e força a terra, e todos os que a habitam, a adorar a primeira Bêsta, cujo golpe mortal havia sarado". Essa segunda Alimária-monstruosa faz fabricar-se uma imagem da primeira e ordena: "que aquêles que se recusarem a adorar a imagem da Bêsta, sejam passados a fio de espada".

Essa segunda Bêsta corresponde ao govêrno provincial romano e, em especial, ao culto do Imperador, que apareceu, provindo do interior, originando-se na Ásia Menor, sob o reinado de Augusto. Tal religião se espalhou ràpidamente e, em comuns acôrdo e ação com os governadores romanos, exerceu enorme poder e autoridade, a bem de apoiar o regime imperial.

Êsse culto era extremamente bem organizado, através do seu sistema de *Concilia* (Conselhos) provinciais, ou sejam, Assembléias; sendo a da Ásia a primeira e mais saliente. Data dessa ocasião o verdadeiro início da divinização do Estado, fenômeno sócio-político de que temos tido expressões tangíveis e tão desastrosas, neste nosso Século Vinte.

Numerosas inscrições nos hão provido de farta minudência sôbre o culto. À sua frente se achava um grão-sacerdote, que também presidia aos periódicos jogos, realizados em honra do Imperador. Afetas a cada templo do deus César, entronizando-lhe a efígie, como objeto de adoração, havia várias categorias de funcionários, sacerdotes encarregados dos sacrifícios rituais, pregadores missionários, de cuja designação grega deriva a palavra do nosso moderno vocabulário — teólogo, — a qual comportava, originàriamente, a noção semântica de "arauto do deus"; havendo, ainda, os compositores dos hinos sacros e os regentes dos coros. Particularmente, na Ásia, onde campeava infrene a magia, grassava, não resta dúvida, muita tramóia e trica sacerdotal, igualmente.

Aquêles que se recusavam a adorar a imagem da Bêsta eram passados pelo fio da espada. Isto se pode exemplificar, por uma carta referente aos cristãos, datada do comêço do Segundo Século. É um relatório apresentado ao Imperador Trajano, por Plínio, o Moço, ao tempo em que êste foi governador romano da Bitinia, na Ásia, apenas quinze anos depois de ser dada a público a *Revelação*.

Aqui vai uma parte da dita missiva. "O método que tenho adotado com relação aos que me são denunciados como cristãos é o seguinte: pergunto-lhes primeiro, se são cristãos. Se o confessam, repito a pergunta uma segunda e uma terceira vez, de envolta com uma ameaça de pena capital. Se perseveram em se proclamar cristãos, mando executá-los..."

"Aos que negam serem cristãos, ou que jamais o tenham sido e repetem, comigo, os têrmos duma invocação aos deuses, bem como oferecem, em ritos religiosos, sacrifício de vinho e incensos aromáticos à tua estátua... e, por fim, maldizem do nome de Cristo (coisas estas que, ao que se diz, não há como forçar a fazê-las os que sejam, realmente, cristãos), — aos que comprazem, em suma, — a êsses tenho por bem entendido deixá-los ir em paz".

Atingimos, agora, o início final, para a solução do quebra-cabeças que se contém na *Revelação*. A segunda Bêsta "determina que todos... recebam, no punho direito, ou na testa, a estampa de um estigma, adequado a que ninguém possa negociar de compra ou venda, se não o exibir figurando nêle o nome da Bêsta ou, senão, o número do seu nome, dela".

Os judeus usavam outrora e ainda hoje usam, em suas orações matinais, apostos à mão direita ou à fronte, os seus "filactérios", à guisa de emblema da sua fidelidade a Deus e às Suas leis, — o que fazem obediência ao Mandamento contido em Deuteronômios, VI, 8. Submissão à Bêsta constituía, pois, uma sacrílega imitação e blasfemia ominosa, tirania exercida pelo Estado sôbre as mentes e sôbre as atividades de trabalho dos cidadãos.

E a sua expressão física, tangível, é aquela marca, aquêle sinal, impôsto, ou, mais literalmente, estampado a carimbo, qual se usava, então, nas operações de compra e venda, sob o regime imperial.

O recurso ao carimbo é um fato, que vem demonstrar novamente a verdade contida na Bíblia. Não sòmente se têm deparado inúmeros exemplos disso, em papiros documentais, datados do Primeiro Século, como sejam, contratos de venda e quejandos, — mas até mesmo nas tintas adrede utilizadas, originàriamente. Êsses carimbos levavam, de ordinário, a indicação do ano referente ao tempo atual de reinado do imperador em exercício. Por exemplo, um carimbo de Augusto, datado de A.D. 5-6, conterá a seguinte indicação: LE KAISAROS (quer dizer: o 35.º ano de govêrno do Imperador).

Informa-nos o Patriarca da Igreja, Irineu, no Segundo Século, que as visões da *Revelação* se produziram "já para o fim do reinado de Domiciano", aquêle imperador que empreendeu uma grande perseguição aos cristãos e insistia por que se o tratasse pessoalmente por "Senhor nosso e nosso Deus".

Domiciano foi assassinado no mês de setembro do ano de 96 D.C., quando começava o décimo quinto do seu reinado. Seria de esperar que o carimbo mencionado naquela *Revelação* pudesse, por conseguinte, referir-se ao ano décimo quarto dêsse govêrno.

Tal carimbo, sinal, (ou marca, em suma), dizia em grego ID KAISAROS (14.º ano do Imperador). Atribuindo a cada letra o seu valor numérico, então convencional, temos:

$$10+4+20+1+10+200+1+100+70+200$$

O total dos valores numéricos das dez letras é: 616. Tudo está a indicar achar-se aí, finalmente, a verdadeira solução ao quebra-cabeças relativo ao "número da Bêsta".

CAPÍTULO QUADRAGÉSIMO NONO

ARMAGEDOM

Por intermédio do *Livro da Revelação*, levou ao Mundo, a Bíblia, uma temível e misteriosa palavra, cujo sentido os comentadores não têm conseguido perfeitamente decifrar. Essa palavra é ARMAGEDOM.

Ela aparece na *Revelação* XVI-16 e representa, segundo o assevera o vidente, o nome hebraico do sítio onde se deverá ferir a suprema batalha, do Grande Dia de Deus Onipotente, a batalha das nações impenitentes.

No choque brutal e tremenda carnificina da Primeira Conflagração Mundial, no nosso século, e especialmente quando o conflito atingiu a Palestina, muitos se inquiriam, entre si, cheios de angústia, "Será agora o Armagedom?" E ainda hoje paira no ar o tétrico toponímico, envolto no pavoroso cogumelo de fumo mortal da bomba de hidrogênio, enquanto os homens aguardam, — sem saber até quando, — um outro Dia de Juízo Final e de calamidade màximamente horrenda.

Tais são as sinistras inferências ligadas à palavra Armagedom. Mas o que efetivamente ela significa, em si mesma, e que seria o que terá induzido o escritor bíblico a empregá-la? Sôbre estas duas interrogações, pelo menos, já podemos lançar alguma luz.

Na *Revelação*, a visão dêsse dia fatal comparece no término de uma série de sentenças lavradas contra a Terra, e executadas mediante sete gamelas de ouro, "transbordantes da ira de Deus", cujos fatais conteúdos são derramados sôbre os homens por sete anjos de Deus.

Ditos julgamentos, em parte acompanham paralelamente e intensificam até, aquêles que já constavam do comêço do livro, anunciados, que eram, por sete anjos arautos, trombeteando um toque de alarma, pelas suas trompas de guerra. Aquelas pragas, primordialmente enumeradas, desabam sôbre a terra e o povo de Israel; e as respectivas descrições procedem, em grande proporção, das circunstâncias históricas dos sofrimentos dos judeus, durante a sua luta contra Roma, no trágico quatriênio de 67 a 70 D.C.

Agora, porém, é a vez de sentir o inimigo dos santos, potência antes perseguidora, o pêso da mui mais poderosa mão de Deus. Os julgamentos, a que são arrastados, a Roma Imperial, seus agentes e seus aliados, se revestem, um tanto, daquela simbologia figurativa haurida à tradição das pragas do Egito, ocorridas ao tempo do Êxodo guiado por Moisés: essas não são, já agora, sinais de advertência e escarmento, porém, atos da divina cólera vingadora.

A imagem das gamelas vem a pêlo, em razão do Salmo LXXIX, 6-7: — "Verte a tua cólera sôbre os infiéis que não conheceram de Ti; e sôbre os reinos que não proclamaram o Teu nome. Porquanto êsses hão devorado a Jacó e deixaram destroçada e em ruínas sua morada".

Roma iria sofrer o mesmo fim da velha Babilônia, sendo que, ao tempo em que foi escrita a *Revelação,* tanto judeus como cristãos viviam aguardando o aparecimento de sinais de que, afinal, justiça ia ser feita contra a blasfema Bêsta, — o divino César, — e seus sacrílegos adoradores. Referidos sinais tinham, forçosamente, de surgir, em especial, durante o curto reinado do imperador Tito (A.D. 79-81), o responsável pelo arrasamento de Jerusalém e incêndio do Templo, e cujas façanhas se comemoravam no célebre Arco Triunfal de Tito, ainda hoje de pé, nas proximidades do Coliseu, em Roma.

Tais manifestações celestes, como se esperava, não faltaram, absolutamente, repontando algum indício delas na visão das sete áureas gamelas da ira.

Quando começava o reinado do supra-referido imperador, acontecia a erupção do Vesúvio, que suprimiu Pompéia e Herculano. Os contemporâneos *Oráculos Sibilinos,* judeu-cristãos, se referem a essa calamidade. "Mas, quando de uma bocarra hiante no chão da terra da Itália, uma ígnea labareda jorrar o seu clarão para o largo firmamento, descendo a incinerar muitas cidades e ferir de morte os seus habitantes; e uma grande nuvem, de candentes cinzas, entupir os ares; e fagulhas rubras, de fogo, caírem do céu: deverão aí, os homens, conhecer a ira de Deus no céu; por isso que êles aniquilaram o inerme povo eleito de Deus".

Esta espécie de material literário, de substância positivamente apocalíptica, grande porção do qual foi, por fortuna, conservado até nossos dias, nos permite hoje apreciar como se conformavam e estruturavam as imagens que brotam na *Revelação.*

A catástrofe, a seguir verificada, no segundo ano do governo de Tito, foi um grave incêndio, que se propagou em Roma, do qual, diz o historiador Suetônio que rugiu, indômito, entre os muros da cidade, durante três dias e três noites. Nesse desastre, foram-se, engolidos pelas chamas, edifícios famosos, entre êles os templos de Netuno, de Ísis e Serápis e até o de Júpiter Capitolino, nas suas alturas. Eis como adveio a retribuição. "O quarto anjo esvaziou a sua gamela de ouro sôbre o sol, o qual teve permissão de esturricar, ao seu fogo, os homens. E os homens foram assados por um calor requeimante".

Havia, porém, ainda algo mais em caminho. Conforme também o regista Suetônio, a Itália foi varrida por uma praga terrível, "tal como raramente já se teve notícia de outra igual outrora". Diz a *Revelação*: "O quinto anjo emborcou a sua gamela sôbre a sede da Bêsta, e o reino desta ficou mergulhado em trevas. E aí, mordia-se a língua, em agonia, e se blasfemava o nome de Deus no céu, por causa dessa agonia e por causa dos corpos chagados".

O vidente inspira-se, agora, a manejar a crença, então mui difundida, de que o infame imperador Nero não havia realmente sucumbido, mas, sim, que conseguira escapar para o Oriente e, não tardaria muito, havia de regressar de lá, à testa dum vasto exército, para cevar a sua terrível vingança nos romanos que o haviam repelido.

Também isso vamos encontrar nos *Oráculos Sibilinos*. "Um grande rei da Itália fugirá como um desertor, sem ser visto, sem ser ouvido, para além dos vaus do Eufrates, após haver poluído suas mãos no odioso assassínio de sua própria mãe (Agripina, em 59 D.C.)". E então, depois dos outros juízos por Deus operado sôbre Roma, êle regressará. "Descerão sôbre o Ocidente o castigo da guerra, açulado, e o que fôra exilado de Roma, erguendo poderosa espada, e cruzando o Eufrates, com muitas dezenas de milhares".

A *Revelação* fala simplesmente assim: "O sexto anjo entornou a sua gamela sôbre o grande rio Eufrates e a correnteza dêste ressecou, para que o caminho dos Reis do Oriente ficasse preparado".

Tôdas estas cruezas são, para o vidente, o prelúdio de Armagedom. E, se bem que êle tire proveito das noções, idéias e fatos sucedidos na sua época, nem por isso se lhe negará, absolutamente à sua mensagem, o mérito imorredouro que lhe é intrínseco, nem a efetiva possibilidade da sua verificação em fatos.

Agora, ei-lo que diz: "E eu vi sair da bôca do Dragão e da bôca da Bêsta e da bôca do Falso Profeta, três maus espíritos, semelháveis a rãs. Êstes são os espíritos dos demônios realizadores de feitos maravilhosos, andados em missão junto aos reis do mundo inteiro, para os convocar, a todos por junto, para a batalha do Grande Dia de Deus Onipotente. E êles os reuniram, por junto, no lugar que em hebraico se denomina Armagedom".

Essa visão se prende diretamente à profecia de Joel, III, 9-17: "Proclamai, ó vós, isto, entre os gentios; Preparai a guerra, despertai os homens esforçados... Ajuntai-vos e vinde a mim, todos vós, ó infiéis... Que despertem os infiéis e acorram ao vale de Josafá (o Senhor é Juiz); porquanto eu lá me sentarei, para julgar a todos os infiéis, os quais estarão ao meu derredor... Multidões, multidões, no vale da decisão; porque o Dia do Senhor se aproxima, no vale da decisão".

Êsse nome, Josafá (Jehoshaphat), trouxe à lembrança do vidente o episódio contado em 1 Reis, XXII, — na qual o rei Aab, de Israel, convidou a Josafá, rei de Judá, a juntar fôrças com êle, para irem os dois retomar Ramoth-Gilead. O de Israel consultou lá os seus profetas, que lhe predisseram êxito na emprêsa. Mas o de Judá insistiu por ouvir a um profeta do Senhor, que o premuniu da derrota de ambos, com a morte de Aab. Dissera o Senhor: "Quem ludibriará Aab, para que êle vá a Ramoth-Gilead e lá pereça?" Um espírito conveio em incumbir-se da missão. "Eu me adiantarei e me farei um espírito falaz, na bôca de todos os seus profetas".

Êsse, pois, é o antecedente bíblico do misterioso toponímico — Armagedom, — e o verdadeiro indício para a sua exata interpretação.

A explicação que, usualmente, se dá à palavra, é que ela representa a designação hebraica *Har-Megiddo* (Montanha do Megido), por causa do famoso e histórico campo de batalha de Megido, na Síria. Mas isso não pode ser a expressão da verdade, porquanto não há tal montanha de Megido, conhecida da Bíblia, ainda mais, o referido campo de batalha é, na realidade, uma planície.

Seria, antes, de inferir-se, que Armagedom derive de uma forma contemporânea de Ramoth-Gilead. Essa cidade situava-se, outrora, no território da tribo de Gad, além-Jordão; e, naqueles tempos do Novo Testamento, fazia parte da região grega de Decápolis. Poderá dar-se que tenha sido conhecida pelo nome de Rama-Gad-Yavan (Rama, de Gad, dos Gregos). *Yavan* é o têrmo hebraico equivalente ao helênico *Ion* (Jônia, Grécia) e a localidade de Gad-Yavan vem mencionada no *Mishnah* judaico do Segundo Século. *Rama* se transmuda em grego para *Arma*, por transliteração, da mesma forma como o nome hebraico *Ramathaim* toma a forma helênica de *Arimathea*, nome de uma personagem dos Evangelhos.

Dêste modo, partindo de Ramoth-Gilead, vamos ter a Arma-gad-ion e, daí, a Armagedom, ou Armageddon. (Os manuscritos mais importantes só empregam a grafia soletrada com um "d" único).

Claro está que o vidente da *Revelação* não estava pretendendo dizer-nos que a batalha do Grande Dia de Deus Onipotente se travará precisamente em Ramoth-Gilead, localidade pertencente ao que é, atualmente, o Reino da Jordânia. Êle apenas revela as fontes bíblicas da sua inspiração, obcecado pela idéia de que se há de demonstrar, duma vez por tôdas, que — o Senhor é Juiz Supremo.

O desenvolvimento da batalha, e no que resulta ela, segundo a descrição constante no grande livro da Bíblia, são coisas, essas tôdas, que encontram paralelo na literatura apocalíptica das décadas finais do Primeiro Século da nossa era. Vieram reboar, em eco ainda mais recente: nos recentíssimos achados das cavernas do Mar Morto, a saber, o rôlo em que se descreve a *Guerra dos Filhos da Luz com os Filhos das Trevas*. E, quando as fôrças malignas e hostis forem sumàriamente aniquiladas, haverá, então, início daquele longo interregno de paz, sob a Égide do Messias, que será conhecida como o Milênio.

"Deus enviará do sol um Rei", — dizem os *Oráculos Sibilinos*, — "o qual fará que tôda a terra cesse de se entregar a ruinosa prática da guerra"; e no *Apocalipse de Baruch* vem escrito: "O seu principado prevalecerá por todo o sempre, até que o mundo de corrupção chegue ao fim; e até que os tempos, já falados, sejam cumpridos".

Quando o sétimo anjo esgota, em pleno ar, a sua gamela, irrompe do Templo uma forte voz, partida do Trono de Deus, tonitruando: "Cumpriu-se!" (Está consumado!). São as mesmíssimas palavras com que Jesus exala o Seu último alento, sôbre a Cruz. Chegou ao seu fim o domínio do Mal; e a Morte desaparece, na voragem da Vitória Final do Reino de Deus.